普通高等教育经管类专业"十三五"规划教材

工程经济

刘艾秋　主　编
赵明雨　郝志坚　谷丹丹　副主编

清华大学出版社
北　京

内容简介

本书针对工程建设的全过程，全面、系统地介绍了工程经济的基本理论和方法，及其在工程项目投资决策中的应用。

全书分为工程经济概述、资金时间价值与等值计算、经济效果评价、不确定性分析及风险分析、工程项目的可行性研究、价值工程、设备更新的经济分析、工程项目投融资八个项目。各项目前配有知识导图，有助于加深读者对知识点的全面理解；每个项目都配有引导案例和案例分析，有助于提高读者学以致用的能力；部分章节加入 Excel 表格的应用内容，有助于读者将相关工程经济知识与信息化时代相结合。

本书内容层层递进，同时配有课后练习题，可作为土木工程等相关专业学生的教材，也可作为相关从业人员的职业资格考试参考书和培训用书。

本书封面贴有清华大学出版社防伪标签，无标签者不得销售。
版权所有，侵权必究。举报：010-62782989，beiqinquan@tup.tsinghua.edu.cn。

图书在版编目(CIP)数据

工程经济 / 刘艾秋 主编 . —北京：清华大学出版社，2020.8（2023.8重印）
普通高等教育经管类专业"十三五"规划教材
ISBN 978-7-302-55377-9

Ⅰ．①工… Ⅱ．①刘… Ⅲ．①工程经济学—高等学校—教材 Ⅳ．① F062.4

中国版本图书馆 CIP 数据核字 (2020) 第 068525 号

责任编辑：施 猛
封面设计：周晓亮
版式设计：方加青
责任校对：成凤进
责任印制：沈 露

出版发行：清华大学出版社
网 址：http://www.tup.com.cn，http://www.wqbook.com
地 址：北京清华大学学研大厦 A 座　　　邮 编：100084
社 总 机：010-83470000　　　邮 购：010-62786544
投稿与读者服务：010-62776969，c-service@tup.tsinghua.edu.cn
质 量 反 馈：010-62772015，zhiliang@tup.tsinghua.edu.cn

印 装 者：三河市春园印刷有限公司
经 销：全国新华书店
开 本：185mm×260mm　　　印 张：17.25　　　字 数：420千字
版 次：2020 年 8 月第 1 版　　　印 次：2023 年 8 月第 2 次印刷
定 价：49.00 元

产品编号：083779-01

前　言

学好"工程经济"这门课程对于土木工程类建设和管理具有重要作用。本书编写组成员在认真学习教育部文件精神的基础上，秉承基于工作过程的开发理念，结合生产岗位的实际需要和课程的实际情况，以突出应用能力和实践动手能力为目标，编写了《工程经济》这本书。本书具有如下特点。

一、根据工作过程开发教材，具有一定的针对性和适用性

本书是总结多年来的本科教学实践及课程建设经验的成果。本书以工程中的工作过程，即"为完成一项工作任务并获得工作成果而进行的一个完整的工作程序"为引导，基于知识应用，注重工作过程，系统、科学、合理地运用工程经济的学科知识，以某项工程为例，将资金的时间价值、工程项目的经济效果评价、工程项目的可行性研究、工程经济的基本原理和方法、价值工程、设备工程的经济分析、项目可持续发展评价等作为主线，把不同的知识点由浅入深地分解为若干个简单易懂、易操作的项目和任务。本书在内容的编写上充分体现了工作过程的系统化，使学习者如同身临其境，保证每一个教学目标的有效实施，强化了应用型人才的培养和能力的提高。

二、理论与实践相结合，体现"教学做一体化"的理念，具有一定的实用性

应用型本科教育应突出对学生实践能力的培养。本书将理论知识与实践操作相结合，在每个项目前均设置一个综合案例作为本项目下知识点的导引，每个任务中均设置实际案例配合理论知识讲解。本书在内容编排方面，以学生在日后工作中能够用到且够用以及与学生日后要取得的相关岗位资格证书考试内容相匹配为原则。

本书编写分工：项目一、项目二由赵明雨编写；项目三、项目五、项目六由谷丹丹编写；项目四由郝志坚编写；项目七、项目八由刘艾秋编写。

本书借鉴了一些专业资料，在此向相关作者表示感谢！受编者水平所限，本书难免存在不足之处，敬请广大读者批评指正，反馈邮箱：wkservice@vip.163.com。

编　者

2020年1月

目　录

项目一　工程经济概述
一、工程经济的相关概念 ··· 3
二、工程经济的研究对象 ··· 5
三、工程经济的研究内容 ··· 5
四、工程经济分析的一般程序 ··· 6

项目二　资金时间价值与等值计算
任务一　资金时间价值基本知识 ·· 10
　　一、现金流量 ··· 11
　　二、资金时间价值 ·· 12
任务二　利息和利率的计算 ·· 13
　　一、利息与利率的概念 ·· 13
　　二、单利计算 ·· 14
　　三、复利计算 ·· 15
任务三　资金的等值计算 ··· 16
　　一、等值计算方法 ·· 17
　　二、名义利率和有效利率 ··· 22
任务四　资金等值计算实例 ·· 24
　　一、计息期与支付期一致的计算 ·· 24
　　二、计息期短于支付期的计算 ··· 25
　　三、计息期长于支付期的计算 ··· 26
　　四、计算期利率不等的计算 ·· 27

　　　　五、还本付息方式的选择 28
　拓展：Excel在资金等值计算中的应用 30

项目三　经济效果评价

任务一　经济效果评价基本知识 39
　　　　一、经济效果评价的内容 39
　　　　二、经济效果评价的方法 39
　　　　三、经济效果评价的程序 41
　　　　四、经济效果评价的方案 42
　　　　五、技术方案的计算期 44
任务二　经济评价报表的编制 45
　　　　一、投资方案现金流量表 45
　　　　二、投资方案现金流量表的构成要素 49
任务三　经济效果评价指标 55
　　　　一、盈利能力分析 56
　　　　二、偿债能力分析 65
任务四　经济效果评价方法 69
　　　　一、独立型方案评价 69
　　　　二、互斥型方案评价 70
任务五　国民经济评价 79
　　　　一、国民经济评价与财务评价的关系 79
　　　　二、国民经济评价指标 80
拓展：Excel在经济效果评价中的应用 82
　　　　一、NPV函数 82
　　　　二、IRR函数 83

项目四　不确定性分析及风险分析

任务一　不确定性分析的基本知识 91
　　　　一、不确定性分析的概念 91
　　　　二、不确定性因素产生的原因 91
　　　　三、不确定性分析的方法 92
任务二　盈亏平衡分析 93
　　　　一、基本的损益方程式 93

二、线性盈亏平衡分析 ……………………………………………………………… 94
　　三、非线性盈亏平衡分析 …………………………………………………………… 96
　　四、互斥方案的盈亏平衡分析 ……………………………………………………… 97
任务三　敏感性分析 …………………………………………………………………………… 99
　　一、单因素敏感性分析 ……………………………………………………………… 99
　　二、多因素敏感性分析 ……………………………………………………………… 105
任务四　风险分析 ……………………………………………………………………………… 108
　　一、概率分析 ………………………………………………………………………… 109
　　二、风险决策分析 …………………………………………………………………… 111
拓展：Excel在不确定性分析中的应用 ……………………………………………………… 116
　　一、应用Excel进行敏感性分析 …………………………………………………… 116
　　二、应用Excel进行盈亏平衡分析 ………………………………………………… 118

项目五　工程项目的可行性研究

任务一　可行性研究概述 …………………………………………………………………… 127
　　一、可行性研究基本知识 …………………………………………………………… 127
　　二、可行性研究报告的内容 ………………………………………………………… 132
任务二　市场分析 ……………………………………………………………………………… 134
　　一、市场调查 ………………………………………………………………………… 135
　　二、市场预测 ………………………………………………………………………… 136

项目六　价值工程

任务一　价值工程概述 ………………………………………………………………………… 149
　　一、价值工程的概念及功能 ………………………………………………………… 149
　　二、寿命周期及寿命周期成本 ……………………………………………………… 150
　　三、提高价值的途径 ………………………………………………………………… 151
　　四、价值工程的特征 ………………………………………………………………… 153
任务二　价值工程的工作程序和方法 ………………………………………………………… 153
　　一、价值工程的工作程序 …………………………………………………………… 153
　　二、价值工程方法 …………………………………………………………………… 154
任务三　价值工程在工程项目方案评选中的应用 …………………………………………… 163

项目七　设备更新的经济分析

任务一　设备更新基本知识 ···170
一、设备更新的概念 ··171
二、设备磨损与补偿 ··171
三、设备更新策略和方案比选原则 ··173
四、设备更新方案的比选方法 ··174

任务二　设备租赁与购买 ···179
一、设备租赁与购买概述 ··179
二、设备租赁与购买方案的比选分析 ··181

项目八　工程项目投融资

任务一　工程项目资金来源 ···192
一、项目资本金制度 ··192
二、项目资金筹措的渠道和方式 ··195
三、资金成本与资本结构 ··203

任务二　工程项目融资 ···214
一、项目融资的特点和程序 ··214
二、项目融资的主要方式 ··220

参考文献 ···236

附录A　复利因子 ···238

附录B　定差因子 ···254

附录C　习题答案 ···263

项目一
工程经济概述

知识导图

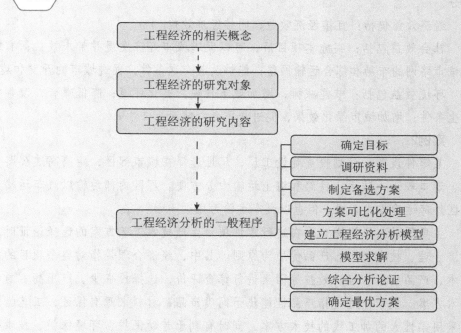

核心知识点

1. 工程经济的研究对象和内容；
2. 工程经济分析的一般程序。

引导案例

案例1：

某市拟建设一条道路，建设规模为：长3km的新建工程，双向4车道，全宽35m，道路沿线涉及新建中小桥7座，道路沿线埋设雨水、污水管道，配置道路照明、交通安全及管理设施，道路绿化。该工程包括道路工程、桥梁工程、排水工程、景观工程等。项目总投资20 000万元，包括征地费用，道路沿线水、电、气等市政配套管线费用，道路及桥梁工程投资。其中，建安工程费为12 000万元。该项目的融资方式采取政府和社会资本合作模式，即PPP方式。

该项目为市政项目，市政工程效益可分为经济效益、社会效益和环境效益三部分。

经济效益包括：直接经济效益，间接经济效益。

社会效益包括：实施本项目后，可以促进城市经济发展并带来效益；有助于完善该市路网的布局和综合运输网络；能够改善交通条件，促进城市的开发和建设。

环境效益包括：节能减排，增加城市景观，美化环境；降低噪音，改善安全及卫生条件；增加城市绿化效果，促进居民身心健康。

案例2：

某零件设备厂计划投资建设工厂，厂址选择在城市郊区，距离高速公路、火车站、港口较近，陆运、铁路和海上运输十分方便。厂区内部运输以汽车运输为主，厂区外部运输方式多样，但也以汽车运输为主。

主要原材料采用进口，在进行零件项目生产技术工艺方案的选择论证时，应以经济合理、技术先进、产品优质为原则。其中，经济合理是指对整个项目的投资、成本、产品质量、经济效益等因素进行综合评价，选择投资少、产出高、质量好的技术方案。技术先进是指产品性能优于同类产品，材料来源有保证，工艺性强，便于采用柔性大的加工线的技术方案，同时有利于劳动保护、环境保护、技术安全措施的贯彻。

在环境保护方面，经过废水处理站处理后，水处理效果良好，水质明显提高，符合污水排放二级标准。

在节能方面，主要的节能措施有厂房照明采用高效节能灯具，选择高效节能的机器设备进行生产，部分工序采用循环用水。

在环境管理方面，公司将采用ISO 14001环境管理体系，根据环境管理体系持续改进生产，遵循污染预防的原则，在运行过程中采用PDCA模式，将环境管理体系作为一个系统框架，进行持续监测和定期评审，以适应不断变化的内外部因素，有效开展环境保护与生产活动。

在工业安全卫生方面，厂房设计采用良好的通风、采光措施；贯彻国家对劳动保护和工业卫生标准的规定；生产线工艺设备的布置充分考虑了作业安全，车间通道和生产线通道宽度符合生产安全要求。

在消防方面，厂房的总布置按照有关消防规范合理设计，建筑物周围设有环形通道，便于消防车通过；厂房设置消火栓和灭火器，厂房旁边设置消防水栓；项目在生产过程中将严格遵照消防规章、条例规定、工作规范，杜绝火灾隐患。

项目总投资5000万元人民币，其中，建设投资3000万元，设备及安装投资1500万元，流动资金为500万元。项目向银行申请贷款，贷款金额为2000万元。

该零件设计生产能力为年产2000万件。本项目经济评价采用的计算期为50年，其中，建设期为3年，生产运营期为47年。该零件生产费用包括原材料费、燃料费和动力费；制造费用包括折旧费、摊销费、汽车运输费和修理费；销售费用包括包装费；管理费用包括技术引进费用、技术专家费用以及其他费用。经核算，该零件生产成本为11元/只。

人类社会的经济发展依赖于科学技术的进步，无论采用何种技术，都必然消耗一定的人力、物力、财力等资源。在经济学上，这些有形和无形的资源都是某种意义上的稀有资源。另外，同一种资源往往又有多种用途，如何把有限的资源合理地配置到各种生产经营活动中，是人类生产活动中普遍存在的问题。

随着科学技术的高速发展，为了让有限的资源最大限度地满足人们的需要，在工程实践中可供选择的技术方案越来越多，如何以经济效果为标准对多项技术可行的方案进行比较、做出评价，并从中选出最佳方案的问题，就更加突出、更加复杂。同时，随着投资体制改革的不断深入，我国正在逐步构建和完善市场引导投资、企业自主决策、银行独立审贷、融资方式多样的新型投资体制，各类工程项目的可行性研究、投资决策和经济评价等将成为重要的基础工作，我们需要运用工程经济学的理论知识、技术方法，有效解决建设工程项目中的实际问题。"工程经济学"这门学科，正是用来研究生产经营活动中的这些经济问题和经济规律，以寻求技术与经济的最佳结合。

一、工程经济的相关概念

工程经济学包括工程学与经济学两大范畴。在社会经济活动中，一个项目的成败不仅取决于技术上是否可行，而且要分析经济上是否合理。长期以来，人们在技术和经济这两个领域不断探索与逐步积累，逐渐发展为工程学和经济学两大学科。

工程是指人们综合应用科学理论和技术手段去改造客观世界的具体实践活动，以及这些活动所取得的实际成果。它不同于科学也不同于技术的概念，是科学和技术的综合应用。狭义上的工程主要包括不同门类的专业工程，如机械工程、建筑工程、水利工程、航天工程等。随着社会的发展，工程的概念在不断扩大，人们往往将一些活动冠以"工程"的名称，例如"希望工程""安居工程"等，这些我们可以理解为广义的工程概念。工程经济学中的"工程"是广义的概念。

"经济"一词原意指家庭财务管理，即家庭理财，有节约、赚钱之意。希腊科学家亚里士多德定义"经济"为谋生手段。中文的"经济"一词取"经邦济世""经国济民"之意，是治理国家、拯救庶民的意思。随着社会的发展，人们对经济的理解多种多样，概括起来有以下4种含义：①生产关系、经济制度、经济基础；②国民经济的总称及其各个部门，如工业经济、农业经济；③社会的物质生产和再生产过程，如经济效益、经济规模；④节约、节省的意思，如经济小吃、经济实惠。①②属于宏观经济的范畴，③④则属于微观经济的范畴。本书涉及的经济概念既有宏观含义又有微观含义，但多指微观方面。

经济学与工程学一样，有一个庞大的体系，研究视角不同，经济学的定义也不同。工程经济学领域引用较多的是罗宾斯的经济学定义："研究稀缺资源在给定但是有竞争的目的之间的配置的科学。"按照该定义，经济学是一门主要研究各种稀缺资源在可供选择的用途中进行合理配置的科学，要点有以下3个：①资源稀缺，如项目资金总是有限的；②需要分配资源的用途具有竞争关系，各种用途往往具有排他性；③存在决策环节，合理地配置资源需要科学决策。一般来说，经济学并不一定要求直接与货币本身有关。

任何工程(投资)项目都是通过对资源(材料、能量、信息)的消耗，经过研究、开发、设计、生产、建造、制造、运行、维护、销售、管理、咨询之中的某些过程的活动，来改造自然，从而产生经济效果、社会效果以及对生态、环境的影响。由于资源稀缺，不同的分配结果会产生不同的效果，因此如何使有限的资源最大限度地满足社会需求，充分利用资源，合理配置资源，以最少的耗费达到最优的经济效果，就成为亟待解决的问题。这就需要研究如何根据资金情况，谋划备选方案，并利用合理的指标体系，选择合适的方法，对上述方案进行科学评价，以达到技术与经济的统一。

工程经济学是工程与经济的交叉学科，是研究工程技术实践活动经济效果的学科，即以工程项目为主体，把经济学原理应用到与工程经济相关的问题和投资上，以技术经济系统为核心，研究如何有效利用资源提高经济效益的科学。

工程经济学研究的各种工程技术方案的经济效益，是指在使用各种技术过程中如何以最少的投入获得预期产出，或者说，如何以等量的投入获得最多的产出，以及如何用最低的寿命周期成本实现产品、作业以及服务的必要功能。

二、工程经济的研究对象

工程经济的研究对象是各类工程(投资)项目,包括公共项目、企业投资项目。它不仅是指固定资产建造和购置活动中的具有独立设计方案、能够独立发挥功能的工程整体,更主要的是指投入一定资源的计划、规划和方案并可以进行分析和评价的独立单位。这些项目可以是现有或已建项目、新建项目、扩建项目、技术引进项目、技术改造项目等。它可以大到一项土木工程、水利枢纽工程,小到一项技术革新,甚至一个零部件的更换。复杂的工程项目总是由许多内容不同的子项目组成,每个子项目由于具有独立的功能和明确的费用投入,因而都可以作为进一步工程经济分析的对象。

一个工程项目的实施,首先要有相当数量的资金,而且要用一定时间去开发、设计与建设,建成后一般都要经营一段时间,这个过程的投资决策都是基于对未来情况的估计做出的,这就不可避免地存在一定风险。工程经济学的核心任务就是对工程项目及其相应环节进行经济效益分析,对各种备选方案进行分析、论证、评价,从而选择技术上可行、经济上合理的最佳方案。只有根据经济学的基本原理分析工程项目的经济特性,才能比较准确地回答"对什么项目投资""何时投资""采取什么实施方案"等问题,才能比较有把握地使一定数量的资金产生最高的投资效益。同时,还要注重培养工程技术人员的经济意识,增强经济观念,运用工程经济分析的基本理论和经济效益评价方法,从可持续发展的战略高度,以市场为前提、以经济为目的、以技术为手段,确保工程项目有较高的质量,并以最少的投入达到最佳的产出,为人类创造更多的财富。

三、工程经济的研究内容

工程经济以工程项目投资全过程为研究对象,以掌握工程项目投资以及提高工程项目投资经济效益所涉及的经济与管理的分析方法与内容为教学目标。本书为配合教学,在各章节之后,附以练习题和案例分析,教师在课堂教学中也可以选择一些习题。为使本门学科的内容体系具有相对的完整性与条理性,特对本书的学习内容做出规划,主要包括以下几部分。

(1) 资金时间价值与等值计算。资金时间价值与等值计算包括资金时间价值基本知识、资金等值及其基本计算公式、资金等值计算应用举例等。

(2) 经济效益及评价指标体系。经济效益及评价指标体系包括经济效益的概念及一般表达式、经济效益评价的基本原则、经济效益评价指标体系。

(3) 工程经济评价的原理及方法。工程经济评价的原理及方法包括技术方案经济比较的可比原则、工程经济评价指标体系、多项目(方案)的经济性比较与选优等。

(4) 不确定性分析及方案综合评价。不确定性分析及方案综合评价包括盈亏平衡分析、敏感性分析等。

(5) 价值工程。价值工程包括价值工程与工程经济的关系、价值工程概念及特点、产品的功能与成本分析、产品价值评定、VE 的对象选择等。

(6) 工程项目可行性研究。工程项目可行性研究包括可行性研究的意义和作用、可行性研究的主要内容、可行性研究方法等。

(7) 设备更新的技术经济分析。设备维修的技术经济分析包括设备的磨损与寿命分析、设备磨损补偿的技术经济分析、设备租赁的经济分析等。

(8) 投资筹措与项目融资。投资筹措与项目融资包括资金筹集渠道与方式、自有资金筹集、借入资金筹集、资本结构决策等。

四、工程经济分析的一般程序

工程经济分析主要是对各种可行的技术方案进行综合分析、计算、比较和评价，全面衡量其经济效益，以做出最佳选择，为决策提供科学依据，其一般程序如图 1-1 所示。

(一) 确定目标

工程经济分析的目的在于比较方案之间的优劣。要比较就需要有共同的目标。由需要形成问题，由问题产生目标，然后依照目标去寻求最佳方案。目标是由问题的性质、范围、原因和任务决定的，它是工程经济分析中重要的一环。

(二) 调研资料

目标确定后，要对实现目标的需求进行调查研究，分析是否有实现目标所需的资源、技术、经济和信息等条件，资料要真实、及时和全面。

(三) 制定备选方案

方案是分析比较的对象。为了有利于比较、鉴别和优选，在工程经济分析初期，应首先对能够实现既定目标的各种途径进行充分挖掘。在占有资料的基础上，比较方案尽可能多一些，提供充足的比较对象，以确保优选质量。

(四) 方案可比化处理

对于互相比较的方案，由于各方案的指标和参数不同，往往难以直接比较，因此需要对一些不能直接对比的指标进行处理，将不同的数量和质量指标尽可能转化为统一的可比性指标，使方案在使用价值上等同化。一般是转化为货币指标，以满足可比性要求。

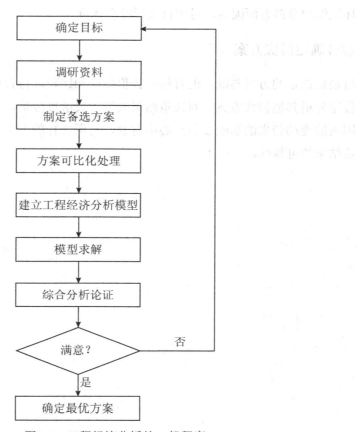

图1-1 工程经济分析的一般程序

(五) 建立工程经济分析模型

建立经济分析模型是工程经济分析的基础和手段。通过经济分析模型来建立目标体系和约束条件，为以后的经济分析创造条件。

(六) 模型求解

按照现行财务制度的各种规定以及现行价格、税收和利率等数据来进行财务收支计算，求解各方案的主要经济指标，如投资回收期、内部收益率以及净现值等，并进行比较，初步选择方案。在模型求解中，要充分、正确地考虑到不同模型的应用场合以及使用条件。

(七) 综合分析论证

在对不同方案的指标进行分析计算的基础上定性地综合比较，选出最优方案，再对整个指标体系和相关因素进行定量和定性分析。此外，上述方法所选择的方案通常是经济上最好的方案,而经济上最好的方案,不一定是最优的方案,需要同时考虑政治、社会、环境保护等多方面因素,对项目进行综合评价。

(八) 确定最优方案

将最后选定的方案与既定的目标和评价标准相比较,符合就采纳,不符合则重新按照此程序分析其他替代方案。对决策结果要进行灵敏度分析,对系统中影响决策的不确定性因素的变动带来的影响要做到心中有数,对所选择的方案的稳健性进行评估,以确保决策结果的可靠性。

项目二
资金时间价值与等值计算

知识导图

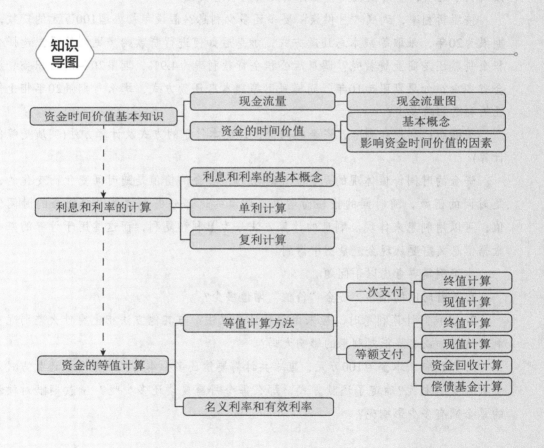

核心知识点

1. 利息与利率的概念；
2. 单利和复利的计算；
3. 等值计算的方法；
4. 名义利率和有效利率的区分及计算。

> **引导案例**　　　　贷款利率变动对"月供族"的影响
>
> 　　2012年1月1日起，一些新的涉及民生的金融政策正式施行，给市民生活带来了一定影响，特别是房贷利率的调整。2011年，央行在2月9日、4月6日和7月7日三次加息，5年期以上贷款年利率由2011年初的6.40%，经第一次加息提高到6.60%，经第二次加息提高到6.80%，经第三次加息提高到7.05%。因大多数贷款者签订的购房合同中约定央行利息调整时房贷利率于次年调整，这就意味着2012年元旦起市民就要按新利率还贷，"月供族"将要背负更重的利息负担。
>
> 　　按照新利率，到底"月供族"要多还多少利息？假设年初办理100万元的贷款，期限为20年，采取等额本息还款方式，加息后如何进行贷款购房更划算呢？选择公积金贷款还是商业贷款呢？调息后公积金贷款利率为4.9%，期限20年的公积金贷款会省多少？如果期限为10年，同样采用等额本息还款方式，那么与期限20年相比偿还的利息相差多少？
>
> 　　**关键点**：利息和利率，资金时间价值，还本付息的方式及计算方法(实质是等值计算)
>
> 　　资金的时间价值体现的是资金是运动的，资金的价值是随时间变化而变化的，是时间的函数，随时间的推移而增值。增值的这部分资金就是原有资金的时间价值，可以用利息来体现。利息的计算方法分为单利和复利，而这些用于计算的基础数据信息又需要从现金流量图中得到。
>
> 　　本案例需要考虑以下问题。
>
> 　　1. 随着时间的推移，资金"价值"增值多少？
>
> 　　2. 当我们计算利息时，应采用哪种计息方法？与其他方法相比有什么差别呢？利率的增加或者降低对利息的影响大吗？
>
> 　　3. 假设贷款本金为100万元，期末共计需要偿还多少本息？采取哪种还款方式对贷款人更有利呢？确定了还款方式，那么每个月需要偿还多少呢？贷款期限对偿还的总金额有多少影响呢？

任务一　资金时间价值基本知识

　　对时间因素的研究是工程经济分析的重要内容，要正确评价技术方案的经济效果，就必须研究资金时间价值。

一、现金流量

对资金时间价值进行分析前,需要了解计算的基础知识,以及现金流量和现金流量图。现金流量是指一个系统内的资金的流出或流入,而现金流量图是以更加直观的图示来表现现金流量,它是我们在等值计算中理解公式的基础。

(一) 现金流量的概念

在进行工程经济分析时,需要将考察对象视为一个系统,这个系统可以是一个工程项目或一个企业,也可以是一个地区或一个国家。而投入的资金、花费的成本、获取的收入,均可看成该系统以货币形式体现的资金流出或资金流入,这种在所考察的系统内,在一定时期各时点上实际发生的资金流出或资金流入称为现金流量。其中,流出系统的资金称为现金流出,流入系统的资金称为现金流入,现金流入与现金流出之差称为净现金流量。工程经济分析的任务就是要根据所考察系统的预期目标和所拥有的资源条件,分析该系统的现金流量情况,选择合适的技术方案,以获得最好的经济效果。

(二) 现金流量图

对于一个经济系统来说,在不同的时点,其现金流量的流向(流出或流入)、数额都不尽相同。为正确地进行经济评价,有必要借助现金流量图。所谓现金流量图,是一种反映经济系统资金运动状态的图示,即把经济系统的现金流量绘入一个时间坐标图中,表示各个时点的现金流出、流入与相应时间的对应关系,如图2-1所示。

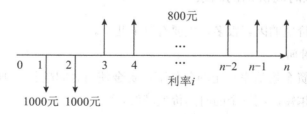

图2-1 现金流量图

下面,我们以图2-1来说明现金流量图的作图方法和规则。

(1) 以横轴为时间轴,向右延伸表示时间的延续,轴上每一刻度表示一个时间单位,可取年、半年、季或月等;零表示时间序列的起点,当年的年末同时也是下一年的年初。

(2) 相对于时间坐标的垂直箭线代表不同时点的现金流量,在横轴上方的箭线表示现金流入,即表示效益;在横轴下方的箭线表示现金流出,即表示费用或损失。

(3) 现金流量的方向(流出与流入)是对特定系统而言的。贷款方的流入就是借款方的流出,反之亦然。

(4) 在现金流量图中,箭线长短与现金流量数值大小本应成比例,但由于经济系统中各时点现金流量的数额常常相差悬殊，因而无法成比例绘出，故在现金流量图的绘制中，箭线长短只是示意性地体现各时点现金流量数额的差异，并在各箭线上方(或下方)注明其现金流量的数值即可。

(5) 箭线与时间轴的交点即为现金流量发生的时点。现金流量发生的时点可服从年末习惯法或年初习惯法，对于建设期计算利息的贷款还可服从年中习惯法。

总而言之，要正确绘制现金流量图，必须把握好现金流量的三要素，即现金流量的大小(资金数额)、方向(资金流入或流出)和作用点(资金的发生时点)。

二、资金时间价值

(一) 资金时间价值的概念

在工程经济计算中，技术方案的经济效益，所消耗的人力、物力和自然资源，最后都是以价值形态，即资金的形式表现出来的。资金运动反映了物化劳动和活劳动的运动过程，而这个过程也是资金随时间运动的过程。因此，在工程经济分析时，不仅要着眼于技术方案资金量的大小(资金收入和支出的多少)，而且要考虑资金发生的时间。资金是运动的价值，资金的价值是随时间变化而变化的，是时间的函数，随时间的推移而增值，其增值的这部分资金就是原有资金的时间价值。它的实质是资金作为生产经营要素，在扩大再生产及资金流通过程中，随时间周转使用的结果。

(二) 影响资金时间价值的因素

影响资金时间价值的因素很多，主要有以下几个。

1. 资金的使用时间

在单位时间的资金增值率一定的条件下，资金使用时间越长，则资金的时间价值越高；资金使用时间越短，则资金的时间价值越低。

2. 资金数量的多少

在其他条件不变的情况下，资金数量越多，资金的时间价值就越高；反之，资金的时间价值则越低。

3. 资金投入和回收的特点

在总资金一定的情况下，前期投入的资金越多，资金的负效益越大；反之，后期投入的资金越多，资金的负效益越小。在资金回收额一定的情况下，离现在越近的时间回收的资金越多，资金的时间价值就越高；反之，离现在越远的时间回收的资金越多，资金的时间价值就越低。

4.资金周转速度

资金周转越快,在一定的时间内等量资金的周转次数越多,资金的时间价值越高;反之,资金的时间价值越低。

总之,资金的时间价值是客观存在的,生产经营的一项基本原则就是充分利用资金的时间价值并最大限度地获得时间价值,这就需要加速资金周转,早期回收资金,并不断从事利润较高的投资活动。任何资金的闲置,都会损失资金的时间价值。

任务二 利息和利率的计算

在工程经济分析中,资金时间价值的计算方法与银行利息的计算方法相同。实际上,银行利息也是一种资金时间价值的表现方式。

一、利息与利率的概念

如果一个人到银行存款或贷款,到期会收到或支付利息。人们在生活当中所接触的利息是指通过银行借贷资金所付出或得到的比本金多的那部分增值额;而在工程经济中借用利息概念来代表资金时间价值,是指投资的增值部分。

利息计算有单利和复利之分。当计息周期在一个以上时,就需要考虑"单利"与"复利"的问题。

资金时间价值的换算方法与采用复利计算利息的方法完全相同,因为利息就是资金时间价值的一种重要表现形式,而且通常用利息额作为衡量资金时间价值的绝对尺度,用利率作为衡量资金时间价值的相对尺度。

(一) 利息

在借贷过程中,债务人支付给债权人超过原借贷金额的部分就是利息,计算方式为

$$I=F-P \tag{2-1}$$

式中:I——利息;

F——目前债务人应付(或债权人应收)总金额,即还本付息总额;

P——原借贷金额,常称为本金。

从本质上看,利息是由贷款发生利润的一种再分配。在工程经济分析中,利息常常被看成资金的一种机会成本。这是因为如果放弃资金的使用权利,相当于失去收益的机会,也就相当于付出了一定的代价。事实上,投资就是为了在未来获得更大的收益而对目前的资金进行某种安排。显然,未来的收益应当超过现在的投资,正是这种预期的价

值增长才能刺激人们从事投资。因此，在工程经济分析中，利息常常是指占用资金所付的代价或者是放弃使用资金所得的补偿。

(二) 利率

在经济学中，利率的定义是从利息的定义中衍生出来的。也就是说，在理论上先承认了利息，再以利息来解释利率。在实际计算中正好相反，常根据利率计算利息。

利率就是在单位时间内所得利息额与原借贷金额之比，通常用百分数表示，计算公式为

$$i = \frac{I_t}{P} \times 100\% \tag{2-2}$$

式中：i——利率；

I_t——单位时间内所得的利息额；

P——本金；

t——计算利息的时间单位，称为计息周期，通常为年、半年、季、月、周或天。

【例2-1】某公司现借得本金1000万元，一年后付息80万元，则年利率为多少？

解：

$$\frac{80}{1000} \times 100\% = 8\%$$

利率是各国发展国民经济的重要杠杆之一，利率的高低由以下因素决定。

1. 社会平均利润率

利率的高低首先取决于社会平均利润率的高低，并随之变动。在通常情况下，社会平均利润率是利率的最高界限。因为如果利率高于利润率，银行获得利息后，投资人无利可图，就不会去借款了。

2. 资金供求状况

在社会平均利润率不变的情况下，利率高低取决于金融市场上借贷资本的供求情况。借贷资本供过于求，利率便下降；反之，借贷资本供不应求，利率便上升。

3. 投资风险

借出资本要承担一定的风险，风险越大，利率也就越高。

4. 通货膨胀

通货膨胀对利息的波动有直接影响，资金贬值往往会使利息在无形中成为负值。

5. 资金回收期限

投资或贷款期限长，不可预见因素多，风险大，利率就高；反之，利率就低。

二、单利计算

单利计算是指仅对本金计算利息，对所获得的利息不纳入本金计算下期利息的计算

方法。在以单利计息的情况下，不论计息期数多大，每期均只有本金计息，而利息不计利息，每期计算的利息都相等，即通常所说的"利不生利"的计息方法，计算公式为

$$I_t = P i_单 \tag{2-3}$$

式中：I_t——第 t 计息周期的利息额；

P——本金；

$i_单$——计息周期单利利率。

设 I_n 代表 n 个计息期所付或所收的单利总利息，则有下式

$$I_n = \sum_{t=1}^{n} I_t = \sum_{t=1}^{n} P i_单 = P i_单 n \tag{2-4}$$

由式(2-4)可知，在以单利计息的情况下，总利息与本金、利率以及计息周期数是成正比的线性关系。n 期末单利本利和 F 等于本金加上利息，即

$$F = P + I_n = P(1 + n i_单) \tag{2-5}$$

式中：$(1+n i_单)$——单利终值系数。

同样，本金可由本利和 F 减去利息 I_n 求得，即

$$P = F - I_n = F/(1 + n i_单) \tag{2-6}$$

式中：$(1+n i_单)$——单利现值系数。

在利用式(2-5)计算本利和 F 时，注意式中 n 和 $i_单$ 反映的周期要匹配。若 $i_单$ 为年利率，则 n 应为计息的年数；若 $i_单$ 为月利率，则 n 应为计息的月数。

【例2-2】假如某公司以单利方式借入1000万元，年利率8%，第4年末偿还，则各年利息和本利和如表2-1所示。

表2-1 单利计算分析表　　　　　　　　　　　　　　　万元

使用期	年初款额	年末利息	年末本利和	年末偿还
1	1000	1000×8%=80	1080	0
2	1080	80	1160	0
3	1160	80	1240	0
4	1240	80	1320	1320

由表2-1可知，单利的年利息额都仅由本金产生，其新生利息不再加入本金产生利息，此即"利不生利"。这不符合客观的经济发展规律，没有反映资金随时都在"增值"的事实，即没有完全反映资金时间价值。因此，在工程经济分析中，单利使用较少，通常适用于短期投资或短期贷款。

三、复利计算

所谓复利，是指在计算某一计息周期的利息时，其先前周期所累积的利息要计算利

息，即"利生利""利滚利"的计息方式，计算公式为

$$I_t = iF_{t-1} \tag{2-7}$$

式中：i——计息周期复利利率；

F_{t-1}——第$(t-1)$期末复利本利和。

第t期末复利本利和的表达式为

$$F_t = F_{t-1}(1+i) \tag{2-8}$$

【例2-3】数据同例2-2，按复利计算，则各年利息和本利和如表2-2所示。

表2-2 复利计算分析表　　　　　　　　　　　　　　万元

使用期	年初款额	年末利息	年末本利和	年末偿还
1	1000	1000×8%=80	1080	0
2	1080	1080×8%=86.4	1166.4	0
3	1166.4	1166.4×8%=93.312	1259.712	0
4	1259.712	1259.712×8%=100.777	1360.489	1360.489

从表2-1和表2-2可以看出，同一笔借款，在利率和计息周期均相同的情况下，用复利计算出的利息金额比用单利计算出的利息金额多，如例2-3与例2-2两者相差40.49(1360.49-1320)万元。本金越多，利率越高，计息周期越长，两者差距就越大。复利计息比较符合资金在社会再生产过程中运动的实际状况，因此，复利计息在实践中得到了广泛应用，在工程经济分析中，一般也采用复利计算。

复利计算有间断复利和连续复利之分。按期(年、半年、季、月、周、日)计算复利的方法称为间断复利(即普通复利)；按瞬时计算复利的方法称为连续复利。在实际使用中都采用间断复利，这一方面是出于习惯，另一方面是因为会计通常在年底结算一年的进出款，按年支付税金、保险金和抵押费用，因而采用间断复利考虑问题更适宜。

任务三　资金的等值计算

资金有时间价值，即使金额相同，因其发生在不同时间，其价值也不相同；反之，不同时点绝对不等的资金在时间价值的作用下却可能具有相等的价值。这些不同时期、不同数额但"价值等效"的资金称为等值，又叫等效值。资金等值计算公式和复利计算公式的形式是相同的。常用的等值计算公式主要有终值和现值计算公式。影响资金等值的因素有三个：资金的多少、资金发生的时间、利率(或折现率)的大小。其中，利率是一个关键因素，在等值计算中，一般以同一利率为依据。

在工程经济分析中，等值是一个十分重要的概念，它为我们确定某一经济活动的有

效性或者进行方案比选提供了可能。

一、等值计算方法

利用等值的概念，可以把在一个时点发生的资金金额换算成另一时点的等值金额，一般是计算一系列现金流量的现值、将来值和等额年值。现值计算是把将来某一时点的资金金额或一系列资金金额换算成当前时点的等值金额，称为"折现"或"贴现"；将来值计算是将任何时间发生的资金金额换算成其后某一时点的等值金额；等额年值计算是将任何时间发生的资金金额转换成与其等值的每期期末的等额资金序列。

常用的等值计算方法主要包括两大类，即一次支付和等额支付。

(一) 一次支付的情形

一次支付又称整付，是指所分析的系统现金流量无论是流入还是流出，分别在时点上发生一次。

1. 终值计算(已知P，求F)

现有一笔资金P，年利率为i，按复利计算，则n年末的本利和F为多少？即已知P、i、n，求F。一次支付现金流量图如图2-2所示。

图2-2 一次支付现金流量图

根据复利的含义，n年末复本利和F的计算过程见表2-3。

表2-3 n年末复本利和F的计算过程

计息期	期初金额(1)	本期利息额(2)	期末复本利和F_t=(1)+(2)
1	P	Pi	$F_1 = P + Pi = P(1+i)$
2	$P(1+i)$	$P(1+i)i$	$F_2 = P(1+i) + P(1+i)i = P(1+i)^2$
3	$P(1+i)^2$	$P(1+i)^2 i$	$F_3 = P(1+i)^2 + P(1+i)^2 i = P(1+i)^3$
...	...	...	...
n	$P(1+i)^{n-1}$	$P(1+i)^{n-1} i$	$F_n = P(1+i)^{n-1} + P(1+i)^{n-1} i = P(1+i)^n$

由表2-3可以看出，一次支付n年末复本利和F的计算公式为

$$F = P(1+i)^n \tag{2-9}$$

式中：i——计息周期复利率；

n——计息周期数；

P——现值(Present Value，现在的资金价值或本金)，指资金发生在(或折算为)某一特定时间序列起点时的价值；

F——终值(Future Value，未来的资金价值或本利和)，指资金发生在(或折算为)某一特定时间序列终点时的价值。

式(2-9)中的$(1+i)^n$称为一次支付终值系数，用$(F/P,i,n)$表示，则式(2-9)又可写成

$$F=P(F/P,i,n) \qquad (2\text{-}10)$$

在$(F/P,i,n)$这类符号中，括号内斜线左侧的符号表示所求的未知数，斜线右侧的符号表示已知数。$(F/P,i,n)$就表示在已知P、i和n的情况下求解F值。为了计算方便，通常按照不同的利率i和计息周期数计算出$(1+i)^n$的值并列表(复利系数表)。在计算F时，只要从复利系数表中查出相应的复利系数再乘以本金即可。

【例2-4】某公司从银行借款1000万元，年复利率$i=10\%$，试问5年后一次需支付本利和多少？

解：按式(2-10)计算得

$$F=P(F/P,i,n)=1000\times(F/P,10\%,5)$$

从复利系数表查出系数$(F/P,10\%,5)$为1.611，代入上式得

$$F=1000\times1.611=1611(万元)$$

也可用公式计算

$$F=P(1+i)^n=1000\times(1+10\%)^5=1610.51(万元)$$

2. 现值计算(已知F，求P)

由式(2-9)即可求出现值P，公式为

$$P=F(1+i)^{-n} \qquad (2\text{-}11)$$

式中：$(1+i)^{-n}$——一次支付现值系数，用符号$(P/F,i,n)$表示。

在工程经济分析中，一般是将未来时刻的资金价值折算为现在时刻的价值，该过程称为"折现"或"贴现"，其所使用的利率常称为折现率或贴现率，故$(1+i)^{-n}$或$(P/F,i,n)$也可称为折现系数或贴现系数。式(2-11)常写成

$$P=F(P/F,i,n) \qquad (2\text{-}12)$$

【例2-5】某公司希望5年后收回2000万元资金，年复利率$i=10\%$，试问现在需一次投入多少？

解：由式(2-12)计算得

$$P=F(P/F,i,n)=2000\times(P/F,10\%,5)$$

查复利系数表得$(F/P,10\%,5)$为0.621，代入上式得

$$P=2000\times0.621=1242(万元)$$

也可用公式计算

$$F=P(1+i)^{-n}=2000\times(1+10\%)^{-5}=1242(万元)$$

(二) 等额支付系列情形

在工程实践中，多次支付是较为常见的支付形式。多次支付是指现金流量在多个时点发生，而不是集中在某一时点上，如图2-3所示。

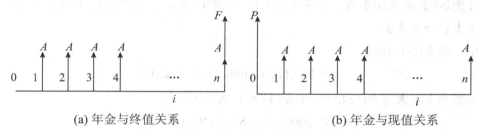

(a) 年金与终值关系　　　　　　(b) 年金与现值关系

图2-3　等额支付系列现金流量示意图

在图2-3中，A表示年金发生在(或折算为)某一特定时间序列各计息期末(不包括0期)的等额资金序列的价值。

如果用A_t表示第t期末发生的现金流量(可正可负)，用逐个折现的方法，可将多次现金流量换算成现值并求其代数和，即

$$P=A_1(1+i)^{-1}+A_2(1+i)^{-2}+\cdots+A_n(1+i)^{-n}=\sum_{t=1}^{n}A_t(1+i)^{-t} \tag{2-13}$$

或

$$P=\sum_{t=1}^{n}A_t(P/F,i,t) \tag{2-14}$$

同理，也可将多次现金流量换算成终值

$$F=\sum_{t=1}^{n}A_t(1+i)^{n-t} \tag{2-15}$$

或

$$F=\sum_{t=1}^{n}A_t(F/P,i,n-t) \tag{2-16}$$

在公式(2-13)～(2-16)中，虽然所用系数都可以通过计算或查复利系数表得到，但如果n较大、A_t较多时，计算也是比较烦琐的。如果多次现金流量A是连续序列流量且数额相等，则可大大简化上述计算公式。这种具有"$A_t=A=$常数($t=1,2,3,\cdots,n$)"特征的系列现金流量称为等额系列现金流量。

对于等额系列现金流量，其复利计算方法如下所述。

1. 终值计算(已知A，求F)

由式(2-15)展开得

$$F=\sum_{t=1}^{n}A_t(1+i)^{n-t}=A[(1+i)^{n-1}+(1+i)^{n-2}+\cdots+(1+i)+1]$$

$$F=A\frac{(1+i)^n-1}{i} \tag{2-17}$$

式中：$\dfrac{(1+i)^n-1}{i}$——等额系列终值系数或年金终值系数，用符号$(F/A,i,n)$表示。

式(2-17)又可写成

$$F=A(F/A,i,n) \tag{2-18}$$

等额系列终值系数$(F/A,i,n)$可从复利系数表中查得。

【例2-6】若在10年内，每年末存入银行2000万元，年利率8%，按复利计算，则第10年末本利和为多少？

解：由式(2-18)得

$$F=A(F/A,i,n)=2000\times(F/A,8\%,10)$$

从复利系数表查出$(F/A,8\%,10)$为14.487，代入上式得

$$F=2000\times14.487=28\,974(万元)$$

也可用公式计算

$$F=A\dfrac{(1+i)^n-1}{i}=2000\times\dfrac{(1+8\%)^{10}-1}{8\%}=28\,973.12\,(万元)$$

2. 现值计算(已知A，求P)

由式(2-11)和式(2-13)得

$$P=F(1+i)-n=A\dfrac{(1+i)^n-1}{i(1+i)^n} \tag{2-19}$$

式中：$\dfrac{(1+i)^n-1}{i(1+i)^n}$——等额系列现值系数或年金现值系数，用符号$(P/A,i,n)$表示，则(2-19)又可写成

$$P=A(P/A,i,n) \tag{2-20}$$

等额系列现值系数$(P/A,i,n)$可从复利系数表中查得。

【例2-7】若想在5年内每年末收回2000万元，当年复利率为10%时，试问开始需一次投资多少？

解：由式(2-20)得

$$P=A(P/A,i,n)=2000\times(P/A,10\%,5)$$

从复利系数表查出系数$(P/A,10\%,5)$为3.791，代入上式得

$$P=2000\times3.791=7582(万元)$$

也可用公式计算

$$P=A\dfrac{(1+i)^n-1}{i(1+i)^n}=2000\times\dfrac{(1+10\%)^5-1}{10\%\times(1+10\%)}=7582\,(万元)$$

3. 资金回收计算(已知P，求A)

等额系列资金回收计算是等额系列现值计算的逆运算，故由式(2-19)可得

$$A = P\frac{i(1+i)^n}{(1+i)^n - 1} \tag{2-21}$$

式中：$\dfrac{i(1+i)^n}{(1+i)^n - 1}$ ——等额系列资金回收系数，用符号$(A/P,i,n)$表示。

式(2-21)又可写成

$$A=P(A/P,i,n) \tag{2-22}$$

等额系列资金回收系数$(A/P,i,n)$可从复利系数表中查得。

【例2-8】若投资2000万元，年复利率为8%，10年内收回全部本利，则每年末应收回多少？

解：由式(2-22)得

$$A=P(A/P,i,n)=2000\times(A/P,8\%,10)$$

从复利系数表查出系数$(A/P,8\%,10)$为0.149，代入上式得

$$A=2000\times 0.149=298(万元)$$

也可用公式计算

$$A = P\frac{i(1+i)^n}{(1+i)^n - 1}=2000\times\frac{8\%\times(1+8\%)^{10}}{(1+8\%)^{10}-1}=298.1(万元)$$

4. 偿债基金计算(已知F，求A)

偿债基金计算是等额系列终值计算的逆运算，故由式(2-17)可得

$$A = F\frac{i}{(1+i)^n - 1} \tag{2-23}$$

式中：$\dfrac{i}{(1+i)^n - 1}$ ——等额系列偿债基金系数，用符号$(A/P,i,n)$表示。式(2-23)又可写成

$$A=F(A/F,i,n) \tag{2-24}$$

等额系列偿债基金系数$(A/F,i,n)$可从复利系数表中查得。

【例2-9】若想在第5年末获得2000万元，每年投入金额相等，年复利率为10%，则每年末需投入多少？

解：由式(2-24)得

$$A=F(A/F,i,n)=2000\times(A/F,10\%,5)$$

从复利系数表中查出系数$(A/F,10\%,5)$为0.1638，代入上式得

$$A=2000\times 0.1638=327.6(万元)$$

也可用公式计算

$$A = F\frac{i}{(1+i)^n - 1}=2000\times\frac{10\%}{(1+10\%)^5-1}=327.6(万元)$$

资金等值计算公式相互关系如图2-4所示。

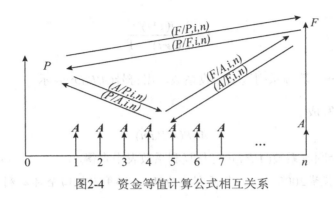

图2-4 资金等值计算公式相互关系

从复利系数的结构和等值计算原理可知，等值计算受到折现率、资金流量及其发生的时间点影响，因此，在工程经济分析中要重视以下两点。

第一，正确选取折现率。折现率是决定现值大小的一个重要因素，必须根据一定的准则选用。

第二，注意现金流量的分布情况。从收益的角度来看，获得的时间越早，数额越大，其现值就越大。因此，应使建设项目早日投产，早日达到设计生产能力，早获收益，多获收益，才能达到最佳经济效益。从投资的角度看，投资支出的时间越晚、数额越小，其现值就越小。因此，应合理分配各年投资额，在不影响项目正常实施的前提下，尽量减少建设初期投资额，加大建设后期投资比重。

二、名义利率和有效利率

在复利计算中，利率周期通常以"年"为单位，它可以与计息周期相同，也可以不同。当利率周期与计息周期不一致时，就出现了名义利率和有效利率的概念。

(一) 名义利率

名义利率r是指计息周期利率i乘以一个利率周期内的计息周期数所得的利率周期利率，公式为

$$r = im \qquad (2-25)$$

若月利率为1%，则年名义利率为12%。计算名义利率时忽略了前面各期利息再生利息的因素，这与单利的计算相同；反过来，若年利率为12%，按月计息，则月利率为1%(计息周期利率)，而年利率为12%(利率周期利率)，同样是名义利率。通常所说的利率周期利率都是名义利率。

(二) 有效利率

有效利率是指资金在计息中所发生的实际利率，包括计息周期有效利率和利率周期

有效利率。

1. 计息周期有效利率

计算计息周期有效利率i，由式(2-25)得

$$i = \frac{r}{m} \tag{2-26}$$

2. 利率周期有效利率

若用计息周期有效利率来计算利率周期有效利率，并将利率周期内的利息再生利息因素考虑进去，这时所得的利率周期利率称为利率周期有效利率(又称利率周期实际利率)，根据利率的概念即可推导出利率周期有效利率的计算公式。

已知利率周期名义利率r，一个利率周期内计息m次(如图2-5所示)，则计息周期利率为$i=r/m$，在某个利率周期初有资金P，则利率周期终值F的计算式为

$$F = P(1 + \frac{r}{m})^m \tag{2-27}$$

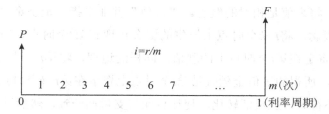

图2-5 利率周期有效利率计算的现金流量图

根据利息的定义，可求该利率周期的利息I为

$$I = F - P = P(1 + \frac{r}{m})^m - P = P[(1 + \frac{r}{m})^m - 1] \tag{2-28}$$

再根据利率的定义，可求该利率周期的有效利率i_{eff}为

$$i_{eff} = \frac{I}{P} = (1 + \frac{r}{m})^m - 1 \tag{2-29}$$

由此可见，利率周期有效利率与名义利率的关系实质上与复利和单利的关系相同。

假设年名义利率$r=10\%$，则按年、半年、季、月、日计息的年有效利率见表2-4。

表2-4 年有效利率计算结果

年名义利率r	计息周期	年计息次数m	计息周期利率$i=r/m$	年有效利率i_{eff}
10%	年	1	10%	10%
	半年	2	5%	10.25%
	季	4	2.5%	10.38%
	月	12	0.833%	10.46%
	日	365	0.0274%	10.51%

从表2-4可以看出，在名义利率r一定时，每年计息期数m越多，i_{eff}与r相差越大，这

一结论具有普遍性。因此，在工程经济分析中，如果各方案的计息周期不同，就不能简单地使用名义利率来评价，而必须换算成同一周期的有效利率进行评价，否则会得出不正确的结论。

任务四　资金等值计算实例

在进行资金等值计算时，需要应用前文提及的各计算公式，要注意按照公式中 F、P、A、i、n 的含义和相互关系，以及利息公式应用的条件合理选用相关公式。A 是各期期末支付的资金序列，F 发生在 A 的最后一期，P 则发生在第一个 A 的前一期，i 是计息期的有效利率，n 是计息期数，且当计息期与支付期相同时，才能直接套用前述公式。同时要注意灵活应用公式，当不能直接采用公式时，要修改相关条件，使之符合利息公式成立的前提条件。

此外，现值、将来值是相对的概念。"现值"并非专指一笔资金"现在"的价值，它是一个相对的概念。将 $t+k$ 个时点上发生的资金折现到第 t 个时点，所得的等值金额就是第 $t+k$ 个时点上资金在第 t 个时点上的现值。同样的道理，将第 t 个时点上发生的资金折现到第 $t+k$ 个时点，所得的等值金额就是第 t 个时点上资金在第 $t+k$ 个时点上的将来值。当计息期与支付期不符时，应灵活转化，使计息期与支付期一致，然后进行等值计算。

一、计息期与支付期一致的计算

【例2-10】要使目前的1000元与10年后的2000元等值，年利率应为多少？

解：由题意可列出等式

$$2000 = 1000 \times (F/P,i,10)，即 (F/P,i,10) = 2$$

按资金等值公式计算得知

$$(F/P,7\%,10) = 1.9672，\quad (F/P,8\%,10) = 2.1589$$

用直线内插法可得

$$i = 0.07 + 0.01 \times \frac{20\,000 - 1.967\,2}{21\,589 - 1.967\,2} = 0.07 + 0.0017 = 7.17\%$$

【例2-11】某人要购买一处新居，一家银行提供20年期、年利率为6%的贷款30万元，该人每年要还款多少万元？

解：
$$A = P(A/P,i,n) = 30 \times (A/P,6\%,20)$$
$$= 30 \times 0.0872 = 2.46 (万元)$$

【例2-12】分期付款购车，每年年初付2万元，5年付清。设年利率为10%，相当于一次现金支付的购价为多少？

解： 由题意可知，此题为已知年值求现值计算，但每年的年值发生在该年初，与相关公式的应用条件不一致。可以先应用等额分付现值公式计算第2年～第5年年初(第1～4年年末)的4笔年等值的现值，然后再加上第一年初(现值点)的年等值，即为期初的一次性支付购价。

$$P = A + A(P/A, i, n) = 2 + 2 \times (P/A, 10\%, 4)$$
$$= 2 + 2 \times 3.791 = 8.34(万元)$$

【例2-13】某学校拟设立一项永久性奖学金，每年计划颁发10 000元，若年利率为10%，现在应存入多少钱？

解：

$$P = A\left[\frac{(1+i)^n - 1}{i(1+i)^n}\right] = A\left[\frac{1-(1+i)^{-n}}{i}\right]$$

当 $n \to \infty$ 时，$(1+i)^{-n} \to 0$，所以上式可变为

$$P = \frac{A}{i}$$

将数据代入上式得

$$P = \frac{10\,000}{10\%} = 100\,000(元)$$

【例2-14】设第4～7年每年年末支付100元，利率为10%，现金流量如图2-6所示，求与其等值的第0年的现值为多少？

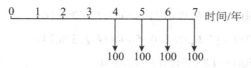

图2-6 现金流量图——计息期与支付期一致(单位：元)

解： 此题现金流量集中在第4～7年，不能直接应用已知年值求现值公式，需将第4～7年的年值折算到第3年年末(第4年年初)求P_3，再将P_3折算到期初求现值P_0。

$$P_3 = A(P/A, i, n) = 100 \times (P/A, 10\%, 4)$$
$$= 100 \times 3.17 = 317(元)$$
$$P_0 = P_3(P/F, 10\%, 3) = 317 \times 0.7513 = 238.16(元)$$

由计算结果可知，即第4～7年的年等值100元折算到第0年年初的等值资金为238.16元。

二、计息期短于支付期的计算

【例2-15】设年利率为12%，每季度计息一次，每年年末支付500元，连续支付6

年，求期初的现值为多少？

解：现金流量如图2-7所示。

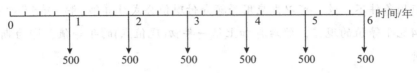

图2-7 现金流量图——计息期短于支付期(单位：元)

该例中的计息期为季度，支付期为1年，计息期短于支付期，不能直接套用利息公式，在计算时需使计息期与支付期一致，计算方法有以下3种。

方法1：计息期向支付期靠拢，求出支付期的有效利率，年有效利率为

$$i = (1 + \frac{0.12}{4})^4 - 1 = 12.55\%$$
$$P = 500 \times (P/A, 12.55\%, 6) = 2024 (元)$$

方法2：支付期向计息期靠拢，求出计息期末的等额支付。

年利率为12%，则季度利率为3%，按此利率将每年年末的支出计算成每季度的等额支出，然后计算每季等额支付的现值和，则有

$$A = 500 \times (A/F, 3\%, 4) = 500 \times 0.239 = 119.5 (元)$$
$$P = A(P/A, 3\%, 24) = 119.5 \times 16.9355 = 2024 (元)$$

方法3：把每年年末的等额支付看成相应季度的一次支付，按季度计息，求出每个支付的现值和，则有

$$\begin{aligned}P = &500 \times (P/F, 3\%, 4) + 500 \times (P/F, 3\%, 8) + \\&500 \times (P/F, 3\%, 12) + 500 \times (P/F, 3\%, 16) + \\&500 \times (P/F, 3\%, 20) + 500 \times (P/F, 3\%, 24) \\= &500 \times 0.8885 + 500 \times 0.7894 + \\&500 \times 0.7014 + 500 \times 0.6232 + \\&500 \times 0.5537 + 500 \times 0.4919 \\= &2024 (元)\end{aligned}$$

三、计息期长于支付期的计算

当计息期长于支付期时，在一个计息期内所收或付出的款项不计算利息。也就是说，在相邻两次计息期间存入或取出的款项在该计息期内不计当期利息。处理原则是计息期间的现金流出相当于在本期期末发生，而现金流入相当于在本期期初发生。

【例2-16】已知某项目的逐月现金流量如图2-8所示，计息期为季度，年利率为12%，求第1年年末的金额。

解：将图2-8(a)中的现金流量整理成图2-8(b)中的现金流量。

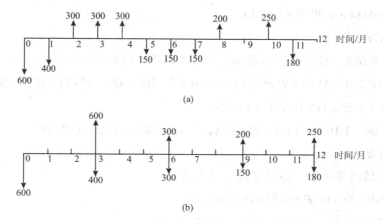

图2-8 现金流量图——计息期长于支付期(单位：元)

这样，即可按季度利率计算第1年年末的将来值，则

$F = -600 \times (F/P, 3\%, 4) + (600-400) \times (F/P, 3\%, 3) + (300-300) \times$
$\quad (F/P, 3\%, 2) + (200-150) \times (F/P, 3\%, 1) + (250-180)$
$\quad = -600 \times 1.1255 + 200 \times 1.0927 + 0 + 50 \times 1.03 + 70$
$\quad = -353.76(元)$

四、计算期利率不等的计算

前文所举例子都是各期间利率相等的情况，但在现实经济生活中，计算期内逐年利率可能是变化的。当各个期间利率值不等时，应按利率相等的区间逐步分别计算。

【例2-17】 某现金流量图和逐年的利率 i 变化情况如图2-9所示，试确定该现金流量的现值、将来值和年值。

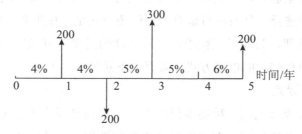

图2-9 现金流量图——计算期利率不等(单位：万元)

解：5年的分析期中有3个利率，可将分析期分为3段，具体计算过程如下所述。

(1) 求现值 P。

$P = 200 \times (P/F, 4\%, 1) - 200 \times (P/F, 4\%, 2) +$
$\quad 300 \times (P/F, 5\%, 1) \times (P/F, 4\%, 2) + 200 \times (P/F, 6\%, 1) \times (P/F, 5\%, 2) \times (P/F, 4\%, 2)$

$=200\times0.9615-200\times0.9246+300\times0.9524\times0.92426+$
$\quad 200\times0.9434\times0.9070\times0.9246$
$=429.79(万元)$

(2) 求将来值F。按求现值的思路，可列出求将来值的计算式为
$F=200\times(F/P,4\%,1)\times(F/P,5\%,2)\times(F/P,6\%,1)-200\times(F/P,5\%,2)\times(F/P,6\%,1)+$
$\quad 300\times(F/P,5\%,1)\times(F/P,6\%,1)+200$
$=200\times1.04\times1.1025\times1.06-200\times1.1025\times1.06+300\times1.05\times1.06+200$
$=543.26(万元)$

在已知现值的条件下，亦可直接求将来值为
$F=P(F/P,4\%,2)\times(F/P,5\%,2)\times(F/P,6\%,1)$
$\quad=429.79\times1.0816\times1.1025\times1.06=543.26(万元)$

(3) 求年值A。因各年利率不等，无法直接应用求年值的公式，可先列出现值与年值的关系式，然后再求年值A。

将年值折算成现值，则有
$P=A(P/F,4\%,1)+A(P/F,4\%,2)+A(P/F,5\%,1)\times(P/F,4\%,2)+A(P/F,5\%,2)\times(P/F,4\%,2)+$
$\quad A(P/F,6\%,1)\times(P/F,5\%,2)\times(P/F,4\%,2)$

将前面求出的现值代入式中，可求出年值$A=97.76(万元)$。

五、还本付息方式的选择

建设项目时需要从多种渠道采用不同的方式融入资金，其中，银行等金融机构的项目借款是重要的融资方式之一。项目借款借贷双方在签订贷款协议时，贷款方往往规定了贷款利率、贷款期限、偿还方式等。但有的银行或金融机构只规定了贷款利率、贷款期限及其他一些保证条款，项目借款的偿还方式可与贷款方协商确定。因此，研究项目借款的偿还方式，并选择一种对项目最有利的偿还方式是一项重要工作。

根据资金等值原理，为满足工程项目经济活动的需要，可采用不同的方案偿还银行的一笔贷款资金。项目借款的偿还方式一般有如下几种。

1. 本利等额偿还方式

这是我国目前较为常见的一种还本付息方式。本利等额偿还方式，就是在开始还款后把本利和逐年平均分摊偿还，期末正好还清全部借款的一种还款方式。采用这种还款方式时，随着本金的偿还，本金逐年减少，从而各年支付利息越来越少，而每年偿还本利和金额固定，从而本金偿还额逐年增加。因此，本利等额偿还方式虽然各年偿还的资金总数相等，但开始几年内偿还的利息额较大、本金较少，随着每年偿还的本金逐年增加，利息逐年减少。这种偿还方式比较适合投产后盈利能力逐渐增强的公司。

2. 本金等额偿还方式

本金等额偿还方式是在偿还期内偿还的本金每年相等，而每年的利息按每年年初实际借款余额结算的一种项目借款偿还方式。随着本金逐年等额偿还，每年发生的利息在不断减少，从而公司各年偿还的本利和也在不断减少，因此，公司的偿债压力前期大、后期小。这种偿还方式比较适合投产后盈利能力较强的公司。

3. 期末还本、各年付息偿还方式

这种偿还方式在期末一次偿还本金，每年利息照常支付。每年支付的利息为 Pi；期末偿还本利总和为 $P+Pin$。该偿还方式一般适用于投产初期盈利能力较差，但随着时间的推移，偿债能力逐渐增强的项目。但贷款机构一般不会采用这种风险较大的偿债方式。该方式最大的优点就是计算较为简单。

4. 本利期末一次偿还方式

本金和利息在期末一次偿还，期末一次偿还本利总额为 $P(1+i)^n$。其中，支付的利息总额为 $P[(1+i)^n-1]$。这种偿还方式可以有效使用资金本息，但期末一次性偿付压力大。由于每年的利息不偿还，转为下一年本金，利滚利到期末，偿还的数额要比其他偿还方式大许多，贷款机构一般也不会采用这种自身风险较大的方式。

【例2-18】某企业获得贷款100万元，要在5年内还清，年利率 $i=10\%$，现在可以采用以下4种方式归还。

方案A：各年年末支付当年应计利息，到第5年还本。

方案B：本金分5年等额偿还，再支付当年应计的利息。

方案C：将本金加上5年的利息总和，等额分摊到各年年末归还。

方案D：在第5年年末，本金和利息一次还清。

试就以上4种还款方式，分别计算各年应偿还的利息、本金及总额，并比较优劣。

解：将各年归还贷款的金额列于表2-5中，仅由表中的合计项可看出，方案B静态总偿还额最小，似乎方案B较优。其实不然，在考虑资金时间价值的前提下，上述4种偿还方案的各年还款金额应采取动态相加的处理方法。

由表2-5可以看出，各方案每年还款额终值相同。也就是说，4种还款付息方案到还款期期末还款总额是相同的。不同的偿还方式不影响总还款额，只是为偿还方根据自身的经济状况及运营发展潜力确定适合自己情况的还款方式提供基础依据。

表2-5　各方案各年归还贷款金额　　　　　　　　　　　　　　　　　　　万元

偿还方案	年数(1)	年初所欠金额(2)	年利息额(3)	年终所欠金额 (4)=(2)+(3)	还本金(5)	年终所付款总额(6)=(3)+(5)
A	1	100	10	110	0	10
	2	100	10	110	0	10
	3	100	10	110	0	10
	4	100	10	110	0	10

(续表)

偿还方案	年数(1)	年初所欠金额(2)	年利息额(3)	年终所欠金额(4)=(2)+(3)	还本金(5)	年终所付款总额(6)=(3)+(5)
A	5	100	10	110	100	110
	静态合计		50		100	150
	动态合计					161.05
B	1	100	10	110	20	30
	2	80	8	88	20	28
	3	60	6	66	20	26
	4	40	4	44	20	24
	5	20	2	22	20	22
	静态合计		30		100	130
	动态合计					161.05
C	1	100	10	110	16.38	26.38
	2	83.62	8.36	91.98	18.02	26.38
	3	65.6	6.56	72.16	19.82	26.38
	4	45.78	4.58	50.36	21.8	26.38
	5	23.98	2.4	26.38	23.98	26.38
	静态合计		32.14		99.92	131.9
	动态合计					161.05
D	1	100	10	110	0	0
	2	110	11	121	0	0
	3	121	12.1	133.1	0	0
	4	133.1	13.31	146.41	0	0
	5	146.41	14.64	161.05	100	161.05
	静态合计		61.05		100	161.05
	动态合计					161.05

拓展：Excel在资金等值计算中的应用

Microsoft Excel提供了许多有关等值计算、投资分析和债券计算等方面的Excel函数，在工程经济分析中应用这些函数可以大大减少计算工作量。本节介绍几个在等值计算中能够应用到的Excel财务函数。在介绍这些Excel函数之前，首先了解一下这些函数主要参数的基本含义。

FV——Future Value，即本利和、将来值或终值；

PV——Present Value，即现值或本金；

Pmt——Payments，即等额支付系列每期支付值，在工程经济分析中一般以"年"为计算周期，因此在无特殊说明的情况下，Pmt表示年值；

Rate——Interest Rate或Discount Rate，即利率或折现率；

Nper——Number of Periods，即计息期数或计算期。

在建立Excel工作表时，一般约定现金流入(收益)以正数表示，现金流出(投资、费用等)以负数表示。

1. FV函数

FV函数的语法形式为FV(Rate，Nper，Pmt，[PV]，[Type])。

利用FV函数，根据已知的年值或现值，求得终值。

【例2-19】已知年利率为12%，试采用复利计息方法计算以下问题：

(1) 存入银行1000元，求第10年年末本利和；

(2) 每年年末等额存入银行1000元，求第5年年末本利和；

(3) 每年年初等额存入银行1000元，求第5年年末本利和；

(4) 第一年年初存入2000元，各年年末等额存入1000元，求第5年年末本利和。

解：

在Excel表任意一个单元格中输入公式"=FV(12%,10,0,-1000,0)"，即可求得第5年年末本利和3105.85元。

详细计算过程：

(1) 建立Excel工作表，选取存放数据的单元格；

(2) 单击菜单栏中"公式"按钮，在工具栏中选择"插入函数"，这时会自动弹出"插入函数"窗口；

(3) 在"插入函数"窗口选择函数类别"财务"或者直接搜索，在"搜索函数"框中输入"FV""转到"，这时会自动弹出"函数参数"窗口；

(4) 分别在Rate、Nper、Pmt、Pv、Type框中输入12%、10、0、-1000、0，这时在窗口中可以看到"计算结果=3105.85"，如图2-10所示，单击"确定"按钮，则在选定的单元格中输出计算结果。

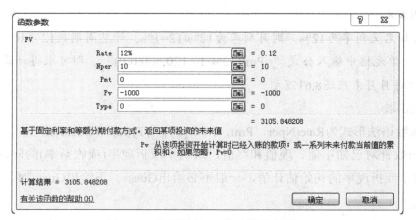

图2-10　计算终值FV的函数参数窗口

(5) 在Excel表任意一个单元格中输入公式"=FV(12%,10,-1000,0,0)"，即可求得第5年年末本利和17 548.74元。

(6) 在Excel表任意一个单元格中输入公式"=FV(12%,10,-1000,0,1)"，即可求得第5年年末本利和19 654.58元。

(7) 在Excel表任意一个单元格中输入公式"=FV(12%,10,-1000,-2000,0)"，即可求得第5年年末本利和23 760.43元。

2. PV函数

PV函数的语法形式为PV(Rate，Nper，Pmt，[Fv]，[Type])。

PV函数针对已知年值或终值求现值的问题。该函数的使用方法与FV函数类似。

【例2-20】已知年利率为12%，采用复利计息方式计算下列各题：

(1) 某人若想在第10年年末取得80 000元，那么现值应该存入多少钱？

(2) 若想在今后10年各年年末取得10 000元，现值应该一次性存入多少钱？

解：(1) 在Excel表任意一个单元格中输入公式"=PV(12%,10,0,80 000,0)"，即可求得计算结果为-25 757.86。

(2) 在Excel表任意一个单元格中输入公式"=PV(12%,10,10 000,0,0)"，即可求得计算结果为-56 502.23。

3. Pmt函数

Pmt函数的语法形式为Pmt(Rate，Nper，Pv，[Fv]，[Type])。

Pmt函数针对已知现值或终值求年值的问题。

【例2-21】某单位贷款600万元，还贷期限为10年，名义利率为12%。

(1) 若采用各年年末等值偿还方式，则每年年末应偿还多少？

(2) 若采用各月月末等额偿还方式，则每月月末应偿还多少？

解：(1) 计息周期为"年"，因此实际利率与名义利率相等。在Excel表任一单元格中输入公式"=Pmt(12%,10,600,0,0)"，即可求得计算结果-106.19万元，因此每年年末应还106.19万元。

(2) 已知名义利率为12%，则月利率为12%/12=1%，计息周期数12×10=120月。在Excel表任一单元格中输入公式"=Pmt(12%/12,120,600,0,0)"，即可求得计算结果-8.61万元，因此每月月末应还8.61万元。

4. Rate函数

Rate函数语法形式为Rate(Nper，Pmt，Pv，[Fv]，[Type]，[Guess])。

Rate函数针对已知年值、现值和终值，求利率或折现率(或收益率)的问题。式中的Guess是利率或折现率的初始估计值，一般不必给出Guess。不给出Guess时，Guess取默认值10%。

【例2-22】 某单位贷款300万元,贷款期限为5年,若要求5年内每年年末等额偿还70万元,试计算贷款利率。

解:在Excel表任一单元格中输入公式"=Rate(5,-70,300,0)",即可求得计算结果5.37%。

5. Nper函数

Nper函数的语法形式为Nper(Rate,Pmt,Pv,[Fv],[Type])。

Nper函数一般针对已知年利率、年值、现值或终值,求年数的问题。

【例2-23】 某人计划积攒一笔资金购买一辆汽车,已知利率为5.2%,初始一次性存入5万元,以后某年年末存入1万元,若按复利计息,需要多少年才能积攒到15万元?

解:在Excel表任一单元格中输入公式"=Nper(5.2%,-10 000,-50 000,150 000,0)",即可求得计算结果6.82年。

案例分析

贷款利率变动对"月供族"的影响

背景材料如引导案例中所述,具体分析如下所述。

分别按照3次调息前的利率6.4%和调息后的利率7.05%计算月还款额,即可得知"月供族"每月增加的还款负担。

按照3次调息前的年利率6.4%计算(贷款期限为20年),按月计息,月还款额为

$$A_1 = P\frac{i(1+i)^n}{(1+i)^n-1} = 100 \times 10^4 \times \frac{6.4\%/12 \times (1+6.4\%/12)^{12\times20}}{(1+6.4\%/12)^{12\times20}-1} = 7397(元)$$

支付利息总额(按静态计算)为

$$7397 \times 12 \times 20 - 100 \times 10^4 = 775\ 274(元)$$

按照3次调息后的年利率7.05%计算,月还款额为

$$A_2 = P\frac{i(1+i)^n}{(1+i)^n-1} = 100 \times 10^4 \times \frac{7.05\%/12 \times (1+7.05\%/12)^{12\times20}}{(1+7.05\%/12)^{12\times20}-1} = 7783(元)$$

支付利息总额(按静态计算)为

$$7783 \times 12 \times 20 - 100 \times 10^4 = 867\ 927(元)$$

根据以上分析,按照假设的贷款情况,2011年3次加息后,"月供族"每月将要多还利息386元,共需多付利息92 653元,大大增加了"月供族"的还贷负担。以上是贷款期限是20年的情况,那么贷款期限是15年和10年的情况又如何呢?如果采用公积金贷款情况又如何呢?假设公积金贷款利率为4.9%,具体分析见表2-6。

表2-6 分析结果　　　　　　　　　　　　　　　　　　　　元

贷款期限/年	贷款利率					
	6.4%		7.05%		4.9%(公积金)	
	月还款金额	利息总额	月还款金额	利息总额	月还款金额	利息总额
10	11 304	356 478	11 637	396 396	10 558	266 929
15	8656	558 115	9016	622 927	7856	414 070
20	7397	775 274	7783	867 927	6544	570 666

注：本案例中的数据为2012年的数据，为了与案例背景相符，利率没有实时更新

由表2-6可见，利率的提高增加了"月供族"的还贷压力，多还利息数额也较大。另外，随着贷款年限的增加，虽然月还款额度降低，但是相应的利息总额增加较多。例如，贷款利率为7.05%时，比较贷款期限10年和20年的情况，前者月还款金额是后者的1.5倍，但是利息总额后者是前者的2.2倍。所以，我们在贷款时，在考虑自身经济条件的前提下，应尽量缩短贷款年限，以减少贷款利息。

> **项目小结**　资金时间价值是指一定量的资金在不同时点上价值量的差额。不同时点上的资金价值不同，必须将不同时点上的资金按照一定的计息方式计算出终值和现值，换算到同一时点上才能进行比较、预算。复利终值与现值及各种年金终值与现值的计算，是进行理财决策的重要前提。

练习题

1. (2011年)某企业从金融机构借款100万元，月利率1%，按月复利计息，每季度付息1次，则该企业1年需向金融机构支付利息(　　)万元。

　　A. 12.00　　　　　　B. 12.12　　　　　　C. 12.55　　　　　　D. 12.68

2. (2012年)某公司以单利方式一次性借入资金2000万元，借款期限3年，年利率8%，到期一次还本付息，则第3年年末应当偿还的本利和为(　　)万元。

　　A. 2160　　　　　　B. 2240　　　　　　C. 2480　　　　　　D. 2519

3. (2012年)关于现金流量图绘制规则的说法，正确的是(　　)。

　　A. 对投资人来说，时间轴上方的箭线表示现金流出

　　B. 箭线长短与现金流量的大小没有关系

　　C. 箭线与时间轴的交点表示现金流量发生的时点

　　D. 时间轴上的点通常表示该时间单位的起始时点

4. (2013年)某施工企业向银行借款250万元，期限2年，年利率6%，半年复利计息一次，第2年年末还本付息，则到期时企业需支付给银行的利息为(　　)万元。

A. 30.0　　　　　B. 30.45　　　　　C. 30.90　　　　　D. 31.38

5. (2013年)某施工企业投资200万元购入一台施工机械,计划从购买日起的未来6年等额收回投资并获取收益。若基准收益率为10%,复利计息,则每年年末应获得的净现金流入为(　　)万元。

A. $200 \times (A/P,10\%,6)$　　　　　B. $200 \times (F/P,10\%,6)$

C. $200 \times (F/P,10\%,7)$　　　　　D. $200 \times (A/F,10\%,7)$

6. (2013年)关于现金流量图绘制规则的说法,正确的有(　　)。

A. 箭线长短要能适当体现各时点现金流量数值大小的差异

B. 箭线与时间轴的交点表示现金流量发生的时点

C. 横轴是时间轴,向右延伸表示时间的延续

D. 现金流量的性质对不同的人而言是相同的

E. 时间轴上的点通常表示该时间单位的起始时点

7. 关于资金时间价值的说法,正确的是(　　)。

A. 在总资金一定的情况下,前期投入的资金越少,资金的效益越好;反之,后期投入的资金越少,资金的负效益越大

B. 在单位时间的资金增值率一定的条件下,资金使用时间越长,则资金的时间价值就越小

C. 在其他条件不变的情况下,资金数量越多,资金的时间价值就越大

D. 在一定的时间内,等量的资金周转次数越多,资金的时间价值就越大

E. 任何资金的闲置,都会损失资金的时间价值

8. (2013年)考虑资金时间价值,两笔资金不能等值的情形是(　　)。

A. 金额相等,发生在不同时点

B. 金额不等,发生在不同时点

C. 金额不等,但分别发生在期初和期末

D. 金额相等,发生在相同时点

9. (2014年)甲公司从银行借入1000万元,年利率为8%,单利计息,借期4年,到期一次性还本付息,则该公司第4年年末一次偿还的本利和为(　　)万元。

A. 1360　　　　　B. 1324　　　　　C. 1320　　　　　D. 1160

10. (2014年)名义利率12%,每季复利计息一次,则年实际利率为(　　)。

A. 12.68%　　　　B. 12.55%　　　　C. 12.49%　　　　D. 12.00%

11. (2014年)关于年有效利率和名义利率的说法,正确的有(　　)。

A. 当每年计息周期数大于1时,名义利率大于年有效利率

B. 年有效利率比名义利率更能准确反映资金的时间价值

C. 名义利率一定,计息周期越短,年有效利率与名义利率差异越小

D. 名义利率为 r，一年内计息 m 次，则计息周期利率为 rm

E. 当每年计息周期数等于1时，则年有效利率等于名义利率

12. (2015年)某企业第1年年初和第1年年末分别向银行借款30万元，年利率均为10%，复利计息，第3～5年年末等额本息偿还全部借款，则每年年末应偿还金额为( )万元。

    A. 20.94   B. 23.03   C. 27.87   D. 31.57

13. (2015年)某借款年利率为8%，半年复利计息一次，则该借款年有效利率比名义利率高( )。

    A. 0.16%   B. 1.25%   C. 4.16%   D. 0.64%

14. (2015年)关于利率高低影响因素的说法，正确的有( )。

    A. 利率的高低首先取决于社会平均利润率的高低，并随之变动

    B. 借出资本所承担的风险越大，利率越低

    C. 资本借出期间的不可预见因素越多，利率越高

    D. 在社会平均利润率不变的情况下，借贷资本供过于求会导致利率上升

    E. 借出资本期限越长，利率越高

15. (2016年)某施工企业向银行借款100万元，期限为3年，年利率8%，按年计息并于每年年末付息，则第3年年末企业需偿还的本利和为( )万元。

    A. 100   B. 124   C. 126   D. 108

16. (2016年)某施工企业拟从银行借款500万元，期限为5年，年利率8%。下列还款方式中，施工企业支付本利和最多的是( )。

    A. 每年年末偿还当期利息，第5年年末一次还清本金

    B. 第5年年末一次还本付息

    C. 每年年末等额本金还款，另付当期利息

    D. 每年年末等额本息还款

项 目 三
经济效果评价

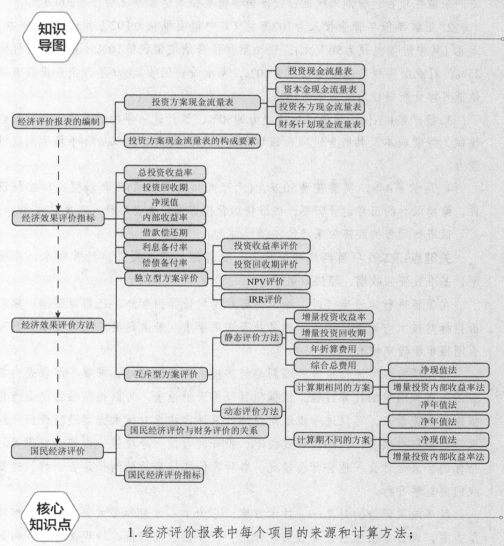

核心知识点

1. 经济评价报表中每个项目的来源和计算方法；
2. 投资收益率、投资回收期、净现值、内部收益率和偿债能力等评价指标的计算方法、判断准则及适用范围；
3. 独立型方案和互斥型方案的评价方法。

引导案例

某企业拟投资建设一个生产市场急需产品的工业项目。该项目建设期1年，运营期6年。项目投产第1年可获得当地政府扶持该产品生产的补贴收入100万元。项目建设的其他基本数据如下所述。

1. 项目建设投资估算1000万元，预计全部形成固定资产(包含可抵扣固定资产进项税额100万元)；固定资产使用年限10年，按直线法折旧，期末净残值率4%，固定资产余值在项目运营期末收回；投产当年需要投入运营期流动资金200万元。

2. 正常年份年营业收入为702万元 (其中销项税额为102万元)，经营成本为380万元 (其中进项税额为50万元)；税金附加按应纳增值税的10%计算，所得税税率为25%；行业所得税后基准收益率为10%，基准投资回收期为6年，企业投资者期望的最低可接受所得税后收益率为15%。

3. 投产第1年仅达到设计生产能力的80%，预计这一年的营业收入及其所含销项税额、经营成本及其所含进项税额均为正常年份的80%，以后各年均达到设计生产能力。

4. 运营第4年，需要花费50万元(无可抵扣进项税额)更新新型自动控制设备配件，维持以后的正常运营需要，该维持运营投资按当期费用计入年度总成本。

试进行项目的经济效果评价，指标自选。

关键点：工程项目经济评价报表，计算期，建设投资，经营成本，基准收益率，基准投资回收期，经济效果评价

在项目进行建设生产时，除了需要考虑厂址等因素外，还需要根据一些经济评价指标对技术方案进行评价，看其是否满足要求。若满足要求则该技术方案可行，否则需重新确定技术方案。

工程项目经济评价报表的编制是经济技术评价的基础，需要了解报表内每个项目的来源和简单的计算过程。根据项目经济评价报表，可以得到项目现金流量表。根据现金流量表，可以进一步运用经济效果评价指标对技术方案进行评价。经济效果评价指标有很多，例如投资收益率、投资回收期、净现值、内部收益率等。每种指标的含义是什么、适合什么情况、各种评价指标最后的结果是否一样，这些都是我们需要学习的。

经济效果评价的对象——技术方案，分为单一方案和多方案。单一方案即独立型方案，评价方法包括投资收益率评价、投资回收期评价、净现值评价、内部收益率评价；多方案主要是互斥型方案，评价方法有静态和动态两种。

任务一　经济效果评价基本知识

工程经济分析的任务就是根据所考察工程的预期目标和所拥有的资源条件，分析该工程的现金流量情况，选择合适的技术方案，以获得最佳经济效果。可以说，技术方案是工程经济直接的研究对象，而获得技术方案最佳经济效果则是工程经济研究的目的。

一、经济效果评价的内容

所谓经济效果评价，是指根据国民经济与社会发展以及行业、地区发展规划的要求，在拟定的技术方案、财务效益与费用估算的基础上，采用科学的分析方法，对技术方案的财务可行性和经济合理性进行分析论证，为选择技术方案提供科学的决策依据。在对技术方案进行评价时，主要从盈利能力和偿债能力两个方面进行分析论证，根据评价方案的类型选择评价指标进行分析。

1. 技术方案的盈利能力

评价技术方案的盈利能力是指分析和测算拟定技术方案计算期的盈利能力和盈利水平。主要分析指标包括财务内部收益率、财务净现值、静态投资回收期、总投资收益率和资本金净利润率等。此外，还包括拟定技术方案的特点及经济效果分析的目的和要求等。

2. 技术方案的偿债能力

评价技术方案的偿债能力是指分析和判断财务主体的偿债能力。主要分析指标包括利息备付率、偿债备付率和资产负债率等。

在实际应用中，对于经营性方案，经济效果评价是从拟定技术方案的角度出发，根据国家现行财政、税收制度和市场价格，计算拟定技术方案的投资费用、成本与收入、税金等财务数据，通过编制财务分析报表，计算财务指标，分析拟定技术方案的盈利能力、偿债能力和财务生存能力，考察拟定技术方案的财务可行性和财务可接受性，明确拟定技术方案对财务主体及投资者的价值贡献，并得出经济效果评价的结论。投资者可根据拟定技术方案的经济效果评价结论、投资的财务状况和投资所承担的风险程度，决定拟定技术方案是否应该实施。对于非经营性方案，则经济效果评价应主要分析拟定技术方案的财务生存能力。

二、经济效果评价的方法

由于经济效果评价的目的在于确保决策的正确性和科学性，避免或最大限度地降低技术方案的投资风险，明确技术方案投资的经济效果水平，最大限度地提高技术方案投资的综合经济效果，因此正确选择经济效果评价方法是十分重要的。

1. 经济效果评价的基本方法

经济效果评价的基本方法包括确定性评价方法和不确定性评价方法两类。对于同一个技术方案，必须同时进行确定性评价和不确定性评价。

2. 经济效果评价方法的分类

1) 按评价方法的性质分类

按评价方法的性质，经济效果评价分为定量分析和定性分析。

(1) 定量分析。定量分析是指对可度量因素的分析方法。在技术方案经济效果评价中，应考虑的定量分析因素包括资产价值、资本成本、有关销售额、成本等一系列可以以货币表示的一切费用和收益。

(2) 定性分析。定性分析是指对无法精确度量的重要因素实行的估量分析方法。

在技术方案经济效果评价中，应坚持定量分析与定性分析相结合，以定量分析为主的原则。

2) 按评价方法是否考虑时间因素分类

对于定量分析，按其是否考虑时间因素又可分为静态分析和动态分析。

(1) 静态分析。静态分析是不考虑资金的时间因素，即不考虑时间因素对资金价值的影响，而对现金流量直接汇总来计算分析指标的方法。

(2) 动态分析。动态分析是在分析方案的经济效果时，对发生在不同时间的现金流量折现后来计算分析指标。在工程经济分析中，由于时间和利率的影响，对技术方案的每一笔现金流量都应该考虑它所发生的时间，以及时间因素对其价值的影响。动态分析能较全面地反映技术方案在整个计算期的经济效果。

在技术方案经济效果评价中，应坚持动态分析与静态分析相结合，以动态分析为主的原则。

3) 按评价是否考虑融资分类

按评价是否考虑融资，经济效果分析可分为融资前分析和融资后分析。一般宜先进行融资前分析，在融资前分析结论满足要求的情况下，初步设定融资方案，再进行融资后分析。

(1) 融资前分析。融资前分析应考察技术方案整个计算期内的现金流入和现金流出，编制技术方案投资现金流量表，计算技术方案投资内部收益率、净现值和静态投资回收期等指标。融资前分析排除了融资方案变化的影响，从技术方案投资总获利能力的角度，考察方案设计的合理性，作为技术方案初步投资决策与融资方案研究的依据和基础。融资前分析应以动态分析为主，静态分析为辅。

(2) 融资后分析。融资后分析应以融资前分析和初步的融资方案为基础，考察技术方案在拟定融资条件下的盈利能力、偿债能力和财务生存能力，判断技术方案在融资条件下的可行性。融资后分析用于比选融资方案，帮助投资者做出融资决策。融资后的盈利能力分析也包括动态分析和静态分析。

① 动态分析包括下列两个层次。

一是技术方案资本金现金流量分析。分析应在拟定融资方案下，从技术方案资本金投资者整体的角度，计算技术方案资本金财务内部收益率指标，考察技术方案资本金可获得的收益水平。

二是投资各方现金流量分析。分析应从投资各方实际收入和支出的角度，计算投资各方的财务内部收益率指标，考察投资各方可能获得的收益水平。

② 静态分析系指不采取折现方式处理数据，依据利润与利润分配表计算技术方案资本金净利润率(ROE)和总投资收益率(ROI)指标。静态分析可根据技术方案的具体情况选做。

4) 按技术方案评价的时间分类

按技术方案评价的时间，可分为事前评价、事中评价和事后评价。

(1) 事前评价。事前评价，是指在技术方案实施前对决策所进行的评价。显然，事前评价都有一定的预测性，因而也就有一定的不确定性和风险性。

(2) 事中评价。事中评价，亦称跟踪评价，是指在技术方案实施过程中所进行的评价。当技术方案实施前所做的评价结论及评价所依据的外部条件(市场条件、投资环境等)发生变化而需要对方案进行修改，或因事前评价时考虑问题不周、失误，甚至根本未做事前评价，在建设中遇到困难时，都需要反过来重新进行评价，以决定原决策有无全部或局部修改的必要。

(3) 事后评价。事后评价，亦称后评价，是在技术方案实施完成后，总结评价技术方案决策的正确性以及技术方案实施过程中项目管理的有效性等。

三、经济效果评价的程序

1. 熟悉技术方案的基本情况

技术方案的基本情况包括投资目的、意义、要求、建设条件和投资环境，可据此做好市场调查研究和预测、技术水平研究并设计方案。

2. 收集、整理和计算有关技术经济基础数据与参数

技术经济基础数据与参数是进行技术方案经济效果评价的基本依据，所以在进行经济效果评价之前，必须先收集、估计、测算和选定一系列有关的技术经济基础数据与参数，主要包括下几方面。

(1) 技术方案投入物和产出物的价格、费率、税率、汇率、计算期、生产负荷及基准收益率等。它们是重要的技术经济基础数据与参数，在对技术方案进行经济效果评价

时，必须科学、合理地选用。

(2) 技术方案建设期间分年度投资支出额和技术方案投资总额。技术方案投资包括建设投资和流动资金需要量。

(3) 技术方案资金来源方式、数额、利率、偿还时间，以及分年还本付息数额。

(4) 技术方案生产期间的分年产品成本。分别计算出总成本、经营成本、单位产品成本、固定成本和变动成本。

(5) 技术方案生产期间的分年产品销售数量、营业收入、营业税金及附加、营业利润及其分配数额。

根据以上技术经济基础数据与参数，分别估测出技术方案整个计算期(包括建设期和生产期)的财务数据。

3. 根据基础财务数据资料编制各项基本财务报表

4. 经济效果评价

运用财务报表的数据与相关参数，计算技术方案的各经济效果分析指标值，并进行经济可行性分析，得出结论，具体步骤如下所述。

(1) 首先进行融资前的盈利能力分析，其结果体现技术方案本身设计的合理性，用于初步投资决策以及方案的比选。也就是说，用于考察技术方案是否可行，是否值得去融资。这对技术方案投资者、债权人和政府管理部门来说都是有用的。

(2) 如果第一步分析的结论是"可行"的，那么进一步去寻求适宜的资金来源和融资方案，就需要借助于对技术方案的融资后分析，即资本金盈利能力分析和偿债能力分析，投资者和债权人可据此做出最终的投融资决策。

四、经济效果评价的方案

由于技术经济条件的不同，实现同一目的的技术方案也不同。因此，经济效果评价的基本对象就是实现预定目的的各种技术方案。评价方案的分类如图3-1所示。

图3-1 评价方案的分类

(一) 独立型方案

独立型方案是指方案间互不干扰、在经济上互不相关的方案，选择或放弃其中一个方案，并不影响其他方案的选择。因此，对独立型方案的评价主要是针对每个方案自身的经济效果情况进行判断，相互之间不影响。

(二) 互斥型方案

互斥型方案是指在若干备选方案中，各个方案彼此可以相互代替。选择其中任何一个方案，则其他方案必然被排斥。在工程建设中，互斥型方案还可按以下因素进行分类。

1. 按服务寿命分类

(1) 相同服务寿命的方案，即参与对比或评价的方案服务寿命均相同。

(2) 不同服务寿命的方案，即参与对比或评价的方案服务寿命均不相同。

(3) 无限长寿命的方案。在工程建设中，永久性工程即可视为无限长寿命的工程，如大型水坝、运河工程等。

2. 按规模分类

(1) 相同规模的方案，即参与对比或评价的方案具有相同的产出量或容量，在满足相同功能要求的数量方面具有一致性和可比性。

(2) 不同规模的方案，即参与评价的方案具有不同的产出量或容量，在满足相同功能要求的数量方面不具有一致性和可比性。

项目互斥型方案比较，是工程经济评价的重要组成部分，也是寻求合理决策的必要手段。

(三) 互补型方案

互补型方案是指在方案之间存在技术经济互补关系的一组方案，某一方案的接受有助于其他方案的接受。根据互补型方案之间相互依存的关系，互补型方案可能是对称的。如建设一个大型非港口电站，必须同时建设铁路、电厂，它们在建成时间、建设规模上都要彼此适应，缺少其中任何一个项目，其他项目就不能正常运行。因此，它们之间是互补型方案，又是对称的。

此外，还存在大量非对称的经济互补关系，如建造一座建筑物A和增加一个空调系统B，建筑物A本身是有用的，增加空调系统B后使建筑物A更有用，但采用方案A并不一定要采用方案B。

(四) 现金流量相关型方案

现金流量相关型方案是指方案之间不完全互斥，也不完全相互依存，但任一方案的取舍都会导致其他方案现金流量的变化。例如，某跨江项目考虑两个建设方案，一个是建桥方案A，另一个是轮渡方案B。任一方案的实施或放弃都会影响另一方案的现金流量。

(五) 组合-互斥型方案

组合-互斥型方案是指在若干可采用的独立方案中，如果有资源约束条件(如受资金、劳动力、材料、设备及其他资源拥有量限制)，只能从中选择一部分方案实施时，可以将它们组合为互斥型方案。例如，现有独立方案A、B、C、D，它们所需的投资分别为10 000万元、6000万元、4000万元、3000万元。当资金总额限量为10 000万元时，除方案A具有完全的排他性外，其他方案由于所需金额不大，可以互相组合。这样，可能选择的方案有A、B、C、D、B+C、B+D、C+D共7个组合方案，这些组合方案之间是互斥或排他的。

(六) 混合相关型方案

混合相关型方案是指在有多个方案的情况下，方案间的相关关系可能包括上述类型中的多种，这些方案称为混合相关型方案。

在方案评价前，分清方案属于何种类型是非常重要的。因为方案类型不同，其评价方法、选择和判断的尺度就不同。如果方案类型划分不当，就会带来错误的评价结果。在方案评价中，以独立型方案和互斥型方案较为常见。

五、技术方案的计算期

技术方案的计算期是指在经济效果评价中为进行动态分析所设定的期限，包括建设期和运营期。

1. 建设期

建设期是指技术方案从资金正式投入开始到技术方案建成投产为止所需要的时间。建设期应参照技术方案建设的合理工期或技术方案的建设进度计划合理确定。

2. 运营期

运营期分为投产期和达产期两个阶段。

(1) 投产期是指技术方案投入生产，但生产能力尚未完全达到设计能力时的过渡阶段。

(2) 达产期是指生产运营达到设计预期水平后的时间。

运营期一般应根据技术方案主要设施和设备的经济寿命期(或折旧年限)、产品寿命期、主要技术的寿命期等多种因素综合确定。行业有规定时，应从其规定。

综上可知，技术方案计算期的长短主要取决于技术方案本身的特性，因此无法对技术方案计算期做出统一规定。计算期不宜定得太长，一方面是因为按照现金流量折现的方法，把后期的净收益折为现值的数值相对较小，很难对经济效果分析结论产生有决定性的影响；另一方面是因为时间越长，预测的数据会越不准确。

计算期较长的技术方案多以"年"为时间单位。对于计算期较短的技术方案，在较短的时间间隔内(如月、季、半年或其他非日历时间间隔)，现金流水平有较大变化，可根据技术方案的具体情况选择合适的计算现金流量的时间单位。

由于折现评价指标受计算时间的影响，对需要比较的技术方案应取相同的计算期。

任务二　经济评价报表的编制

对于技术方案，主要是通过经济效果评价来分析判断其经济性，而技术方案的经济效果评价又主要是通过相应的现金流量表来实现的。随着经济效果评价的主体和考察角度的不同，评价分析的系统范围不同，相应的现金流入和现金流出也不尽相同。本章节主要学习工程项目经济评价报表的组成及编制。工程项目经济评价报表包括投资方案现金流量表和经济分析主要报表，本书主要分析研究投资方案现金流量表，经济分析主要报表不做介绍。

一、投资方案现金流量表

技术方案现金流量表由现金流入、现金流出和净现金流量构成，其具体内容因技术方案经济效果评价的角度、范围和方法的不同而不同，主要有投资现金流量表、资本金现金流量表、投资各方现金流量表和财务计划现金流量表。

(一)投资现金流量表

投资现金流量表以技术方案为独立系统进行编制。它以技术方案建设所需的总投资作为计算基础，反映技术方案在整个计算期(包括建设期和生产运营期)内现金的流入和流出情况，其现金流量表构成如表3-1所示。通过投资现金流量表可计算技术方案的财务内部收益率、财务净现值和静态投资回收期等经济效果评价指标，并可考察技术方案融资前的盈利能力，为比较各个方案建立共同的基础。根据需要，可从所得税前(即息税前)和(或)所得税后(即息税后)两个角度进行考察，选择计算所得税前和(或)所得税后指标。但要注意，这里所指的"所得税"是根据息税前利润(计算时，原则上不受融资方案变动的影响，即不受利息多少的影响)乘以所得税率计算的，称为"调整所得税"。这区别于"利润与利润分配表""资本金现金流量表"和"财务计划现金流量表"中的所得税。

表3-1 投资现金流量表 单位：万元

序号	项目	合计	计算期					
			1	2	3	4	…	n
1	现金流入							
1.1	营业收入							
1.2	补贴收入							
1.3	回收固定资产余值							
1.4	回收流动资金							
2	现金流出							
2.1	建设投资							
2.2	流动资金							
2.3	经营成本							
2.4	销售税金及附加							
2.5	维持运营投资							
3	所得税前净现金流量(1-2)							
4	累计税前净现金流量							
5	调整所得税							
6	所得税后净现金流量(3-5)							
7	累计所得税后净现金流量							

计算指标：　　　　　所得税前：　　　　所得税后：
投资财务内部收益率/%：
投资财务净现值(i_c=%)：
投资回收期：

(二) 资本金现金流量表

资本金现金流量表是从技术方案权益投资者整体(即项目法人)的角度出发，以技术方案资本金作为计算基础，把借款本金偿还和利息支付作为现金流出，用以计算资本金财务内部收益率，反映在一定融资方案下投资者权益投资的获利能力，用以比选融资方案，为投资者做出投资决策、融资决策提供依据。资本金现金流量表构成如表3-2所示。

表3-2 资本金现金流量表 单位：万元

序号	项目	合计	计算期					
			1	2	3	4	…	n
1	现金流入							
1.1	营业收入							
1.2	补贴收入							
1.3	回收固定资产余值							

(续表)

序号	项目	合计	计算期					
			1	2	3	4	…	n
1.4	回收流动资金							
2	现金流出							
2.1	技术方案资本金							
2.2	借款本金偿还							
2.3	借款利息支付							
2.4	经营成本							
2.5	销售税金及附加							
2.6	所得税							
2.7	维持运营投资							
3	净现金流量(1-2)							

计算指标:
资本金财务内部收益率/%：

注：技术方案资本金包括用于建设投资、建设期利息和流动资金的资金

(三) 投资各方现金流量表

投资各方现金流量表是分别从技术方案各个投资者的角度出发，以投资者的出资额作为计算基础，用以计算技术方案投资各方财务内部收益率。投资各方现金流量表构成如表3-3所示。一般情况下，技术方案投资各方按股本比例分配利润和分担亏损及风险，因此投资各方的利益一般是均等的，没有必要计算投资各方的财务内部收益率。只有技术方案投资者中各方有股权之外的不对等的利益分配时(契约式的合作企业常常会有这种情况)，投资各方的收益率才会有差异，此时常常需要计算投资各方的财务内部收益率，以明确各方收益是否均衡，或者其非均衡性是否在一个合理的水平，这有助于促成技术方案投资各方在合作谈判中达成平等互利的协议。

表3-3 投资各方现金流量表 万元

序号	项目	合计	计算期					
			1	2	3	4	…	n
1	现金流入							
1.1	实分利润							
1.2	资产处置收益分配							
1.3	租赁费收入							
1.4	技术转让或使用收入							
1.5	其他现金流入							
2	现金流出							

(续表)

序号	项目	合计	计算期					
			1	2	3	4	…	n
2.1	实缴资本							
2.2	租赁资产支出							
2.3	其他现金流出							
3	净现金流量(1-2)							

计算指标：
投资各方财务内部收益率/%：

注：本表可按不同投资方分别编制。
1. 投资各方现金流量表既适用于内资企业，也适用于外资企业；既适用于合资企业，也适用于合作企业。
2. 投资各方现金流量表中的"现金流入"是指出资各方因该技术方案的实施将实际获得的各种收入；现金流出是指出资各方因该技术方案的实施将实际投入的各种支出。表中科目应根据技术方案具体情况调整。
① 实分利润是指投资者由技术方案获取的利润。
② 资产处置收益分配是指对有明确的合营期限或合资期限的技术方案，在期满时对资产余值按股比或约定比例的分配。
③ 租赁费收入是指出资方将自己的资产租赁给技术方案使用所获得的收入，此时应将资产价值作为现金流出，列为租赁资产支出科目。
④ 技术转让或使用收入是指出资方将专利或专有技术转让或允许该技术方案使用所获得的收入

(四) 财务计划现金流量表

财务计划现金流量表反映技术方案计算期各年的投资、融资及经营活动的现金流入和流出，用于计算累计盈余资金，分析技术方案的财务生存能力。财务计划现金流量表构成如表3-4所示。

表3-4 财务计划现金流量表　　　　　　万元

序号	项目	合计	计算期					
			1	2	3	4	…	n
1	经营活动净现金流量(1.1-1.2)							
1.1	现金流入							
1.1.1	营业收入							
1.1.2	增值税销项税额							
1.1.3	补贴收入							
1.1.4	其他流入							
1.2	现金流出							
1.2.1	经营成本							
1.2.2	增值税进项税额							
1.2.3	销售税金及附加							

(续表)

序号	项目	合计	计算期					
			1	2	3	4	...	n
1.2.4	增值税							
1.2.5	所得税							
1.2.6	其他流出							
2	投资活动净现金流量(2.1-2.2)							
2.1	现金流入							
2.2	现金流出							
2.2.1	建设投资							
2.2.2	维持运营投资							
2.2.3	流动资金							
2.2.4	其他流出							
3	筹资活动净现金流量(3.1-3.2)							
3.1	现金流入							
3.1.1	技术方案资本金投入							
3.1.2	建设投资借款							
3.1.3	流动资金借款							
3.1.4	债券							
3.1.5	短期借款							
3.1.6	其他流入							
3.2	现金流出							
3.2.1	各种利息支出							
3.2.2	偿还债务本金							
3.2.3	应付利润(股利分配)							
3.2.4	其他流出							
4	净现金流量(1+2+3)							
5	累计盈余资金							

二、投资方案现金流量表的构成要素

在工程经济分析中，经济效果评价指标起着重要的作用，而经济效果评价的主要指标实际上又是通过技术方案现金流量表计算导出的。从表3-1～表3-4可知，必须在明确考察角度和系统范围的前提下正确区分现金流入与现金流出。对于一般性技术方案经济效果评价来说，营业收入、投资、经营成本和税金等经济量本身既是经济指标，又是导出其他经济效果评价指标的依据，所以它们是构成技术方案现金流量的基本要素，也是进行工程经济分析重要的基础数据。

(一) 营业收入

营业收入是指投资方案实施后,各年销售产品或提供服务所获得的收入,公式为

$$营业收入 = 产品销售量(服务量) \times 产品单价(服务) \tag{3-1}$$

主副产品(不同等级产品)的销售收入应全部计入营业收入,所提供的不同类型服务收入也应同时计入营业收入。营业收入是现金流量表中现金流入的主体,也是利润表的主要科目。营业收入是经济效果分析的重要数据,其估算的准确性极大地影响对投资方案经济效果的评价。因此,营业收入的计算既需要正确估计基于各年生产能力利用率(生产负荷或开工率)的年产品销售量(服务量),也需要合理确定产品(服务)的价格。

1. 产品年销售量(服务量)的确定

在投资方案营业收入估算中,应首先根据市场需求预测投资方案产品(服务)的市场份额,从而合理确定企业的生产规模,进而根据企业的设计生产能力和各年的运营负荷确定年产量(服务量)。为计算简便,假定年生产量即为年销售量,不考虑库存,即当期的产出(扣除自用量后)当期全部销售,也就是当期产品产量等于当期销售量,但需注意年销售量应按投产期与达产期分别测算。

一般情况下,开始投产时,投资方案运营负荷较低,以后各年逐步提高,提高的幅度应根据技术的成熟度、市场的开发程度、产品的寿命期、需求量的增减变化等因素,结合行业和投资方案特点,通过制订运营计划确定。有些投资方案的产出寿命期较短、更新快,达到一定负荷后,在适当的年份开始减少产量,甚至适时停止生产。

2. 产品(服务)价格的选择

经济效果分析采用以市场价格体系为基础的预测价格,有要求时可考虑价格变动因素。它取决于产品的销售去向和市场需求,故应考虑国内外产品价格变化趋势来确定产品价格水平。产品销售价格一般采用出厂价格,公式为

$$产品销售价格 = 目标市场价格 - 运杂费 \tag{3-2}$$

对于国内市场销售的产品,可在现行市场价格的基础上换算为产品的出厂价格,也可根据预计成本、利润和税金确定价格。对于供出口的产品,应先按国际目标市场价格扣减海外运杂费并考虑其他因素影响后,确定离岸价格,然后换算为出厂价格。如果其销售价格选择离岸价格,则应同时将由投资方案所在地到口岸的运杂费计入成本。对适用增值税的投资方案,运营期经济效果评价所用的价格可以是含增值税的价格,也可以是不含增值税的价格,但需要在分析中予以说明。总之,在选择产品(服务)的价格时,要分析所采用的价格基点、价格体系、价格预测方法,特别应对采用价格的合理性进行说明。

计算生产多种产品和提供多项服务的营业收入时,应分别计算各种产品及服务的营业收入。对于不便按详细的品种分类计算营业收入的,可采取折算为标准产品(服务)的方法计算营业收入。

(二) 补贴收入

某些经营性的公益事业、基础设施投资方案，如城市轨道交通项目、垃圾处理项目、污水处理项目等，政府会在项目运营期给予一定数额的财政补助，以维持正常运营，使投资者能获得合理的投资收益。对这类投资方案，应按有关规定合理估算企业可能得到的与收益相关的政府补助(与资产相关的政府补助不在此处核算。与资产相关的政府补助是指企业取得的、用于购建或以其他方式形成长期资产的政府补助)，包括先征后返的增值税、按销量或工作量等依据国家规定的补助定额计算并按期给予的定额补贴，以及属于财政扶持而给予的其他形式的补贴等，记作补贴收入。补贴收入同营业收入一样，应列入投资方案投资现金流量表、资本金现金流量表和财务计划现金流量表。以上补贴收入，应根据财政、税务部门的规定，分别计入或不计入应税收入。

(三) 投资

投资是投资主体为了特定的目的，以达到预期收益的价值垫付行为。投资方案经济效果评价中的总投资是建设投资、建设期利息和流动资金之和。

建设投资是指投资方案按拟定建设规模(分期实施的投资方案为分期建设规模)、产品方案、建设内容进行建设所需的投入。在投资方案建成后，按有关规定，建设投资中的各分项将分别形成固定资产、无形资产和其他资产。形成的固定资产原值可用于计算折旧费，投资方案寿命期结束时，固定资产的残余价值(一般指当时市场上可实现的预测价值)对于投资者来说是一项在期末可回收的现金流入。形成的无形资产和其他资产原值可用于计算摊销费。

在建设投资分年计划的基础上可设定初步融资方案，对采用债务融资的投资方案估算建设期利息。建设期利息系指筹措债务资金时，在建设期内发生并按规定允许在投产后计入固定资产原值的利息，即资本化利息。建设期利息包括银行借款和其他债务资金的利息，以及其他融资费用。其他融资费用是指某些债务融资中发生的手续费、承诺费、管理费、信贷保险费等融资费用，一般情况下应将其单独计算并计入建设期利息。分期建成投产的投资方案，应按各期投产时间分别停止借款费用的资本化，此后发生的借款利息应计入总成本费用。

流动资金系指运营期内长期占用并周转使用的营运资金，不包括运营中需要的临时性营运资金。流动资金的估算基础是经营成本和商业信用等，是流动资产与流动负债的差额。流动资产的构成要素一般包括存货、库存现金、应收账款和预付账款；流动负债的构成要素一般只考虑应付账款和预收账款。投产第一年所需的流动资金应在投资方案投产前安排，为了简化计算，在投资方案经济效果评价中，流动资金可从投产第一年开始安排。在投资方案寿命期结束时，投入的流动资金应予以回收。

(四) 投资方案资本金

投资方案资本金(即投资方案权益资金)是指在投资方案总投资中,由投资者认缴的出资额,对投资方案来说是非债务性资金,投资方案权益投资者整体(即项目法人)不承担这部分资金的任何利息和债务。投资者可按其出资比例依法享有所有者权益,也可转让其出资,但一般不得以任何方式抽回。

投资方案资本金主要强调的是作为投资方案实体而不是企业所注册的资金。注册资金是指企业实体在工商行政管理部门登记的注册资金,通常指营业执照登记的资金,即会计上的"实收资本"或"股本",是企业投资者按比例投入的资金。在我国,注册资金又称为企业资本金。因此,投资方案资本金是有别于注册资金的。投资方案的资本金是由投资方案的发起人、股权投资人以获得投资方案财产权和控制权的方式投入的资金。资本金出资形态可以是现金,也可以是实物、工业产权、非专利技术、土地使用权、资源开采权作价出资,但必须经过有资质的资产评估机构评估作价。通常企业未分配利润以及从税后利润提取的公积金可投资于投资方案,成为投资方案的资本金。为了使投资方案保持合理的资产结构,应根据投资各方及投资方案的具体情况选择投资方案资本金的出资方式,以保证投资方案能顺利实施并在建成后能正常运营。

(五) 维持运营投资

某些投资方案在运营期需要给予一定的固定资产投资才能维持正常运营,例如设备更新费用、油田的开发费用、矿山的井巷开拓延伸费用等。不同类型和不同行业的投资方案内容可能不同,但发生维持运营投资时应估算其投资费用,并在现金流量表中将其作为现金流出,参与财务内部收益率等指标的计算。同时,也应反映在财务计划现金流量表中,参与财务生存能力分析。维持运营投资是否能予以资本化,按照《企业会计准则——固定资产》的规定,取决于其是否能为企业带来经济利益且该固定资产的成本是否能够可靠地计量。投资方案经济效果评价中,如果该项投资延长了固定资产的使用寿命,或使产品质量有了实质性的提高,或使成本实质性降低等,使可能流入企业的经济利益增加,那么,该维持运营投资应予以资本化,即应计入固定资产原值,并计提折旧,否则该投资只能费用化,不形成新的固定资产原值。

(六) 总成本

在投资方案运营期内,各年的总成本费用按生产要素消耗来计算,公式为

$$总成本费用=外购原材料、燃料及动力费+工资及福利费+修理费+折旧费+摊销费+财务费用(利息支出)+其他费用 \quad (3-3)$$

1. 外购原材料、燃料及动力费

耗用量大的主要原材料、燃料及动力应分别按照其年消耗量和供应单价进行估算,

然后汇总，公式为

$$外购原材料、燃料及动力费 = \sum 年消耗量 \times 原材料、燃料及动力供应单价 \qquad (3-4)$$

其他耗用量不大，但是种类繁多的原材料、燃料及动力成本可以参照类似企业统计资料计算的其他材料、燃料及动力占主要原材料、燃料及动力成本的比率进行估算。

原材料、燃料及动力价格是在选定价格体系下的预测价格，应按到厂价格计算，并考虑运输及仓储损耗。采用的价格时点和价格体系应与营业收入的估算一致。外购原材料、燃料及动力费估算要充分考虑行业特点和投资方案具体情况。

2. 工资及福利费

工资及福利费是指企业为获得职工提供的服务而给予各种形式的报酬以及其他相关支出，通常包括职工工资、奖金、津贴和补贴，职工福利费，以及医疗、养老、失业、工伤、生育等社会保险费和住房公积金中由职工个人缴付的部分。工资及福利费一般按照投资方案建成投产后，各年所需的职工总数即劳动定员数和人均年工资及福利费水平测算，公式为

$$工资及福利费 = 企业职工定员数 \times 人均年工资及福利费 \qquad (3-5)$$

确定工资及福利费水平时，需考虑投资方案性质、投资地点、行业特点等因素。依托老企业的投资方案，还要考虑原企业工资水平。也可按照不同人员类型和层次，分别估算不同档次职工的工资及福利费，然后汇总。同时可以根据工资及福利费的历史数据并结合工资及福利费的现行增长趋势确定一个合理的年增长率，在各年的工资及福利费水平中反映出这种增长趋势。

3. 修理费

修理费是指为保持固定资产的正常运转和使用，充分发挥使用效能，对其进行必要修理所发生的费用。按修理范围的大小和修理时间间隔的长短，可以分为大修理和中小修理。在投资方案评价中，可直接按固定资产原值(扣除所含的建设期利息)或折旧额的一定百分数估算，百分数的选取应考虑行业的投资方案特点，修理费的计算公式为

$$修理费 = 固定资产原值 \times 计提比率(\%) \qquad (3-6)$$
$$修理费 = 固定资产折旧额 \times 计提比率(\%) \qquad (3-7)$$

修理费允许直接在成本中列支，如果当期发生的修理费用数额较大，可采用预提或摊销的办法。在生产运营的各年中，修理费率的取值，一般采用固定值。根据投资方案特点，也可以间断性地调整修理费率，开始取较低值，以后取较高值。

4. 折旧费

固定资产折旧费可以分类计算，也可以综合计算。

5. 摊销费

摊销费是指无形资产和其他资产在投资方案投产后一定期限内分期摊销的费用。按照有关规定，无形资产从开始使用之日起，在有效使用期限内平均摊入成本。法律和合

同规定了法定有效期限或者受益年限的，摊销年限从其规定，否则摊销年限应注意符合税法的要求。无形资产的摊销一般采用平均年限法，不计残值。其他资产的摊销可以采用平均年限法，不计残值，摊销年限应注意符合税法的要求。

6. 利息支出

按照会计法规，企业为筹集所需资金而发生的费用称为借款费用，又称为财务费用，包括利息支出(减利息收入)、汇兑损失(减汇兑收益)以及相关的手续费等。在投资方案的经济效果分析中，通常只考虑利息支出。利息支出的估算包括长期借款利息、流动资金借款利息和短期借款利息三部分。建设投资贷款在生产期间的利息支出应根据不同的还款方式和条件采用不同的计息方法，流动资金借款利息按照每年年初借款余额和预计的年利率计算。需要注意的是，在生产运营期利息是可以计入总成本的，因而每年计算的利息不再参与以后各年利息的计算。

7. 其他费用

其他费用包括其他制造费用、其他管理费用和其他营业费用三项，它是指制造费用、管理费用和营业费用中分别扣除工资及福利费、折旧费、摊销费、修理费以后的剩余部分，应计入生产总成本费用的其他所有费用。产品出口退税和减免税项目中按规定不能抵扣的进项税额也可包括在内。

(七) 经营成本

经营成本是工程经济分析中的专用术语，用于投资方案经济效果评价的现金流量分析。

在经济效果评价中，现金流量表反映投资方案在计算期内逐年发生的现金流入和流出。由于建设投资已按其发生的时间作为一次性支出被计入现金流出，在投资方案建成后，建设投资将形成固定资产、无形资产和其他资产。折旧费是建设投资所形成的固定资产的补偿价值，如将折旧随成本计入现金流出，会造成现金流出的重复计算。同样，由于无形资产及其他资产摊销费也是建设投资所形成资产的补偿价值，只是投资方案内部的现金转移，而非现金支出，故为避免重复计算也不予考虑。贷款利息是使用借贷资金所要付出的代价，对于投资方案来说是实际的现金流出，但在评价投资方案总投资的经济效果时，并不考虑资金来源问题，故在这种情况下，也不考虑贷款利息的支出。在资本金现金流量表中，由于已将利息支出单列，因此经营成本中也不包括利息支出。由此可见，经营成本作为投资方案现金流量表中运营期现金流出的主体部分，是从投资方案本身考察的，在一定期间(通常为1年)内，由于生产和销售产品及提供服务而实际发生的现金支出，计算公式为

$$\text{经营成本} = \text{总成本费用} - \text{折旧费} - \text{摊销费} - \text{利息支出} \tag{3-8}$$

或

$$\text{经营成本} = \text{外购原材料、燃料及动力费} + \text{工资及福利费} + \text{修理费} + \text{其他费用} \tag{3-9}$$

经营成本与融资方案无关，因此在完成建设投资和营业收入估算后，就可以估算经营成本，为投资方案融资前分析提供数据。

(八) 税金

税金是国家凭借政治权力参与国民收入分配和再分配的一种货币形式。在投资方案经济效果评价中，合理计算各种税费，是正确计算投资方案效益与费用的重要基础。投资方案经济效果评价涉及的税费主要包括关税、增值税、营业税、消费税、所得税、资源税、城市维护建设税和教育费附加等，有些行业还包括土地增值税。税金一般属于财务现金流出，在进行税金计算时应说明税种、税基、税率、计税额等。

任务三 经济效果评价指标

我们学完经济效果评价的基本知识及评价报表之后，需要进一步学习经济效果评价的各项指标，为经济效果评价做铺垫。技术方案的经济效果评价，一方面取决于基础数据的完整性和可靠性；另一方面取决于选取的评价指标体系的合理性。只有选取正确的评价指标体系，经济效果评价的结果才能与客观情况相吻合，才具有实际意义。一般来讲，技术方案的经济效果评价指标不是唯一的，在工程经济分析中，常用的经济效果评价指标体系如图3-2所示。

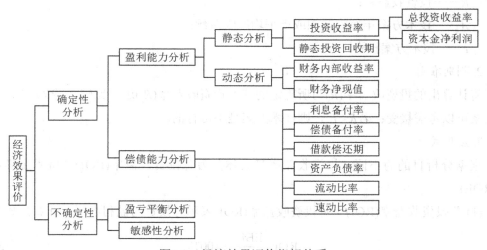

图3-2 经济效果评价指标体系

静态分析指标的主要特点是不考虑时间因素、计算简便，所以在对技术方案进行粗略评价，或对短期投资方案进行评价，或对年收益大致相等的技术方案进行评价时，静态分析指标还是可采用的。

动态分析指标强调利用复利方法计算资金时间价值，它将不同时间资金的流入和流出换算成同一时点的价值，从而为不同技术方案的经济比较提供了可比基础，并能反映技术方案在未来时期的发展变化情况。

总之，在进行技术方案经济效果评价时，应根据评价深度要求、可获得资料的多少以及评价方案本身所处的条件，选用多个不同的评价指标。这些指标有主有次，从不同侧面反映评价方案的经济效果。

一、盈利能力分析

(一) 投资收益率

1. 概念

投资收益率是衡量技术方案获利水平的评价指标，它是技术方案建成投产达到设计生产能力后一个正常生产年份的年净收益额与技术方案投资的比率。它表明技术方案在正常生产年份中，单位投资所创造的年净收益额。对于生产期内各年的净收益额变化幅度较大的技术方案，可计算生产期年平均净收益额与技术方案投资的比率，投资收益率的计算公式为

$$R = \frac{A}{I} \times 100\% \tag{3-10}$$

式中：R——投资收益率；

A——技术方案年净收益额或年平均净收益额；

I——技术方案投资。

2. 判别准则

将计算出的投资收益率(R)与所确定的基准投资收益率(R_c)进行比较。若$R \geqslant R_c$，则技术方案可以考虑接受；若$R < R_c$，则技术方案是不可行的。

3. 应用式

根据分析目的的不同，投资收益率又具体分为总投资收益率(ROI)、资本金净利润率(ROE)。

(1) 总投资收益率(ROI)。总投资收益率(ROI)表示总投资的盈利水平，计算公式为

$$\text{ROI} = \frac{\text{EBIT}}{\text{TI}} \times 100\% \tag{3-11}$$

式中：EBIT——技术方案正常年份的年息税前利润或运营期内年平均息税前利润；

TI——技术方案总投资(包括建设投资、建设期贷款利息和全部流动资金)。

公式中所需的财务数据，均可从相关的财务报表中获得。总投资收益率高于同行业的收益率参考值，表明用总投资收益率表示的技术方案盈利能力满足要求。

(2) 资本金净利润率(ROE)。技术方案资本金净利润率(ROE)表示技术方案资本金的盈利水平，计算公式为

$$ROE = \frac{NP}{EC} \times 100\% \qquad (3-12)$$

式中：NP——技术方案正常年份的年净利润或运营期内年平均净利润，净利润=利润总额-所得税；

　　　EC——技术方案资本金。

公式中所需的财务数据，均可从相关的财务报表中获得。技术方案资本金净利润率高于同行业的净利润率参考值，表明用资本金净利润率表示的技术方案盈利能力满足要求。

【例3-1】 已知某技术方案拟投入资金和利润如表3-5所示，计算该技术方案的总投资利润率和资本金利润率。

表3-5　某技术方案拟投入资金和利润　　　　　　　　　　　　　　　　　万元

序号	年份\项目	1	2	3	4	5	6	7—10
1	建设投资							
1.1	自有资金部分	1200	340					
1.2	贷款本金		2000					
1.3	贷款利息(年利率为6%，投产后前4年等本偿还，利息照付)		60	123.6	92.7	61.8	30.9	
2	流动资金							
2.1	自有资金部分			300				
2.2	贷款			100	400			
2.3	贷款利息(年利率为4%)			4	20	20	20	20
3	所得税前利润			-50	550	590	620	650
4	所得税后利润(所得税率为25%)			-50	425	442.5	465	487.5

解： (1) 计算总投资收益率(ROI)。

① 技术方案总投资TI=建设投资+建设期贷款利息+全部流动资金
$$=1200+340+2000+60+300+100+400=4400(万元)$$

② 年平均息税前利润EBIT =[(123.6+92.7+61.8+30.9+4+20×7)+
　　　　　　　　　　　　(-50+550+590+620+650×4)] ÷ 8
$$= (453+4310) \div 8 = 595.4(万元)$$

③ 根据式(3-11)可计算总投资收益率(ROI)，则有

$$ROI = \frac{EBIT}{TI} \times 100\% = \frac{595.4}{4400} \times 100\% = 13.53\%$$

(2) 计算资本金净利润率(ROE)。

① 技术方案资本金EC=1200+340+300=1840(万元)

② 年平均净利润NP=(-50+425+442.5+465+487.5×4)÷8

=3232.5÷8=404.06(万元)

③ 根据式(3-12)可计算资本金净利润率(ROE)，则有

$$\text{ROE} = \frac{\text{NP}}{\text{EC}} \times 100\% = \frac{404.06}{1840} \times 100\% = 21.96\%$$

总投资收益率(ROI)是用来衡量整个技术方案的获利能力，要求技术方案的总投资收益率(ROI)应大于行业的平均投资收益率。总投资收益率越高，从技术方案所获得的收益就越多。资本金净利润率(ROE)是用来衡量技术方案资本金的获利能力。资本金净利润率(ROE)越高，资本金所取得的利润就越多，权益投资盈利水平也就越高；反之，结果相反。对于技术方案而言，若总投资收益率或资本金净利润率高于同期银行利率，适度举债是有利的；反之，过高的负债比率将损害企业和投资者的利益。由此可以看出，总投资收益率或资本金净利润率指标不仅可以用来衡量技术方案的获利能力，还可以作为技术方案筹资决策的参考依据。

4. 优劣

收益率(R)指标经济意义明确、直观，计算简便，在一定程度上反映了投资效果的优劣，可适用于各种投资规模。不足的是，没有考虑投资收益的时间因素，忽视了资金时间价值的重要性；指标计算的主观随意性太强，正常生产年份的选择比较困难，会受不确定性和人为因素影响。因此，以投资收益率指标作为主要决策依据不太可靠。收益率指标主要适用于技术方案制定的早期阶段或研究过程，且计算期较短、不具备综合分析所需详细资料的技术方案，尤其适用于工艺简单且生产情况变化不大的技术方案的选择和投资经济效果的评价。

(二) 投资回收期

1. 概念

投资回收期也称返本期，是反映技术方案投资回收能力的重要指标，分为静态投资回收期和动态投资回收期，通常情况下，只对技术方案静态投资回收期进行分析。

技术方案静态投资回收期是在不考虑资金时间价值的条件下，以技术方案的净收益回收其总投资(包括建设投资和流动资金)所需要的时间，一般以"年"为单位。静态投资回收期宜从技术方案建设开始年算起，若从技术方案投产开始年算起，应予以注明。

从建设开始年算起，静态投资回收期(P_t)的计算公式为

$$\sum_{t=0}^{P_t}(\text{CI}-\text{CO})_t = 0 \tag{3-13}$$

式中：P_t——技术方案静态投资回收期；

CI——技术方案现金流入量；

CO——技术方案现金流出量；

$(CI-CO)_t$——技术方案第 t 年净现金流量。

2. 应用式

静态投资回收期(见图3-3)可借助技术方案投资现金流量表，根据净现金流量计算，具体的计算又分以下两种情况。

(1) 当技术方案实施后，各年的净收益(即净现金流量)均相同时，静态投资回收期的计算公式为

$$P_t = \frac{I}{A} \tag{3-14}$$

式中：I——技术方案总投资；

A——技术方案每年的净收益，$A=(CI-CO)_t$。

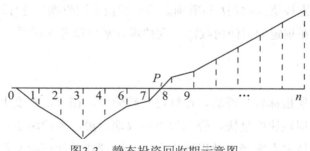

图3-3 静态投资回收期示意图

【例3-2】某技术方案估计总投资2800万元，技术方案实施后各年净收益为320万元，则该技术方案的静态投资回期为多少？

$$P_t = \frac{2800}{320} = 8.75 (年)$$

在应用式(3-14)时应注意，由于技术方案的年净收益不等于年利润额，所以静态投资回收期不等于投资利润率的倒数。

(2) 当技术方案实施后各年的净收益不相同时，静态投资回收期可根据累计净现金流量求得(见图3-3)，也就是在技术方案投资现金流量表中，累计净现金流量由负值变为零的时点，计算公式为

$$P_t = T - 1 + \frac{\left|\sum_{t=0}^{T-1}(CI-CO)_t\right|}{(CI-CO)_T} \tag{3-15}$$

式中：T——技术方案各年累计净现金流量首次为正或零的年数；

$\left|\sum_{t=0}^{T-1}(CI-CO)_t\right|$——技术方案第 $(T-1)$ 年累计净现金流量的绝对值；

$(CI-CO)_T$——技术方案第T年的净现金流量。

【例3-3】 某技术方案投资现金流量表的数据如表3-6所示，计算该技术方案的静态投资回收期。

解：根据式(3-15)，可得

$$P_t = (6-1) + \frac{|-200|}{500} = 5.4(年)$$

表3-6 某技术方案投资现金流量表　　　　　　　　　　　　万元

计算期	0	1	2	3	4	5	6	7	8
现金流入				800	1200	1200	1200	1200	1200
现金流出		600	900	500	700	700	700	700	700
净现金流量		-600	-900	300	500	500	500	500	500
累计净现金流量		-600	-1500	-1200	-700	-200	300	800	1300

3. 判别准则

将计算出的静态投资回收期P_t与所确定的基准投资回收期P_c进行比较。若$P_t \leqslant P_c$，表明技术方案投资能在规定的时间内收回，则技术方案可以考虑接受；若$P_t > P_c$，则技术方案是不可行的。

4. 优劣

静态投资回收期指标容易理解，计算也比较简便，在一定程度上显示了资本的周转速度。显然，资本周转速度越快，静态投资回收期越短，风险越小，技术方案抗风险能力越强。因此，在技术方案经济效果评价中，一般都要求计算静态投资回收期，以反映技术方案原始投资的补偿速度和技术方案投资风险性。对于那些技术更新迅速的技术方案，或资金相当短缺的技术方案，或未来的情况很难预测而投资者又特别关心资金补偿的技术方案，采用静态投资回收期评价特别有实用意义。不足的是，静态投资回收期没有全面地考虑技术方案整个计算期内的现金流量，即只考虑回收之前的效果，不能反映投资回收之后的情况，故无法准确衡量技术方案在整个计算期内的经济效果。所以，静态投资回收期作为技术方案选择和技术方案排序的评价准则是不可靠的，只能作为辅助评价指标，或与其他评价指标结合应用。

(三) 净现值

1. 概念

净现值(NPV)是反映技术方案在计算期内盈利能力的动态评价指标。技术方案的净现值是指用一个预定的基准收益率(或设定的折现率)i_c，分别把整个计算期间各年所发生的净现金流量都折现到技术方案开始实施时的现值之和。净现值计算公式为

$$NPV = \sum_{t=0}^{n}(CI - CO)_t \times (1 + i_c)^{-t} \quad (3\text{-}16)$$

式中：NPV——净现值；

$(CI-CO)_t$——技术方案第t年的净现金流量(应注意"+""-"号)；

i_c——基准收益率；

n——技术方案计算期。

可根据需要选择计算所得税前净现值或所得税后净现值。

2. 判别准则

净现值是评价技术方案盈利能力的绝对指标。当NPV>0时，说明该技术方案除了满足基准收益率要求的盈利水平之外，还能得到超额收益。换句话说，技术方案现金流入的现值和大于现金流出的现值和，该技术方案有收益，故该技术方案经济上可行。当NPV=0时，说明该技术方案基本能满足基准收益率要求的盈利水平，即技术方案现金流入的现值正好抵偿技术方案现金流出的现值，该技术方案经济上还是可行的。当NPV<0时，说明该技术方案不能满足基准收益率要求的盈利水平，即技术方案收益的现值不能抵偿支出的现值，该技术方案经济上不可行。

【例3-4】已知某技术方案有如下现金流量(见表3-7)，设i_c=8%，试计算净现值(NPV)。

表3-7 某技术方案净现金流量

年份	1	2	3	4	5	6	7
净现金流量/万元	-4200	-4700	2000	2500	2500	2500	2500

解：根据式(3-16)，可以得到

$$NPV = -4200 \times \frac{1}{(1+8\%)} - 4700 \times \frac{1}{(1+8\%)^2} + 2000 \times \frac{1}{(1+8\%)^3} + 2500 \times \frac{1}{(1+8\%)^4} +$$

$$2500 \times \frac{1}{(1+8\%)^5} + 2500 \times \frac{1}{(1+8\%)^6} + 2500 \times \frac{1}{(1+8\%)^7}$$

$$= -4200 \times 0.9259 - 4700 \times 0.8573 + 2000 \times 0.7938 + 2500 \times 0.7350 +$$

$$2500 \times 0.6806 + 2500 \times 0.6302 + 2500 \times 0.5835$$

$$= 242.76(万元)$$

由于NPV=242.76万元>0，所以该技术方案在经济上可行。

3. 优劣

净现值指标的优点是：考虑了资金时间价值，并全面考虑了技术方案在整个计算期内现金流量的时间分布状况；经济意义明确、直观，能够直接以货币额表示技术方案的盈利水平，判断直观。不足之处是：必须首先确定一个符合经济现实的基准收益率，而基准收益率的确定往往是比较困难的；在评价互斥方案时，必须慎重考虑互斥方案的寿命,如果互斥方案寿命不等,必须构造一个相同的分析期限,才能进行各个方案之间的比选;净现值不能真正反映技术方案投资中单位投资的使用效率,不能直接说明在技术方案运营期间各年的经营成果;没有给出投资过程确切的收益大小,不能反映投资的回收速度。

(四) 内部收益率

1. 概念

对具有常规现金流量(即在计算期内,开始时有支出而后才有收益,且方案的净现金流量序列的符号只改变一次)的技术方案,其净现值的大小与折现率的高低有直接的关系。若已知某技术方案各年的净现金流量,则该技术方案的净现值就完全取决于所选用的折现率,即净现值是折现率的函数,其表达式为

$$\mathrm{NPV}(i) = \sum_{t=0}^{n}(\mathrm{CI}-\mathrm{CO})_t \times (1+i)^{-t} \tag{3-17}$$

工程经济中,常规技术方案的净现值函数曲线在其定义域($-1< i <+\infty$)内(对大多数工程经济实际问题来说是$0 \leqslant i <+\infty$),随着折现率的逐渐增大,净现值由大变小,由正变负,NPV与i之间的关系如图3-3所示。

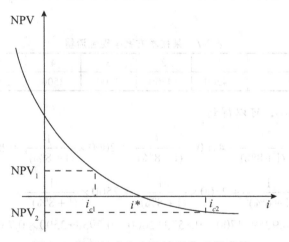

图3-4 常规技术方案的净现值函数曲线

但由于NPV(i)是i的递减函数,故折现率i定得越高,技术方案被接受的可能性越小。那么,若NPV(i)>0,则i最大可以大到多少,仍使技术方案可以被接受呢?很明显,i可以大到使NPV(i)=0,这时NPV(i)曲线与横轴相交,i达到临界值i^*。可以说,i^*是净现值评价准则的一个分水岭,i^*就是内部收益率(IRR)。

对常规技术方案,内部收益率的实质就是使技术方案在计算期内各年净现金流量的现值累计等于0时的折现率,其数学表达式为

$$\text{NPV(IRR)} = \sum_{t=0}^{n}(\text{CI} - \text{CO})_t \times (1 + \text{IRR})^{-t} = 0 \qquad (3\text{-}18)$$

式中：IRR——内部收益率。

内部收益率是一个未知的折现率，由式(3-18)可知，求方程式中的折现率需解高次方程，不易求解。在实际工作中，一般通过计算机直接计算，手算时可采用试算法确定内部收益率IRR。

2. 判别准则

内部收益率计算出来后，与基准收益率进行比较。若IRR≥i_c，则技术方案在经济上可以接受；若IRR<i_c，则技术方案在经济上应予拒绝。

3. 优劣

内部收益率(IRR)指标考虑了资金时间价值以及技术方案在整个计算期内的经济状况，不仅能反映投资过程的收益程度，而且IRR的大小不受外部参数影响，完全取决于技术方案投资过程中净现金流量系列的情况。这种技术方案的内部决定性，使它在应用中具有一个显著的优点，即避免了像净现值之类的指标那样须事先确定基准收益率这个难题，而只需要知道基准收益率的大致范围即可。不足的是，内部收益率计算比较麻烦，对于具有非常规现金流量的技术方案来讲，其内部收益率在某些情况下甚至不存在或存在多个内部收益率。

4. IRR与NPV比较

对独立常规技术方案的评价，从图3-4可知，当IRR>i_{c1}时，根据IRR评价准则，技术方案可以接受；而i_{c1}对应的NPV$_1$>0，根据NPV评价准则，技术方案也可接受。当IRR<i_{c2}时，根据IRR评价准则，技术方案不能接受；i_{c2}对应的NPV$_2$<0，根据NPV评价准则，技术方案也不能接受。由此可见，对独立常规技术方案应用IRR评价与应用NPV评价均可，其结论是一致的。

NPV指标计算简便，显示出技术方案现金流量的时间分配，但得不出投资过程收益程度的高低，且受外部参数(i_c)的影响；IRR指标较为麻烦，但能反映投资过程的收益程度的高低，而IRR的大小不受外部参数影响，完全取决于投资过程的现金流量。

(五) 基准收益率

1. 概念

基准收益率也称基准折现率，是企业或行业投资者以动态的观点确定的、可接受的技术方案最低标准的收益水平。它在本质上体现了投资决策者对技术方案资金时间价值的判断和对技术方案风险程度的估计，是投资资金应当获得的最低盈利率水平，是评价和判断技术方案在财务上是否可行和技术方案比选的主要依据。基准收益率确定得合理与否，对技术方案经济效果的评价结论有直接影响，定得过高或过低都会导致投资决策的失误，所以基准收益率是一个重要的经济参数。根据不同角度编制的现金流量表，计算所需的基准收益率应有所不同。

2. 基准收益率的测定

(1) 在政府投资项目以及按政府要求进行财务评价的建设项目中采用的行业财务基准收益率，应根据政府的政策导向来确定。

(2) 在企业各类技术方案的经济效果评价中参考选用的行业财务基准收益率，应在分析一定时期内国家和行业发展战略、发展规划、产业政策、资源供给、市场需求、资金时间价值、技术方案目标等情况的基础上，结合行业特点、行业资本构成情况等因素综合测定。

(3) 在中国境外投资的技术方案财务基准收益率的测定，应首先考虑国家风险因素。

(4) 投资者自行测定技术方案的最低可接受财务收益率，除了应考虑上述第(2)条中所涉及的因素外，还应根据资金成本、机会成本、投资风险、通货膨胀等因素综合测定。

① 资金成本。资金成本是为取得资金使用权所支付的费用，主要包括筹资费和资金的使用费。筹资费是指在筹集资金过程中发生的各种费用，如委托金融机构代理发行股票、债券而支付的注册费和代理费，向银行贷款而支付的手续费等。资金的使用费是指因使用资金而向资金提供者支付的报酬。技术方案实施后所获利润额必须能够补偿资金成本，然后才能有利可图，因此基准收益率的最低限度是不小于资金成本。

② 机会成本。机会成本是指投资者将有限的资金用于拟实施技术方案而放弃的其他投资机会所能获得的最大收益。换言之，由于资金有限，当把资金投入拟实施技术方案时，将失去从其他最大的投资机会中获得收益的机会。机会成本的表现形式也是多种多样的。货币形式表现的机会成本，如销售收入、利润等；由于利率大小决定货币的价格，采用不同的利率(贴现率)也能表现货币的机会成本。我们应当看到机会成本是在技术方案外部形成的，它不可能反映在该技术方案财务上，必须通过工程经济分析人员的分析比较，才能确定技术方案的机会成本。机会成本虽不是实际支出，但在工程经济分析时，应作为一个因素加以认真考虑，以帮助选择最优方案。

显然，基准收益率应不低于单位资金成本和单位投资机会成本，这样才能使资金得到最有效的利用。这一要求可用下式表达

$$i_c \geq i_1 = \max\{单位资金成本，单位投资机会成本\} \qquad (3-19)$$

假如技术方案完全由企业自有资金投资，可参考的行业平均收益水平可以理解为一种资金机会成本。假如技术方案投资资金来源于自有资金和贷款，最低收益率不应低于行业平均收益水平(或新筹集权益投资的资金成本)与贷款利率的加权平均值。假如有多种贷款，贷款利率应为加权平均贷款利率。

③ 投资风险。在整个技术方案计算期内，存在发生不利于技术方案的环境变化的可

能性。这种变化难以预料,即投资者要冒着一定的风险做出决策。为此,投资者自然就要求获得较高的利润,否则他是不愿去冒风险的。所以,在确定基准收益率时,仅考虑资金成本、机会成本因素是不够的,还应考虑风险因素。通常以一个适当的风险贴补率 i_2 来提高 i_c 值,也就是说,以一个较高的收益水平补偿投资者所承担的风险,风险越大,贴补率越高。为了限制对风险大、盈利低的技术方案进行投资,可以采取提高基准收益率的办法来进行技术方案经济效果评价。

一般说来,从客观上看,资金密集型的技术方案,其风险高于劳动密集型的;资产专用性强的方案,其风险高于资产通用性强的;以降低生产成本为目的的方案,其风险低于以扩大产量、扩大市场份额为目的的。从主观上看,资金雄厚的投资主体的风险低于资金拮据者。

④ 通货膨胀。所谓通货膨胀,是指由于货币(这里指纸币)的发行量超过商品流通所需要的货币量而引起的货币贬值和物价上涨的现象。在通货膨胀影响下,各种材料、设备、房屋、土地的价格以及人工费都会上涨。为反映和评价拟实施技术方案在未来的真实经济效果,在确定基准收益率时,应考虑这种影响,结合投入产出价格的选用决定对通货膨胀因素的处理。

通货膨胀以通货膨胀率来表示,通货膨胀率主要表现为物价指数的变化,即通货膨胀率约等于物价指数变化率。由于通货膨胀年年存在,因此,通货膨胀的影响具有复利性质。一般每年的通货膨胀率是不同的,但为了便于研究,常取一段时间的平均通货膨胀率,即在所研究的时期内,通货膨胀率可以视为固定的。

综合以上分析,投资者自行测定的基准收益率可按如下方法确定。

若技术方案现金流量是按当年价格预测的,则应以年通货膨胀率 i_3 修正 i_c 值,即

$$i_c = (1+i_1) \times (1+i_2) \times (1+i_3) - 1 \approx i_1 + i_2 + i_3 \tag{3-20}$$

若技术方案的现金流量是按基年不变价格预测的,预测结果已排除通货膨胀因素的影响,就不再重复考虑通货膨胀的影响去修正 i_c 值,即

$$i_c = (1+i_1) \times (1+i_2) - 1 \approx i_1 + i_2 \tag{3-21}$$

上述近似处理的条件是 i_1、i_2、i_3 都为小数。

总之,合理确定基准收益率,对于投资决策极为重要。确定基准收益率的基础是资金成本和机会成本,而投资风险和通货膨胀则是必须考虑的影响因素。

二、偿债能力分析

举债经营已经成为现代企业经营的一个显著特点,企业偿债能力的强弱,已成为判断和评价企业经营活动能力的一个标准。举债是筹措资金的重要途径,不仅企业自身要关心偿债能力的强弱,债权人更为关心。

偿债能力分析，重点是分析判断财务主体——企业的偿债能力。由于金融机构贷款是贷给企业法人而不是贷给技术方案，金融机构进行信贷决策时，一般应根据企业的整体资产负债结构和偿债能力决定信贷取舍。有时虽然技术方案自身无偿债能力，但是整个企业偿债能力强，金融机构也可能给予贷款；有时虽然技术方案有偿债能力，但企业整体信誉差、负债高、偿债能力弱，金融机构也可能不予贷款。因此，偿债能力评价，一定要分析债务资金的融资主体的清偿能力，而不是"技术方案"的清偿能力。对于企业融资方案，应以技术方案所依托的整个企业作为偿债能力的分析主体。为了考察企业的整体经济实力，分析融资主体的偿债能力，需要评价整个企业的财务状况和各种借款的综合偿债能力。为了满足债权人的要求，需要编制企业在拟实施技术方案建设期和投产后若干年的财务计划现金流量表、资产负债表、企业借款偿还计划表等报表，分析企业偿债能力。

(一) 偿债资金来源

根据国家现行财税制度的规定，偿还贷款的资金来源主要包括可用于归还借款的利润、固定资产折旧、无形资产及其他资产摊销费和其他还款资金。

1. 可用于归还借款的利润

可用于归还借款的利润，一般是指提取了盈余公积金、公益金后的未分配利润。如果是股份制企业需要向股东支付股利，那么应先从未分配利润中扣除分配给投资者的利润，再用来归还借款。技术方案投产初期，如果用规定的资金来源归还借款的缺口较大，也可暂不提取盈余公积金、公益金，但这段时间不宜过长，否则将影响企业的扩展能力。

2. 固定资产折旧

鉴于技术方案投产初期尚未面临固定资产更新的问题，作为固定资产重置准备金性质的折旧基金，在被提取以后暂时处于闲置状态。为了有效地利用一切可能的资金来源以缩短还贷期限，加强企业的偿债能力，可以使用部分新增折旧基金作为偿还贷款的来源之一。一般来说，投产初期可以利用的折旧基金占全部折旧基金的比例较大，随着生产时期的延伸，可利用的折旧基金比例逐步减小。最终，所有被用于归还贷款的折旧基金，应由未分配利润归还贷款后的余额垫回，以保证折旧基金从总体上不被挪作他用，在还清贷款后恢复其原有的经济属性。

3. 无形资产及其他资产摊销费

摊销费是按现行的财务制度计入企业的总成本费用，但是企业在提取摊销费后，这笔资金没有具体的用途规定，具有"沉淀"性质，因此可以用来归还贷款。

4. 其他还款资金

按有关规定，可以用减免的营业税金来作为偿还贷款的资金来源。具体进行预测时，如果没有明确的依据，可以暂不考虑。

技术方案在建设期借入的全部建设投资贷款本金及其在建设期的借款利息(即资本

化利息)构成建设投资贷款总额,在技术方案投产后可由上述资金偿还。

在生产期内,建设投资和流动资金的贷款利息,按现行的财务制度,均应计入技术方案总成本费用中的财务费用。

(二) 还款方式及还款顺序

技术方案贷款的还款方式应根据贷款资金的不同来源所要求的还款条件来确定。

1. 国外(含境外)借款的还款方式

按照国际惯例,债权人一般对贷款本息和偿还期限均有明确的规定,要求借款方在规定的期限内按规定的数量还清全部贷款的本金和利息。因此,需要按协议的要求计算出在规定的期限内每年需归还的本息总额。

2. 国内借款的还款方式

目前,虽然借贷双方在有关的借贷合同中规定了还款期限,但在实际操作过程中,主要还是根据技术方案的还款资金来源情况进行测算。一般情况下,按照"先贷先还、后贷后还,利息高的先还、利息低的后还"的顺序归还国内借款。

(三) 偿债能力分析指标

偿债能力分析指标主要有借款偿还期、利息备付率、偿债备付率、资产负债率。

1. 借款偿还期

(1) 概念。借款偿还期,是指根据国家财税规定及技术方案的具体财务条件,以可作为偿还贷款的收益(利润、折旧、摊销费及其他收益)来偿还技术方案投资借款本金和利息所需要的时间。它是反映技术方案借款偿债能力的重要指标。借款偿还期的计算公式为

$$I_d = \sum_{t=0}^{P_d}(B + D + R_o - B_r)_t \tag{3-22}$$

式中:P_d——借款偿还期(从借款开始年计算;当从投产年算起时,应予注明);

I_d——投资借款本金和利息(不包括已用自有资金支付的部分)之和;

B——第 t 年可用于还款的利润;

D——第 t 年可用于还款的折旧和摊销费;

R_o——第 t 年可用于还款的其他收益;

B_r——第 t 年企业留利。

(2) 计算。在实际工作中,借款偿还期可通过借款还本付息计算表推算,以年表示,其具体的推算公式为

$$P_d = (借款偿还开始出现盈余年份-1) + \frac{盈余当年应偿还借款额}{盈余当年可用于还款的余额} \tag{3-23}$$

(3) 判别准则。借款偿还期满足贷款机构的要求期限时，即认为技术方案是有借款偿债能力的。

借款偿还期指标适用于那些不预先给定借款偿还期限，且按最大偿还能力计算还本付息的技术方案；它不适用于那些预先给定借款偿还期的技术方案。对于预先给定借款偿还期的技术方案，应采用利息备付率和偿债备付率指标分析企业的偿债能力。

2. 利息备付率

(1) 概念。利息备付率也称已获利息倍数，是指在技术方案借款偿还期内各年企业可用于支付利息的息税前利润(EBIT)与当期应付利息(PI)的比值，其表达式为

$$ICR = \frac{EBIT}{PI} \tag{3-24}$$

式中：EBIT——息税前利润，即利润总额与计入总成本费用的利息费用之和；

PI——计入总成本费用的应付利息。

(2) 判别准则。利息备付率应分年计算，它从付息资金来源的充裕性角度反映企业偿付债务利息的能力，表示企业使用息税前利润偿付利息的保证倍率。在正常情况下，利息备付率应当大于1，并结合债权人的要求确定，否则表示企业的付息能力保障程度不足，尤其是当利息备付率低于1时，表示企业没有足够资金支付利息，偿债风险很大。参考国际经验和国内行业的具体情况，根据我国企业历史数据统计分析，一般情况下，利息备付率不宜低于2，而且需要将该利息备付率指标与其他同类企业进行比较，来分析并决定本企业的指标水平。

3. 偿债备付率

(1) 概念。偿债备付率是指在技术方案借款偿还期内，各年可用于还本付息的资金($EBITDA - T_{AX}$)与当期应还本付息金额(PD)的比值，其表达式为

$$DSCR = \frac{EBITDA - T_{AX}}{PD} \tag{3-25}$$

式中：EBITDA——企业息税前利润加折旧和摊销；

T_{AX}——企业所得税；

PD——应还本付息的金额，包括当期应还贷款本金额及计入总成本费用的全部利息。融资租赁费用可视同借款偿还，运营期内的短期借款本息也应纳入计算。

如果企业在运营期内有维持运营的投资，可用于还本付息的资金应扣除维持运营的投资。

(2) 判别准则。偿债备付率表示企业可用于还本付息的资金偿还借款本息的保证倍率，应分年计算。正常情况下，偿债备付率应当大于1，并结合债权人的要求确定。当指标小于1时，表示企业当年资金来源不足以偿付当期债务，需要通过短期借款偿付已到期债务。参考国际经验和国内行业的具体情况，根据我国企业历史数据统计分析，一

般情况下，偿债备付率不宜低于1.3。

4. 资产负债率

资产负债率(LOAR)是指投资方案各期末负债总额(TL)与资产总额(TA)的比率，计算公式为

$$\text{LOAR} = \frac{\text{TL}}{\text{TA}} \times 100\% \tag{3-26}$$

式中：TL——期末负债总额；
　　　TA——期末资产总额。

任务四　经济效果评价方法

运用经济效果评价指标对投资方案进行评价，主要有两个目的：一是对某一方案进行分析，判断该方案在经济上是否可行。对于这种情况，需要选用适当指标并计算指标值，根据判断准则评价其经济性即可。二是对多方案进行经济上的比选，此时，如果仅计算各种方案的评价指标并作出结论，其结论可能是不可靠的。进行多方案比选时，首先必须了解方案所属的类型，从而按照方案的类型确定适合的评价方法和指标，为最终做出正确的投资决策提供科学依据。

经济效果评价方案一般分为独立型方案和多方案两类。多方案又分为互斥型、互补型、现金流量相关型、组合-互斥型和混合相关型5种，前文已经提及，这里重点介绍独立型方案和互斥型方案。

一、独立型方案评价

独立型方案在经济上是否可接受，取决于方案自身的经济性，即方案的经济效果是否达到或超过预定的评价标准或水平。通过计算方案的经济效果指标，并按照指标的判别准则加以检验即可判断方案在经济上是否可行。这种对方案自身的经济性检验称为绝对经济效果检验。

（一）应用投资收益率进行评价

(1) 确定行业的基准投资收益率(R_e)。
(2) 计算投资方案的投资收益率(R)。
(3) 进行判断。当$R \geq R_e$时，表明方案在经济上是可行的。

(二) 应用投资回收期进行评价

(1) 确定行业或投资者的基准投资回收期(P_c)。
(2) 计算投资方案的静态投资回收期(P_t)。
(3) 进行判断。当$P_t \leqslant P_c$时，表明方案在经济上是可行的。

(三) 应用NPV进行评价

(1) 依据现金流量和确定的基准收益率(i_c)计算方案的净现值(NPV)。
(2) 进行判断。当NPV≥0时，表明方案在经济上是可行的。

(四) 应用IRR进行评价

计算出内部收益率后，将IRR与基准收益率i_c进行比较。当IRR≥i_c，表明方案在经济上是可行的。

二、互斥型方案评价

互斥型方案的经济效果评价包括两部分内容：一是考察各个方案自身的经济效果，即进行绝对(经济)效果检验；二是考察方案的相对最优性，称为相对(经济)效果检验。显然，本身就不可行的方案不能纳入比较，所以两种检验的目的和作用不同，缺一不可，从而确保所选方案不但可行而且最优。

在进行互斥型方案相对(经济)效果评价时，一般按投资多少由低到高进行比选，然后淘汰较差的方案，以保留较好的方案再与其他方案比较，直至所有的方案都经过比较，最终选出经济性最优的方案。

进行多方案比选时，计算方案的经济效果还应考虑不同方案的计算期(寿命)是否相同。事实上，所有经济比选方法都必须建立在各方案计算期相同的条件下，只是在静态评价方法下，计算期不同不影响评价结果，在某些动态评价方法下，计算期不同也不影响评价结果。在运用具体评价指标和方法时，要特别注意这一特点。

(一) 静态评价方法

在互斥型方案静态分析中，常用增量投资收益率、增量投资回收期、年折算费用、综合总费用等指标进行相对经济效果的评价。

1. 增量投资收益率

增量投资收益率是指增量投资所带来的经营成本的节约与增量投资之比。

现有甲、乙两个互斥方案，其规模相同或基本相同，如果其中一个方案的投资额和经营成本都为最小时，则该方案就是最理想的方案。但是，实践中往往达不到这样的要求。

经常出现的情况是，某一个方案的投资额小，但经营成本较高；而另一方案则正好相反，其投资额较大，但经营成本较低。这样，投资大的方案与投资小的方案就形成了增量的投资，但投资大的方案正好经营成本较低，相较于投资小的方案能够节约经营成本。

现设 I_1、I_2 分别为甲、乙方案的投资额，C_1、C_2 为甲、乙方案的经营成本。

如 $I_1 < I_2$，$C_1 > C_2$，则增量投资收益率 $R_{(2-1)}$ 为

$$R_{(2-1)} = \frac{C_1 - C_2}{I_2 - I_1} \times 100\% \tag{3-27}$$

当得到的增量投资收益率大于基准投资收益率时，则投资额大的方案可行，它表明投资的增量 (I_2-I_1) 完全可以由经营成本的节约 (C_1-C_2) 来得到补偿；反之，投资额小的方案为优选方案。

2. 增量投资回收期

增量投资回收期是指用经营成本的节约来补偿增量投资的年限。

当各年经营成本的节约 (C_1-C_2) 基本相同时，其计算公式为

$$P_{t(2-1)} = \frac{I_2 - I_1}{C_1 - C_2} \tag{3-28}$$

当各年经营成本的节约 (C_1-C_2) 差异较大时，其计算公式为

$$(I_2 - I_1) = \sum_{t=1}^{P_{t(2-1)}} (C_1 - C_2) \tag{3-29}$$

当得到的增量投资回收期小于基准投资回收期时，投资额大的方案可行；反之，投资额小的方案为优选方案。

在上述方案比较过程中，如果两个方案生产规模相同，即年收入相同时，其年经营成本的节约额实质上就是它们的年收益额之差。

3. 年折算费用

当互斥型方案个数较多时，用增量投资收益率、增量投资回收期进行方案经济比较，要进行两两比较、逐个淘汰，比选次数较多。而运用年折算费用法，只需计算各方案的年折算费用，即将投资额用基准投资回收期分摊到各年，再与各年的年经营成本相加。年折算费用计算公式为

$$Z_j = \frac{I_j}{P_e} + C_j \tag{3-30}$$

$$Z_j = I_j i_c + C_j \tag{3-31}$$

式中：Z_j——第 j 个方案的年折算费用；

I_j——第 j 个方案的总投资；

P_e——基准投资回收期；

i_c——基准收益率；

C_j——第 j 个方案的年经营成本。

根据年折算费用,选择最小者为最优方案。这与增量投资收益率法的结论是一致的。年折算费用法计算简便,评价准则直观、明确。

4. 综合总费用

方案的综合总费用即为方案的投资与基准投资回收期内年经营成本的总和,计算公式为

$$S_j = I_j + P_e C_j \tag{3-32}$$

式中:S_j——第 j 个方案的综合总费用。

显然,$S_j = P_e + Z_j$,故方案的综合总费用即为基准投资回收期内年折算费用的总和。在方案评选时,综合总费用最小的方案即为最优方案。

以上几种互斥型方案静态评价方法,具有概念清晰、计算简便的优点,主要缺点是没有考虑资金时间价值,对方案未来时期的发展变化情况,例如投资方案的使用年限、投资回收以后方案的收益、方案使用年限终了时的残值、方案在使用过程中更新和追加的投资及其效果等未能充分反映。因此,静态评价方法仅适用于方案初评或作为辅助评价方法。

(二)动态评价方法

1. 计算期相同的互斥型方案经济效果的评价

对于计算期相同的互斥型方案,常用的经济效果评价方法有以下几种。

(1) 净现值(NPV)法。对互斥型方案进行评价,首先剔除NPV<0的方案,即进行方案的绝对效果检验;然后对所有NPV≥0的方案比较其净现值,净现值最大的方案为最佳方案。净现值法评价互斥型方案的依据是:净现值不小于零且为最大的方案为最优方案。

在工程经济分析中,对效益相同(或基本相同)但效益无法或很难用货币直接计量的互斥型方案进行比较,常用费用现值(PW)比较替代净现值进行评价。为此,首先计算各备选方案的费用现值PW,然后进行对比,以费用现值最低的方案为最佳,其表达式为

$$PW = \sum_{t=0}^{n} CO_t (1+i_c)^{-t} = \sum_{t=0}^{n} CO_t (P/F, i_c, t) \tag{3-33}$$

净现值法是评价互斥型方案时较为常用的方法,有时在采用不同的评价指标对方案进行比选时,会得出不同的结论,这时往往以净现值指标为最后的衡量标准。

(2) 增量投资内部收益率(ΔIRR)法。由于内部收益率不是项目初始投资的收益率,而且内部收益率受现金流量分布的影响很大,净现值相同但分布状态不同的两个现金流量,会得出不同的内部收益率,因此直接根据各互斥方案的内部收益并不一定能选出净现值(基准收益率下)最大的方案,即$IRR_{(2)} > IRR_{(1)}$,并不意味着一定有$IRR_{(2-1)} = \Delta IRR > i_c$。

【例3-5】现有两个互斥型方案,其净现金流量见表3-8。设基准收益率为10%,试

用净现值和内部收益率评价方案。

表3-8 两个互斥型方案净现金流量表   万元

方案	净现金流量				
	0	1	2	3	4
方案1	-7000	1000	2000	6000	4000
方案2	-4000	1000	1000	3000	3000

解：(1) 计算净现值NPV。

$NPV_{(1)} = -7000 + 1000 \times (P/F, 10\%, 1) + 2000 \times (P/F, 10\%, 2) +$
$\qquad 6000 \times (P/F, 10\%, 3) + 4000 \times (P/F, 10\%, 4)$
$\qquad = 2801.7(万元)$

$NPV_{(2)} = -4000 + 1000 \times (P/F, 10\%, 1) + 1000 \times (P/F, 10\%, 2) +$
$\qquad 3000 \times (P/F, 10\%, 3) + 3000 \times (P/F, 10\%, 4)$
$\qquad = 2038.4(万元)$

(2) 计算内部收益率IRR。

由$NPV(IRR_1) = -7000 + 1000 \times (P/F, IRR_1, 1) + 2000 \times (P/F, IRR_1, 2) + 6000 \times$
$\qquad (P/F, IRR_1, 3) + 4000 \times (P/F, IRR_1, 4) = 0$

解得：$IRR_1 = 23.67\%$

由$NPV(IRR_2) = -4000 + 1000 \times (P/F, IRR_2, 1) + 1000 \times (P/F, IRR_2, 2) + 3000 \times$
$\qquad (P/F, IRR_2, 3) + 3000 \times (P/F, IRR_2, 4) = 0$

解得：$IRR_2 = 27.29\%$

从以上情况可知，方案1的内部收益率低，净现值高；而方案2的内部收益率高，净现值低，如图3-5所示。

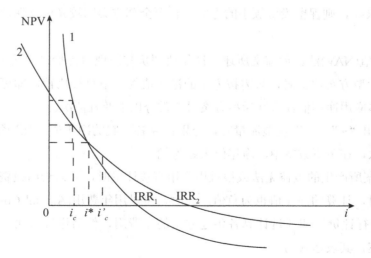

图3-5 互斥型方案净现值函数示意图

从计算结果或图3-5可看出，$IRR_{(2)}>IRR_{(1)}$，如果以内部收益率作为评价准则，方案2优于方案1；而以净现值为评价准则，基准收益率为$i_c=10\%$，$NPV_{(1)}>NPV_{(2)}$，方案1优于方案2。这就产生了矛盾，要判断到底哪个方案更优，就需要考虑方案1比方案2多花的投资的内部收益率，即增量投资内部收益率(ΔIRR)是否大于基准收益率。

所谓增量投资内部收益率(ΔIRR)，是指两方案各年净现金流量的差额的现值之和等于零时的折现率，其表达式为

$$\Delta NPV(\Delta IRR) = \sum_{t=0}^{n} (A_1 - A_2)_t \times (1+\Delta IRR)^{-t} = 0 \tag{3-34}$$

$$\sum_{t=0}^{n} A_{1t}(1+\Delta IRR)^{-t} = \sum_{t=0}^{n} A_{2t}(1+\Delta IRR)^{-t} \tag{3-35}$$

式中：ΔIRR——增量投资内部收益率；

$A_{1t} = (CI-CO)_{1t}$——初始投资额大的方案年净现金流量；

$A_{2t} = (CI-CO)_{2t}$——初始投资额小的方案年净现金流量。

从式(3-34)可以看出，增量投资内部收益率就是$NPV_{(1)}=NPV_{(2)}$时的折现率。通过计算，本例的增量投资内部收益率ΔIRR=18.41%。增量投资内部收益率大于基准收益率，则方案1为优选方案，与净现值评价的结论一致。若基准收益率为$i'_c=20\%$，$\Delta IRR<i'_c$，$NPV'_{(1)}<NPV'_{(2)}$，$IRR_{(2)}>IRR_{(1)}$，则方案2优于方案1。

应用ΔIRR法评价互斥方案的基本步骤如下所述。

① 计算各备选方案的IRR_j，分别与基准收益率i_c比较。$IRR_j<i_c$的方案，即予淘汰。

② 将$IRR_j \geq i_c$的方案按初始投资额由小到大依次排列。

③ 按初始投资额由小到大依次计算相邻两个方案的增量投资内部收益率ΔIRR，若ΔIRR>i_c，则说明初始投资额大的方案优于初始投资额小的方案，保留投资额大的方案；反之，若ΔIRR<i_c，则保留投资额小的方案。直至全部方案比较完毕，保留的方案就是最优方案。

(3) 净年值(NAV)法。如前文所述，净年值评价与净现值评价是等价的(或等效的)。同样，在互斥型方案评价时，只需按方案的净年值的大小直接比较，即可选出最优可行方案。在具体应用净年值评价互斥型方案时，常分以下两种情况。

① 当给出"+""-"现金流量时，分别计算各方案的净年值。凡净年值小于0的方案，先行淘汰，在余下方案中，净年值大者为优。

② 当方案所产生的效益无法或很难用货币直接计量时，即只给出投资和年经营成本或作业成本时，计算的净年值也为负值。此时，可以用年费用(Annual Cost，AC)替代净年值(NAV)进行评价，即通过计算各备选方案的年费用，然后进行对比，以年费用最低者为最佳方案，其表达式为

$$AC = \sum_{t=0}^{n} CO_t(P/F, i_c, t) > (A/P, i_c, n) \tag{3-36}$$

采用年费用(AC)或净年值(NAV)进行评价所得出的结论是完全一致的。

2. 计算期不同的互斥型方案经济效果的评价

如果互斥型方案的计算期不同，必须对计算期做出某种假定，使得方案在相等期限的基础上进行比较，这样才能保证得到合理的结论。

(1) 净年值(NAV)法。用净年值法比选寿命不等的互斥型方案，实际上隐含着这样一种假定：各备选方案在其寿命结束时间均可按原方案重复实施，或持续实施与原方案经济效果相同的方案。由于净年值法是以"年"为时间单位比较各方案的经济效果，一个方案无论重复实施多少次，其净年值是不变的，从而使寿命不等的互斥型方案之间具有可比性。

分别计算各备选方案净现金流量的净年值(NAV)并进行比较，以NAV≥0且NAV最大者为最优方案。

在对寿命不等的互斥型方案进行比选时，净年值是最为简便的方法。同时，使用净年值法可不考虑计算期的不同，故比净现值(NPV)简便，当参加比选的方案数目众多时，更是如此。

(2) 净现值(NPV)法。净现值(NPV)用于评价互斥型方案时，必须考虑时间的可比性，即在相同的计算期下比较净现值(NPV)的大小。常用的方法有最小公倍数法、研究期法、无限计算期法。

① 最小公倍数法(又称方案重复法)。采用最小公倍数法时，以各备选方案计算期的最小公倍数作为比选方案的共同计算期，并假设各个方案均在共同的计算期内重复实施。对各方案计算期内各年的净现金流量进行重复计算，得出各个方案在共同的计算期内的净现值，以净现值最大的方案为最佳方案。

利用最小公倍数法有效地解决了寿命不等的方案之间的净现值可比性问题，但这种方法不是在任何情况下都适用的。对于某些不可再生资源开发型项目，在进行计算期不等的互斥型方案比选时，方案可重复实施的假定不再成立，这种情况下就不能用最小公倍数法确定计算期。此外，如果用最小公倍数法求得的计算期过长，也不适合用最小公倍数法。

② 研究期法。以相同时间来研究不同期限的方案就称为研究期法。

研究期的确定一般以互斥型方案中年限最短方案的计算期作为互斥型方案评价的共同研究期。通过比较各个方案在共同研究期内的净现值来对方案进行比选，以净现值最大的方案为最佳方案。

需要注意的是，对于计算期比共同的研究期长的方案，要对其在共同研究期以后的现金流量情况进行合理估算，以免影响结论的正确性。

③ 无限计算期法。如果评价方案的最小公倍数计算期很长，为简化计算，可假设计算期为无穷大来计算NPV，NPV最大者为最优方案，即

$$\text{NPV} = \text{NAV}(P/A, i_e, n) = \text{NAV}\frac{(1+i)^n - 1}{i(1+i)^n} \tag{3-37}$$

当$n \to \infty$，即计算期为无穷大时，上式可简化为

$$\text{NPV} = \frac{\text{NAV}}{i} \tag{3-38}$$

(3) 增量投资内部收益率(ΔIRR)法。用增量投资内部收益率评价寿命不等的互斥型方案经济效果时，首先需要对各备选方案进行绝对效果检验。对于通过绝对效果检验(NPV、NAV大于或等于零，IRR大于或等于基准收益率)的方案，再用计算增量投资内部收益率的方法进行比选。

求解寿命不等互斥型方案间增量投资内部收益率的方程，可以两方案净年值相等的方式建立，其中隐含方案可重复实施的假定，表达式为

$$\sum_{t=0}^{n_A} A_{AT}(P/F, \Delta \text{IRR}, t) \times (P/F, \Delta \text{IRR}, n_A) = \sum_{t=0}^{n_B} A_{Bt}(P/F, \Delta \text{IRR}, t) \times (A/P, \Delta \text{IRR}, n_B) \tag{3-39}$$

或

$$\sum_{t=0}^{n_A} A_{AT}(P/F, \Delta \text{IRR}, t) \times (P/F, \Delta \text{IRR}, n_A) = \sum_{-t=0}^{n_B} A_{Bt}(P/F, \Delta \text{IRR}, t) \times (A/P, \Delta \text{IRR}, n_B) = 0 \tag{3-40}$$

在ΔIRR存在的情况下，若$\Delta \text{IRR} > i_c$，则初始投资额大的方案为优选方案；若$0 < \Delta \text{IRR} < i_c$，则初始投资额小的方案为优选方案。

对于仅有或仅需计算费用现金流量的寿命期不等的互斥型方案，求解方案间增量投资内部收益率的方程，可以两方案费用年值相等的方式建立，表达式为

$$\sum_{t=0}^{n_A} \text{CO}_{At}(P/F, \Delta \text{IRR}, t) \times (A/P, \Delta \text{IRR}, n_A) - \sum_{t=0}^{n} \text{CO}_{Bt}(P/F, \Delta \text{IRR}, t) \times (A/P, \Delta \text{IRR}, n_B) = 0 \tag{3-41}$$

在ΔIRR存在的情况下，若$\Delta \text{IRR} > i_c$，则初始投资额大的方案为优选方案；若$0 < \Delta \text{IRR} < i_c$，则初始投资额小的方案为优选方案。

【例3-6】已知表3-9中的数据，设$i_c = 10\%$，试用NAV、NPV、NPVR、IRR指标进行方案比较。

表3-9 方案比较原始数据

项目	方案A	方案B
投资/万元	3500	5000
年收益/万元	1900	2500
年支出/万元	645	1383
估计寿命/万元	4	8

解：1. 绘制现金流量图(见图3-6)

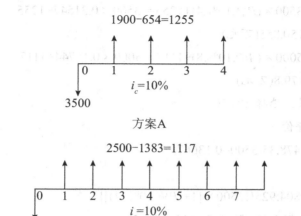

方案A

方案B

图3-6 现金流量图

2. 评价

1) 净现值评价(见图3-7)

(1) 取各方案计算期的最小公倍数作为研究期，本例中研究期为8年。

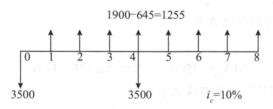

图3-7 方案A净现值(NPV)评价现金流量图

$$NPV_A = -3500 \times [1+(P/F,10\%,4)] + 1255 \times (P/A,10\%,8)$$
$$= -3500 \times (1+0.6830) + 1255 \times 5.335 = 804.925(万元)$$

$$NPV_B = -5000 + 1117 \times (P/A,10\%,8)$$
$$= -5000 + 1117 \times 5.335 = 959.195(万元)$$

根据计算结果，选择方案B。

(2) 取年限最短的方案寿命期作为共同的研究期，本例中研究期为4年。

$$NPV_A = -3500 + 1255 \times (P/A,10\%,4)$$
$$= -3500 + 1255 \times 3.17 = 478.35(万元)$$

$$NPV_B = [-5000 \times (A/P,10\%,8) + 1117] \times (P/A,10\%,4)$$
$$= (-5000 \times 0.18744 + 1117) \times 3.17 = 569.966(万元)$$

根据计算结果，选择方案B。

2) 净年值评价

$$NAV_A=-3500\times(P/A,10\%,4)+1255=-3500\times0.31547+1255$$
$$=150.855(万元)$$
$$NAV_B=-5000\times(A/P,10\%,8)+1117=-5000\times0.18744+1117$$
$$=179.8(万元)$$

根据计算结果，选择方案B。

3) 净现值率评价

$$NPVR_A=478.35/3500=0.13667$$

或

$$NPVR_A=804.925/\{3500\times[1+(P/F,10\%,4)]\}$$
$$=804.925/5890.5=0.13665$$

$$NPVR_B=959.195/5000=0.19184$$

或

$$NPVR_A=569.966/\{5000\times(A/P,10\%,8)\times(P/A,10\%,4)\}$$
$$=569.966/2970.924=0.19185$$

根据计算结果，选择方案B。

4) 内部收益率评价

(1) 计算各方案自身内部收益率。

① 方案A

$$NPV_A=-3500+1255\times(P/A,IRR_A,4)=0$$

采用线性内插法可计算出内部收益率

$$i_1=15\%，NPV_A=-3500+1255\times2.855=83.025$$
$$i_2=17\%，NPV_A=-3500+1255\times2.7432=-57.284$$
$$IRR_A=1526+83.025\times(7\%-15\%)/[83.025-(-57.284)]=16.18\%>i_c=10\%$$

根据计算结果，方案A可行。

② 方案B

$$NPV_B=-5000+1117\times(P/A,IRR_B,8)=0$$

采用线性内插法可计算出内部收益率

$$i_1=15\%, NPV_B=-5000+1117\times4.4873=12.3141$$
$$i_2=17\%, NPV_B=-5000+1117\times4.2072=-300.56$$
$$IRR_B=15\%+12.3141\times(17\%-15\%)/[12.3141-(-300.56)]=15.08\%>i_c=10\%$$

根据计算结果，方案B可行。

(2) 计算增量投资内部收益率。

$$NAV_{(B-A)}=-[5000\times(A/P,\Delta IRR,8)]-[-3500\times(A/P,\Delta IRR,4)]+(1117-1255)=0$$

$i_1=12\%$, $\text{NAV}_{(B-A)}=-5000\times0.2013+3500\times0.3292-138=7.805$

$i_2=13\%$, $\text{NAV}_{(B-A)}=-5000\times0.2084+3500\times0.3362-138=-3.300$

$\Delta\text{IRR}=1226+7.805\times(13\%-12\%)/[7.805-(-3.300)]=12.7\%>i_c=10\%$

根据计算结果，应选择初始投资额大的方案B。

任务五　国民经济评价

工程项目经济评价是可行性研究的重要组成部分，是项目决策科学化的重要手段，必须按照国家发展和改革委员会、建设部《关于建设项目经济评价工作的若干规定》(发改投资〔2006〕1325号文件)附件一中的要求，对项目建设的必要性和可能性做出全面、详细、完整的经济评价。

对于一个工程项目，评价者从不同的角度去分析、考察时，由于引起投入与产出的范围不同，所得结果也不相同。当评价者站在企业的角度对工程项目进行分析、评价时，称之为财务评价；当评价者站在国家的角度对工程项目进行分析、评价时，称之为国民经济评价。前文已经介绍过财务评价，本任务中主要介绍国民经济评价。

一、国民经济评价与财务评价的关系

工程项目的国民经济评价是指从国民经济角度出发，对拟建项目进行的宏观分析。通过项目效益与费用比较，衡量项目对国民经济带来的效益和国家所付出的代价，评估项目经济上的合理性。项目的经济评价应充分考虑国民经济发展战略和行业、地区发展要求，在做出市场预测及项目布局、工艺选择等技术研究的基础上，运用影子价格、影子汇率、影子工资和社会折现率等经济参数，计算项目的费用和效益，并通过多种方案比较，对拟定项目的经济可行性和合理性进行分析论证，做出全面的经济评价，为项目的科学决策提供依据。

项目经济评价同财务评价一样，属于对经济活动(包括投资活动和经营活动)进行有效管理和控制的一种方法和手段，其目的在于实现项目决策的科学化、民主化，避免和减少投资决策失误，提高项目的投资效益和贷款偿还能力。项目经济评价和财务评价有许多相似的方面，如在分析目的上，两者都寻求以最少的投入获得最多的产出；在分析内容上，两者均侧重于投资构成分析、市场分析、效益分析、不确定性分析等；在分析方法上，定性分析与定量分析相结合，静态指标与动态指标相结合等。但项目的经济评价和财务评价又有区别，它们是从两个不同的角度和层次对项目的投资活动进行分析和评价，两者相辅相成、缺一不可，各有各的任务和作用，反映了同一项目的两个

方面。

国民经济评价和财务评价的主要区别体现在以下几个方面。

1. 评价角度不同

财务评价是从项目财务角度考察项目的盈利状况及借款偿还能力，以确定投资行为的财务可行性。国民经济评价是从国家整体的角度考察项目对国民经济的贡献以及国民经济为此项目付出的代价，以确定投资行为的经济合理性。

2. 效益和费用的含义及划分范围不同

财务评价是根据项目的实际收支确定项目的效益和费用，补贴计为效益，税金和利息计为费用。国民经济评价着眼于项目对社会提供的有用产品和服务及项目所耗费的全社会有用资源，以此来考察项目的效益和费用，故补贴不计为项目的效益，税金和国内借款利息均不计为项目的费用。财务评价只计算项目直接发生的效益与费用，国民经济评价对项目引起的间接效益与费用即外部效果也要进行计算和分析。

3. 评价采用的价格不同

财务评价对投入和产出物采用财务价格，国民经济评价采用影子价格。

4. 主要参数不同

财务评价采用官方汇率和行业基准收益率，国民经济评价采用国家统一测定的影子汇率和社会折现率。

由于上述区别，两种评价有时可能产生两种相反的结论。一般情况下，项目或方案的取舍主要取决于国民经济评价的结论。

二、国民经济评价指标

1. 经济净现值

经济净现值(ENPV)是按给定的社会折现率将项目寿命年限内各年的国民收入净增量(净"现金"流量)贴现到某一基准年(建设初期)的现值之和，它的计算公式为

$$\text{ENPV} = \sum_{t=0}^{n}(\text{CI}-\text{CO})_t \times (1+i_s)^{-t} \tag{3-42}$$

式中：CI——用影子价格计量的现金流入量；

CO——用影子价格计量的现金流出量；

$(\text{CI}-\text{CO})_t$——用影子价格计量的第 t 年的净现金流量；

n——项目寿命年限；

i_s——社会折现率。

判别准则：若ENPV≥0，项目可以接受；否则，应予以拒绝。

2. 经济内部收益率

经济内部收益率(EIRR)是经济净现值为零时的内部收益率，即项目在建设和服务年限内各年净增国民收入现值累计之和为零时的折现率，其计算公式为

$$\sum_{t=0}^{n}(CI-CO)_t \times (1+EIRR)^{-t} = 0 \tag{3-43}$$

经济内部收益率是反映投资效率的指标。如果方案的经济内部收益率大于或等于社会折现率，则从国民经济角度看方案可以接受；反之，就应拒绝。

3. 经济外汇净现值

经济外汇净现值($ENPV_F$)是反映项目实施后对国家外汇收支直接或间接影响的重要指标，用以衡量项目对国家外汇真正的净贡献(创汇)或净消耗(用汇)，其计算公式为

$$ENPV_F = \sum_{t=0}^{n}(FI-FO)_t \times (1+i_s)^{-t} \tag{3-44}$$

式中：FI——外汇流入量；

FO——外汇流出量；

$(FI-FO)_t$——第t年外汇净流入量。

4. 经济换汇成本

经济换汇成本(EFC)是指项目生产出口产品及替代进口产品所耗费的国内资源价值的现值(人民币元)与外汇(美元)净收益的现值之比，即获取1美元净外汇收入或节省1美元耗费所需消耗的国内资源价值(人民币元)，其计算公式为

$$EFC = \frac{\sum_{t=0}^{n}DR_t(1+i_s)^{-t}}{\sum_{t=0}^{n}(FI-FO)_t \times (1-i_s)^{-t}} \tag{3-45}$$

式中：DR_t——项目在第t年为生产出口产品和(或)代替进口产品所投入的本国资源价值(包括投资、原材料、工资、其他投入物和贸易费用，按影子价格计算)。

经济换汇成本若小于影子汇率，表明项目生产出口产品和(或)替代进口产品的经济效益好；经济换汇成本若大于影子汇率，则表明经济效益不好。

当项目产出只有部分为外贸产品(出口和进口替代)时，应将生产外贸产品部分所耗费的国内资源价值从国内资源总耗费中划分出来。

经济换汇成本是分析评价项目实施后在国际上的竞争力，进而判断其产品应否出口的指标，其经济含义是1美元外汇所需的人民币金额。

拓展：Excel在经济效果评价中的应用

本节介绍在工程经济效果评价中常用的两个Excel财务函数，即NPV函数和IRR函数。

一、NPV函数

NPV函数的语法形式为NPV (Rate，Value1，Value2，…)。

NPV函数可以根据已知的基准折现率和净现金流量计算出净现值。其中，Value1，Value2，…代表各年净现金流量，收支时间都发生在年末。

【例3-7】 某项目投资300万元，建设期1年，第2年开始发挥正常效益，使用年限为10年，年净效益80万元，固定资产余值为12万元，基准折现率取8%，试计算净现值，判断项目在经济上是否可行。

解： 在Excel工作表中第3～9行输入该项目现金流量，建立项目现金流量表，并计算出净现金流量。在单元格B10中输入基准折现率，然后在单元格B11中输入公式"=NPV(B10,B9:L9)"，即可得净现值计算结果100.15万元，如图3-8所示。净现值大于0，因此项目在经济上可行。

	A	B	C	D	E	F	G	H	I	J	K	L
1		建设期					运营期					
2												
3	年份	1	2	3	4	5	6	7	8	9	10	11
4	1现金流入	0	80	80	80	80	80	80	80	80	80	92
5	效益	0	80	80	80	80	80	80	80	80	80	80
6	回收余值												12
7	2现金流出	300	20	20	20	20	20	20	20	20	20	20
8	建设投资	300										
9	运行维护		20	20	20	20	20	20	20	20	20	20
10	3净现金流量	-300	60	60	60	60	60	60	60	60	60	72
11	基准折现率=	8%										
12	净现值NPV=	¥100.15										

图3-8 净现值计算Excel工作表

【例3-8】 已知有方案A和方案B，方案A投资220万元，方案B投资280万元，建设期为1年，均第2年开始发挥正常效益，使用年限相同，均为8年。方案A和方案B年净效益分别为50万元和65万元，固定资产余值分别为8万元和12万元，基准折现率取8%，试进行方案比较。

解： 建立如图3-9所示的Excel工作表，根据已知条件列出A、B两方案净现金流量，在单元格B32中输入基准折现率。由于两方案计算期相同，因此采用净现值法进行比较。

在单元格B33中输入公式"=NPV(8%,B24:J24)"，得净现值66.35万元；
在单元格B34中输入公式"=NPV(8%,B24:J24)"，得净现值92.61万元。

方案B的净现值大于方案A的净现值,因此选择方案B。

	A	B	C	D	E	F	G	H	I	J
16		建设期				运营期				
17	年份	1	2	3	4	5	6	7	8	9
18	A方案									
19	1现金流入	0	50	50	50	50	50	50	50	58
20	效益	0	50	50	50	50	50	50	50	50
21	回收余值									8
22	2现金流出	220	0	0	0	0	0	0	0	0
23	建设投资	220								
24	3净现金流量	-220	50	50	50	50	50	50	50	58
25	B方案									
26	1现金流入	0	65	65	65	65	65	65	65	77
27	效益	0	65	65	65	65	65	65	65	65
28	回收余值									12
29	2现金流出	280	0	0	0	0	0	0	0	0
30	建设投资	280								
31	3净现金流量	-280	65	65	65	65	65	65	65	77
32	基准折现率=	8%								
33	A方案净现值NPV=	¥66.35								
34	B方案净现值NPV=	¥92.61								

图3-9 净现值法方案比较

二、IRR函数

IRR函数的语法形式为IRR(Values,Guess)。

IRR函数可根据已知的现金流量计算出内部收益率。其中,Values为净现金流量,为保证内部收益率的存在,Values必须包含至少一个正值和一个负值。Guess为内部收益率计算结果的估计值,如果省略Guess,则默认为10%。Excel使用迭代法计算函数IRR从Guess开始,函数IRR不断修正内部收益率,直至结果的精度达到0.00001%。如果函数IRR经过20次计算,仍未找到结果,则返回错误值#NUM!。在大多数情况下,并不需要为函数IRR的计算提供Guess值,如果函数IRR返回错误值#NUM!,或结果没有靠近期望值,可以给出一个Guess值,或更换Guess值进行计算。

【例3-9】某项目投资850万元,建设期1年,第2年开始发挥正常效益,使用年限为10年,年净效益150万元,固定资产余值20万元,试计算IRR。

解:建立如图3-10所示的Excel表格,根据已知的基础资料,可列出项目的净现金流量,见Excel工作表第46行,然后在单元格B47中输入"=IRR(B45:L45)",即得内部收益率12.1%。

	A	B	C	D	E	F	G	H	I	J	K	L
38		建设期					运营期					
39	年份	1	2	3	4	5	6	7	8	9	10	11
40	1现金流入	0	150	150	150	150	150	150	150	150	150	170
41	效益	0	150	150	150	150	150	150	150	150	150	150
42	回收余值											20
43	2现金流出	850	0	0	0	0	0	0	0	0	0	0
44	建设投资	850										
45	3净现金流量	-850	150	150	150	150	150	150	150	150	150	170
46	内部收益率=	12.1%										

图3-10 内部收益率计算

案例分析
某工业项目经济效果评价

背景材料如引导案例中所述,以下为具体分析过程。

首先根据案例背景编制现金流量表,见表3-10。

表3-10　项目投资现金流量表　　　　　万元

序号	项目	建设期 1	运营期 2	3	4	5	6	7
1	现金流入	0	661.6	702	702	702	702	1283.6
1.1	营业收入(不含销项税额)		480	600	600	600	600	600
1.2	销项税额		81.6	102	102	102	102	102
1.3	补贴收入		100					
1.4	回收固定资产余值							381.6
1.5	回收流动资金							200
2	现金流出	1000	561.4	425.9	474.92	519.3	481.8	481.8
2.1	建设投资	1000						
2.2	流动资金投资		200					
2.3	经营成本(不含进项税额)		264	330	330	330	330	330
2.4	进项税额		40	50	50	50	50	50
2.5	应纳增值税		0	0	45.6	52	52	52
2.6	增值税附加		0	0	4.56	5.2	5.2	5.2
2.7	维持运营投资					50		
2.8	调整所得税		57.4	45.9	44.76	32.1	44.6	44.6
3	所得税后净现金流量	-1000	100.2	276.1	227.08	182.7	220.2	801.8
4	累计税后净现金流量	-1000	-899.8	-623.7	-396.6	-213.9	6.3	808.1
5	基准收益率15%	0.9091	0.8264	0.7513	0.6830	0.6209	0.5645	0.5132
6	折现后净现金流量	-909.1	82.8	207.4	155.1	113.4	124.3	411.5
7	累计折现净现金流量	-909.1	-826.3	-618.8	-463.7	-350.3	-226.0	185.4

背景材料中给出基准投资回收期和企业投资者期望的最低可接受所得税后收益率,在选取经济评价指标时,可以考虑选用以上两种,另外再考虑净现值指标。

1. 项目的静态投资回收期

根据静态投资回收期公式(3-13),可以计算得到该项目的静态投资回收期为5.97年,该项目的静态投资回收期示意图如图3-11所示。

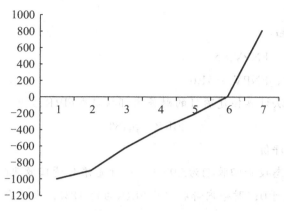

图3-11 静态投资回收期示意图

2. 项目财务净现值

财务净现值是把项目计算期内各年的净现金流量，按照基准收益率折算到建设项目期初的现值之和，也就是计算期末累计折现后净现金流量，为185.4万元。

3. 项目财务内部收益率

编制项目财务内部收益率试算表，详见表3-11。

表3-11 内部收益率试算表 万元

序号	项目	建设期	运营期					
		1	2	3	4	5	6	7
1	现金流入	0	661.6	702	702	702	702	1283.6
2	现金流出	1000	561.4	425.9	474.92	519.3	481.8	481.8
3	净现金流量	-1000	100.2	276.1	227.08	182.7	220.2	801.8
4	折现系数i=15%	0.8696		0.6575	0.5718	0.4972	0.4323	0.3759
5	折现后净现金流量	-869.6	75.8	181.5	129.8	90.8	95.2	301.4
6	累计折现后净现金流量	-869.6	-793.8	-612.3	-482.4	-391.6	-296.4	5
7	折现系数i=17%	0.8547	0.7305	0.6244	0.5337	0.4561	0.3898	0.3332
8	折现后净现金流量	-854.7	73.2	172.4	121.2	83.3	85.8	267.2
9	累计折现后净现金流量	-854.7	-781.5	-609.1	-487.9	-404.6	-318.8	-51.6

首先确定i_1= 15%，以i_1作为设定的折现率，计算出各年的折现系数。利用财务内部收益率试算表，计算出各年的折现净现金流量和累计折现净现金流量，从而得到财务净现值$FNPV_1$=5 (万元)，见表3-11。

再设定i_2 = 17%，以i_2作为设定的折现率，计算出各年的折现系数。同样，利用财务内部收益率试算表，计算各年的折现净现金流量和累计折现净现金流量，从而得到财务净现值$FNPV_2$=-51.6 (万元)，见表3-11。

试算结果满足：$FNPV_1$> 0，$FNPV_2$< 0，可采用插值法计算出拟建项目的财务

内部收益率FIRR。

由表3-11可知：

当i_1= 15%时，$FNPV_1$=5

当i_2= 17%时，$FNPV_2$=-51.6

用直线内插法计算拟建项目的财务内部收益率FIRR，即

$$FIRR=15.18\%$$

4. 经济效果评价

本项目的静态投资回收期为5.97年，小于基准投资回收期6年；累计财务净现值为185.4万元，大于0；财务内部收益率FIRR为15.18%，大于企业投资者期望的最低可接受所得税后收益率15%。综上，从财务角度分析，该项目可行。

项目小结

工程项目的经济效果评价，是从企业自身角度出发，对工程项目的直接效益和直接费用进行比较，来衡量工程项目经济效果的好坏，进而进行工程项目的取舍和优选。

经济效果评价指标是经济评价的依据和标准，主要有投资收益率、投资回收期、内部收益率、净现值、净年值、资产负债率、偿债备付率等指标。这些指标按其是否考虑资金时间价值分为静态评价指标和动态评价指标。净现值和内部收益率对独立方案进行经济分析时，结论相同；净现值、净年值和净年值率对独立方案进行评价时，结论相同。

国民经济评价是工程项目评价者站在国家的角度进行分析和评价，国民经济评价与财务评价在评价角度、效益和费用的含义及划分范围、评价采用的价格和参数等方面有所不同。国民经济评价指标包括经济净现值、经济内部收益率、经济外汇净现值和经济换汇成本4个指标，评价时可根据需要进行选择。

练习题

1. (2014年)某企业拟新建一个项目，有两个备选方案在技术上均可行。甲方案投资5000万元，计算期15年，财务净现值为200万元。乙方案投资8000万元，计算期20年，财务净现值为300万元。以下关于两方案比较的说法，正确的是(　　)。

A. 甲乙两方案必须构建一个相同的分析期限才能比选

B. 甲方案投资少于乙方案，净现值大于零，故甲方案较优

C. 乙方案投资大于甲方案，且都大于零，故乙方案较优

D. 甲方案计算期短，说明甲方案的投资回收速度快于乙方案

2. (2014年)技术方案经济效果评价的主要内容是分析论证技术方案的( )。

A. 技术先进性和经济合理性
B. 技术可靠性和财务盈利性
C. 财务盈利性和抗风险能力
D. 财务可行性和经济合理性

3. (2014年)关于财务内部收益率的说法，正确的是( )。

A. 当财务内部收益率大于基准收益率时，技术方案在经济上可以接受
B. 财务内部收益率是一个确定的基准折现率
C. 财务内部收益率受项目外部参数的影响较大
D. 对独立方案进行财务内部收益率评价与财务净现值评价时，结论通常不一样

4. (2014年)某技术方案总投资1500万元，其中资本金1000万元，运营期年平均利息18万元，年平均所得税40.5万元。若项目总投资收益率为12%，则项目资本金净利润率为( )。

A. 16.20%　　　　B. 13.95%　　　　C. 12.15%　　　　D. 12.00%

5. (2015年)某项目各年净现金流量如表3-12所示。设基准收益率为10%，则该项目的财务净现值和静态投资回收期分别为( )。

表3-12　某项目各年净现金流量

年份	0	1	2	3	4	5
净现金流量/万元	-160	50	50	50	50	50

A. 32.02万元，3.2年
B. 32.02万元，4.2年
C. 29.54万元，4.2年
D. 29.54万元，3.2年

6. (2016年)某项目建设投资为5000万元(不含建设期贷款利息)，建设期贷款利息为550万元，全部流动资金为450万元，项目投产期年息税前利润为900万元，达到设计生产能力的正常年份年息税前利润为1200万元，则该项目的总投资收益率为( )。

A. 24%　　　　B. 17.5%　　　　C. 20%　　　　D. 15%

7. (2013年)投资收益率是指投资方案建成投产并达到设计生产能力后一个正常生产年份的( )的比率。

A. 年净收益额与方案固定资产投资
B. 年净收益额与方案总投资
C. 年销售收入与方案固定资产投资
D. 年销售收入与方案总投资

8. (2013年)下列投资方案经济效果评价指标中，可用于偿债能力分析的有( )。

A. 利息备付率
B. 投资收益率
C. 流动比率
D. 借款偿还期
E. 投资回收期

9. (2013年)对于待定的投资方案,若基准收益率增大,则投资方案评价指标的变化规律是(   )。
   A. 财务净现值与内部收益率均减小
   B. 财务净现值与内部收益率均增大
   C. 财务净现值减小,内部收益率增大
   D. 财务净现值增大,内部收益率减小

10. (2013年)下列工程经济效果评价指标中,属于盈利能力分析动态指标的是(   )。
    A. 财务净现值   B. 投资收益率
    C. 借款偿还率   D. 流动比率

11. (2012年)关于基准收益率的说法,正确的有(   )。
    A. 测定基准收益率不需要考虑通货膨胀因素
    B. 基准收益率是投资资金应获得的最低盈利水平
    C. 测定基准收益率应考虑资金成本因素
    D. 基准收益率取值高低应体现对项目风险程度的估计
    E. 债务资金比例高的项目应降低基准收益率取值

12. (2013年)在资本金现金流量表中,作为现金流出的项目有(   )。
    A. 借款本金偿还   B. 回收固定资产余值
    C. 收回流动资金   D. 借款利息支付
    E. 经营成本

13. (2015年)在技术方案投资各方现金流量表中,应作为现金流出的有(   )。
    A. 实缴资本   B. 租赁资产支出
    C. 技术方案资本金   D. 借款本金偿还
    E. 经营成本

14. (2016年)某技术方案估计年总成本费用为8000万元,其中外购原材料、燃料及动力费为4500万元,折旧费为800万元,摊销费为200万元,修理费为500万元,利息支出为210万元,则该技术方案的年经营成本为(   )万元。
    A. 4500   B. 6290   C. 6790   D. 7290

15. (2016年)某技术方案由3个投资者共同投资,若比较3个投资者的财务内部收益率是否均衡,则适宜采用的现金流量表是(   )。
    A. 投资现金流量表   B. 资本金现金流量表
    C. 投资各方现金流量表   D. 财务计划现金流量表

项目四
不确定性分析及风险分析

知识导图

- 盈亏平衡分析
  - 基本的损益方程式
  - 线性盈亏平衡分析
  - 非线性盈亏平衡分析
  - 互斥方案的盈亏平衡分析
- 敏感性分析
  - 单因素敏感性分析
  - 多因素敏感性分析
- 风险分析
  - 概率分析
  - 风险决策分析

1. 基本的损益方程式、线性盈亏平衡分析；
2. 单因素敏感性分析、多因素敏感性分析。

引导案例

某新建煤化工企业，计划投资3000万元，建设期3年，计算期15年。项目报废时，残值与清理费正好抵销。基准收益率为12%，每年的建设投资发生在年初，营业收入和经营成本均发生在年末。该建设项目各年的现金流量情况见表4-1。

表4-1 现金流量表　　　　　　　　　　　　　　　　万元

时点 年份	合计	0	1	2	3	4	5	6~15
建设投资	3000	500	1500	1000				
营业收入	72100				100	4000	5000	6300
经营成本	61970				70	3600	4300	5400
净现金流量		-500	-1500	-1000	30	400	700	900

问：针对该项目背景材料，试分析哪些因素变化对该项目影响较大、哪些因素变化时项目的波动较小，即对该项目进行敏感性分析。

关键点：计算期，现金流量表，敏感性分析

前文中我们已经学习了确定性分析，下面开始学习不确定性分析。不确定性分析是研究和分析当影响技术方案经济效果的各项主要因素发生变化时，拟实施技术方案的经济效果会发生什么样的变化，以便为正确决策服务的一项工作。

不确定性分析的目的包括：一是确定不确定性因素在什么范围内变化，方案的经济效果较好，可以对不确定性因素进行控制；二是掌握哪些因素对方案影响较大，哪些影响较小；三是找出敏感程度高的因素，进一步研究，提高经济分析的可靠性。

不确定性分析的方法主要有盈亏平衡分析和敏感性分析。盈亏平衡分析包括线性盈亏平衡分析、非线性盈亏平衡分析、互斥方案的盈亏平衡分析。敏感性分析包括单因素敏感性分析、多因素敏感性分析。风险分析是分析风险因素发生的可能性及可能给项目带来经济损失的程度，具体包括概率分析、风险决策分析。

对于本案例中的项目，我们应该思考以下几个问题。

(1) 针对项目背景，当本项目采用敏感性分析时，采用哪种分析方法比较合理呢？是单因素分析法还是多因素分析法？

(2) 确定分析方法之后，根据收益、费用和时间等方面综合选定需要分析的不确定性因素，分析每个不确定性因素的变化程度和其对评价指标的影响。

(3) 对确定的敏感性因素进行排序，明确哪些因素影响较大、哪些因素影响较小，以及这些敏感性因素在哪个范围内变化，投资者是可以接受的。

任务一 不确定性分析的基本知识

一、不确定性分析的概念

技术方案经济效果评价所使用的计算参数，诸如投资、产量、价格、成本、利率、汇率、收益、建设期限、经济寿命等，总是不可避免地带有一定程度的不确定性。不确定性的直接后果是使技术方案经济效果的实际值与评价值相偏离，从而给决策者带来风险。为了有效地减少不确定性因素对技术方案经济效果的影响，提高技术方案的风险防范能力，进而提高技术方案决策的科学性和可靠性，除对技术方案进行确定性分析以外，还很有必要对技术方案进行不确定性分析。应根据拟实施技术方案的具体情况，分析各种内外部条件发生变化或者测算数据误差对技术方案经济效果的影响程度，以估计技术方案可能承担的不确定性风险及其承受能力，确定技术方案在经济上的可靠性，并采取相应的对策，力争把风险降低到最低限度。这种对影响方案经济效果的不确定性因素所做的分析称为不确定性分析。

二、不确定性因素产生的原因

产生不确定性因素的原因很多，一般情况下，主要有以下几点。

(一) 所依据的基本数据不足或者统计偏差

这是指由原始统计上的误差、统计样本的不足、公式或模型的套用不合理等所造成的误差。比如，技术方案建设投资和流动资金是技术方案经济效果评价中重要的基础数据，但在实践中，往往会由于各种原因而高估或低估了它的数额，从而影响技术方案经济效果评价的结果。

(二) 预测方法的局限，预测的假设不准确

由于时间的推移，在很多情况下，原来的方法已经落后了，但我们仍然采用原来的方法来计算和统计，这将产生一定的偏差。此外，如果最初提出的假设是错误的，也将导致预测结果与预测目标相背离。

(三) 未来经济形势的变化

由于通货膨胀的存在，会产生物价波动，从而会影响技术方案经济效果评价中所用

的价格，进而导致年营业收入、年经营成本等数据与实际发生偏差。同样，由于市场供求结构的变化，会影响到产品的市场供求状况，进而对某些指标产生影响。

(四) 技术进步

技术进步会促进产品和工艺的更新换代，这样根据原有技术条件和生产水平估计出的年营业收入、年经营成本等指标就会与实际值发生偏差。

(五) 无法以定量来表示的定性因素的影响

有些因素发生变化的概率无法用确定的数值来表示，如气候、环境等定性因素，这将导致一定的不确定性。

(六) 其他外部影响因素

其他外部影响因素有政府政策的变化，新的法律、法规的颁布，国际政治经济形势的变化等，均会对技术方案的经济效果产生一定甚至难以预料的影响。

在评价中，如果我们想全面分析这些因素的变化对技术方案经济效果的影响是十分困难的，因此在实际工作中，我们往往要着重分析和把握那些对技术方案影响较大的关键因素，以期取得更好的效果。

三、不确定性分析的方法

不确定性分析的方法主要包括盈亏平衡分析和敏感性分析。

(一) 盈亏平衡分析

盈亏平衡分析也称量本利分析，就是将技术方案投产后的产销量作为不确定性因素，计算技术方案的盈亏平衡点的产销量，据此分析判断不确定性因素对技术方案经济效果的影响程度，说明技术方案实施的风险大小及技术方案承担风险的能力，为决策提供科学依据。根据生产成本及销售收入与产销量之间是否呈线性关系，盈亏平衡分析又可进一步分为线性盈亏平衡分析和非线性盈亏平衡分析，通常情况下只要求做线性盈亏平衡分析。

(二) 敏感性分析

敏感性分析主要分析各种不确定性因素发生增减变化时，对技术方案经济效果评价指标的影响，并计算敏感度系数和临界点，找出敏感因素。

在具体应用时，要综合考虑技术方案的类型、特点、决策者的要求，相应的人力、财力,以及技术方案对经济的影响程度等,据此来选择具体的分析方法。

任务二 盈亏平衡分析

盈亏平衡分析又称量本利分析,是在一定的市场、生产能力及经营管理条件下,通过对产品产量、成本、利润相互关系的分析,判断项目对市场需求变化适应能力的一种不确定性分析方法。盈亏平衡分析的目的是找出盈亏平衡点,盈亏平衡点可以是产量、生产能力利用率、销售额和销售单价等。盈亏平衡分析的方法包括线性、非线性和互斥方案的盈亏平衡分析,本任务的学习要点是线性盈亏平衡分析。

一、基本的损益方程式

根据成本总额对产出品数量的依存关系,全部成本可分解成固定成本和变动成本两部分。在一定期间将成本分解成固定成本和变动成本两部分后,再考虑收入和利润,成本、产量和利润的关系就可通过一个数学模型来体现,也称为量本利模型,其表达式为

$$利润=销售收入-总成本-销售税金 \tag{4-1}$$

假设产量等于销售量,并且项目的销售收入与总成本均是产量的线性函数,则在式(4-1)中

$$销售收入=单位售价 \times 销量 \tag{4-2}$$

$$总成本=变动成本+固定成本=单位变动成本 \times 产量+固定成本 \tag{4-3}$$

$$销售税金=单位产品销售税金及附加 \times 销售量 \tag{4-4}$$

将式(4-2)、式(4-3)和式(4-4)代入式(4-1)中,则利润的表达式为

$$B = pQ - C_V Q - C_F - tQ \tag{4-5}$$

式中:B——利润;

p——单位产品售价;

Q——销售量或生产量;

t——单位产品销售税金及附加;

C_V——单位产品变动成本;

C_F——固定成本。

式(4-5)明确表达了产销量、成本、利润之间的数量关系,是基本的损益方程式。它含有相互联系的6个变量,给定其中5个,便可求出另一个变量的值。

由于单位产品的销售税金及附加是随产品的销售单价变化而变化的,为了便于分析,将销售收入与销售税金及附加合并考虑,即可将产销量、成本、利润的关系反映在

直角坐标系中，成为基本的量本利图，如图4-1所示。

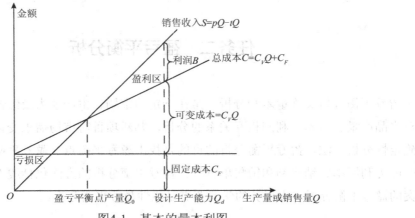

图4-1 基本的量本利图

由图4-1可知，销售收入线与总成本线的交点是盈亏平衡点，表明项目在此产销量下，总收入扣除销售税金及附加后与总成本相等，既没有利润，也不发生亏损。在此基础上，增加销售量，销售收入超过总成本，收入线与成本线之间的距离为利润值，形成盈利区；反之，形成亏损区。

二、线性盈亏平衡分析

(一) 线性盈亏平衡分析的前提条件

线性盈亏平衡分析的前提条件包括：①生产量等于销售量；②生产量变化，单位可变成本不变，从而使总生产成本成为生产量的线性函数；③生产量变化，销售单价不变，从而使销售收入成为销售量的线性函数；④只生产单一产品，或者生产多种产品，但可以换算为单一产品。

(二) 盈亏平衡点的表达形式

项目盈亏平衡点(BEP)的表达形式有多种，可以用实物产销量、年销售额、单位产品售价、单位产品的可变成本以及年固定总成本的绝对量表示，也可以用某些相对值表示，例如生产能力利用率。其中，以产量和生产能力利用率表示的盈亏平衡点应用较为广泛。

1. 用产量表示的盈亏平衡点BEP(Q)

由式(4-5)可知，令基本损益方程式中的利润$B=0$，此时的产量Q_0即为盈亏临界点产销量，即

$$\text{BEP}(Q) = \frac{\text{年固定总成本}}{\text{单位产品销售价格} - \text{单位产品可变成本} - \text{单位产品销售税金及附加}} \quad (4\text{-}6)$$

2. 用生产能力利用率表示的盈亏平衡点BEP(%)

生产能力利用率表示的盈亏平衡点，是指盈亏平衡点产销量占项目正常产量的比重。所谓正常产量，是指达到设计生产能力的产销数量，也可以用销售金额来表示。生产能力利用率的计算公式为

$$\text{BEP}(\%) = \frac{\text{盈亏平衡点销售量}}{\text{正常产销量}} \times 100\% \tag{4-7}$$

在进行项目评价时，生产能力利用率表示的盈亏平衡点常常根据正常年份的产品产销量、变动成本、固定成本、产品价格和销售税金及附加等数据来计算，即

$$\text{BEP}(\%) = \frac{\text{年固定总成本}}{\text{年销售收入} - \text{年可变成本} - \text{年销售税金及附加}} \times 100\% \tag{4-8}$$

式(4-6)与式(4-8)之间的换算关系为

$$\text{BEP}(Q) = \text{BEP}(\%) \times \text{设计生产能力} \tag{4-9}$$

盈亏平衡点应按项目的正常年份计算，不能按计算期内的平均值计算。

3. 用年销售额表示的盈亏平衡点BEP(S)

生产单一产品的项目在现代经济中只占少数，大部分项目会产销多种产品。多品种项目可使用年销售额来表示盈亏临界点，表达式为

$$\text{BEP}(S) = \frac{\text{单位产品销售价格} \times \text{年总成本}}{\text{单位产品销售价格} - \text{单位产品可变成本} - \text{单位产品销售税金及附加}} \tag{4-10}$$

4. 用销售单价表示的盈亏平衡点BEP(P)

如果按设计生产能力进行生产和销售，BEP还可由盈亏平衡点价格BEP(P)来表达，即

$$\text{BEP}(P) = \frac{\text{年固定总成本}}{\text{设计生产能力}} + \text{单位产品可变成本} + \text{单位产品销售税金及附加} \tag{4-11}$$

【例4-1】 某项目设计生产能力为年产50万件产品，根据资料，估计单位产品价格为100元，单位产品可变成本为80元，固定成本为300万元，试用产量、生产能力利用率、销售额、单位产品价格分别表示项目的盈亏平衡点，已知该产品销售税金及附加的合并税率为5%。

解：

(1) 计算BEP(Q)，由式(4-6)计算得

$$\text{BFP}(Q) = \frac{300 \times 10\,000}{100 - 80 - 100 \times 5\%} = 200\,000\,(\text{件})$$

(2) 计算BEP(%)，由式(4-8)计算得

$$\text{BEP}(\%) = \frac{300}{(100 - 80 - 100 \times 5\%) \times 50} \times 100\% = 40\%$$

(3) 计算BEP(S)，由式(4-10)计算得

$$\text{BEP}(S) = \frac{100 \times 300}{100 - 80 - 100 \times 5\%} = 2000\,(\text{万元})$$

(4) 计算BEP(P)，由式(4-11)计算得

$$\mathrm{BEP}(P) = \frac{300}{50} + 80 + \mathrm{BEP}(P) \times 5\% = 86 + \mathrm{BEP}(P) \times 5\%$$

$$\mathrm{BEP}(P) = \frac{86}{1-5\%} = 90.53\,(元)$$

盈亏平衡点反映了项目对市场变化的适应能力和抗风险能力。由图4-1可以看出，盈亏平衡点越低，达到此点的盈亏平衡产量和收益或成本也就越少，项目投产后盈利的可能性越大，适应市场变化的能力越强，抗风险能力也越强。

线性盈亏平衡分析方法简单明了，但在应用中有一定的局限性，主要表现为：在实际的生产经营过程中，收益和支出与产品产销量之间的关系往往呈现一种非线性的关系，而非假设的线性关系。例如，当项目的产销量在市场中占有较大份额时，其产销量的高低可能会明显影响市场的供求关系，从而使市场价格发生变化。再如，根据报酬递减规律，变动成本随着生产规模的扩大而可能与产量呈非线性关系，在生产中还有一些辅助性的生产费用(通常称为半变动成本)随着产量的变化而呈曲线分布，这时就需要用到非线性盈亏平衡分析方法。

三、非线性盈亏平衡分析

有些项目总成本并不是随产品产量呈线性变化，产品的销售收入也可能会受市场的影响不呈线性变化，在这种情况下，项目的盈亏平衡分析称为非线性盈亏平衡分析，如图4-2所示。在图4-2(a)中，只有成本函数为非线性；在图4-2(b)中，成本函数和收入函数都为非线性。由图4-2可知：①一般存在两个盈亏平衡点x_1和x_2，当$x_1<x<x_2$时盈利，当$x=x_1$或$x=x_2$时盈亏平衡，当$x<x_1$或$x>x_2$时发生亏损；②存在一个盈利最大的产量，即图4-2中的x_3，x_3一般借助于数学中的极值原理求解；③x_1越小，盈利区越大，则工程项目抗风险能力越强。

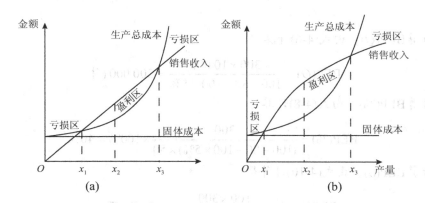

图4-2 非线性盈亏平衡分析图

【例4-2】 已知某投资方案预计年销售收入 $R=500x-0.02x^2$ 元, 年总成本 $C=300\,000+200x-0.01x^2$ 元, 式中 x 为生产规模, 试解答以下几个问题。

(1) 为保证盈利, 生产规模应在什么范围?

(2) 生产规模为多大时, 盈利最多?

(3) 最高利润为多少?

解:

(1) 计算盈亏平衡点, 利润函数为 $E=(500x-0.02x^2)-(300\,000+200x-0.01x^2)$

$$E=-0.01x^2+300x-300\,000$$

令 $E=0$, $x_1=1036$(件), $x_2=28\,964$(件)。

(2) 计算最优生产规模与最大利润, 则有

$$\frac{dE}{dx}=-0.02x+300$$

令 $\frac{dF}{dx}=0$, 得

$$-0.02x+300=0$$

$$x=15\,000(\text{件})$$

此时, 利润为

$$E=-0.01\times15\,000^2+300\times15\,000-300\,000=1\,950\,000(\text{元})$$

可见, 为保证盈利, 年生产规模宜在1036件和28 964件之间。生产规模为15 000件/年时, 盈利最多, 最高利润为195万元。

四、互斥方案的盈亏平衡分析

在需要对若干个互斥方案进行比选的情况下, 如果有某一个共有的不确定性因素影响这些方案的取舍, 可以先求出两方案的盈亏平衡点, 再根据盈亏平衡点进行方案取舍。

【例4-3】 某产品有两种生产方案, 方案A初始投资为70万元, 预期年净现金流量15万元; 方案B初始投资170万元, 预期年净现金流量35万元。该项目产品的市场寿命具有较大的不确定性, 如果给定基准收益率为15%, 不考虑期末资产残值, 试就项目寿命期分析两方案的临界点。

解: 设项目寿命期为

$NPV_A=-70+15\times(P/A,15\%,n)$

$NPV_B=-170+35\times(P/A,15\%,n)$

当 $NPV_A=NPV_B$ 时, $-70+15\times(P/A,15\%,n)=-170+35\times(P/A,15\%,n)\times(P/A,15\%,n)$

查复利系数表, 得两方案寿命期的临界点 $n\approx10$年, 如图5-3所示。

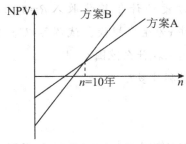

图4-3 盈亏平衡分析图

10年是以项目寿命期为共有变量时方案A与方案B的盈亏平衡点。由于方案B年净现金流量较大，项目寿命期延长对方案B有利。故可知：如果根据市场预测，项目寿命期短于10年，应采用方案A；如果寿命期在10年以上，则应采用方案B；当项目实际寿命期为10年时，A方案与B方案无差异。

【例4-4】拟建某工程项目，有三种技术方案可供采纳，每一种方案的产品成本见表4-2，试比较三个方案。

解：设Q为预计产量，各方案的成本费用方程为

$$C=C_V Q+C_F$$
$$C_A=50Q+1500$$
$$C_B=20Q+4500$$
$$C_C=10Q+16\,500$$

表4-2 成本数据表

方案 项目	A	B	C
产品可变成本/元/件	50	20	10
产品固定成本/元	1500	4500	16 500

令$C_A=C_B$ 求得$Q_{AB}=100$(件)

令$C_B=C_C$ 求得$Q_{BC}=1200$(件)

令$C_A=C_C$ 求得$Q_{AC}=375$(件)

令横轴表示产量，纵轴表示成本，绘出盈亏平衡图，如图4-4所示。

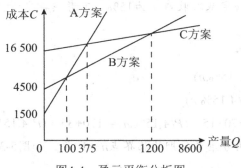

图4-4 盈亏平衡分析图

从图4-4中可以看出，当产量小于100件时，A方案为优；当产量为100～1200件时，B方案为优；当产量大于1200件时，C方案为优。具体决策时，可结合市场预测结果及投资条件进行方案取舍。

盈亏平衡分析虽然能够度量项目风险的大小，但并不能揭示产生项目风险的根源。虽然通过降低盈亏平衡点就可以降低项目风险，提高项目的安全性，且通过降低成本可以降低盈亏平衡点，但如何降低成本，应该采取哪些可行的方法或通过哪些有效的途径来达到该目的，盈亏平衡分析并没有给出答案，还需采用其他方法。因此，在应用盈亏平衡分析时，应注意使用的场合及欲达到的目的，以便正确地运用这种方法。

任务三　敏感性分析

敏感性分析是不确定性分析的另一种分析方法，是指在技术方案确定性分析的基础上，通过进一步分析、预测技术方案主要不确定性因素的变化对技术方案经济效果评价指标(如财务内部收益率、财务净现值等)的影响，从中找出敏感因素，确定评价指标对该因素的敏感程度和技术方案对其变化的承受能力。敏感性分析有单因素敏感性分析和多因素敏感性分析两种。

一、单因素敏感性分析

单因素敏感性分析是对单一不确定性因素变化对技术方案经济效果的影响进行分析，即假设各个不确定性因素之间相互独立，每次只考察一个因素变动，其他因素保持不变，以分析这个可变因素对经济效果评价指标的影响程度和敏感程度。为了找出关键的敏感性因素，通常只进行单因素敏感性分析。单因素敏感性分析一般按以下步骤进行。

(一) 确定分析指标

技术方案评价的各种经济效果指标，如财务净现值、财务内部收益率、静态投资回收期等，都可以作为敏感性分析的指标。

分析指标的确定与分析的目标和任务有关，一般根据技术方案的特点、实际需求情况和指标的重要程度来选择。

如果主要分析技术方案状态和参数变化对技术方案投资回收快慢的影响，可选用静态投资回收期作为分析指标；如果主要分析产品价格波动对技术方案超额净收益的影响，可选用财务净现值作为分析指标；如果主要分析投资多少对技术方案资金回收能力的影响，则可选用财务内部收益率指标等。

由于敏感性分析是在确定性经济效果分析的基础上进行的,一般而言,敏感性分析的指标应与确定性经济效果评价指标一致,不应超出确定性经济效果评价指标范围而另立新的分析指标。当确定性经济效果评价指标比较多时,敏感性分析可以围绕其中一个最重要或若干个较为重要的指标进行。

(二)选择需要分析的不确定性因素

影响技术方案经济效果评价指标的不确定性因素很多,但事实上,没有必要对所有的不确定性因素进行敏感性分析,而只需选择一些主要的影响因素。在选择需要分析的不确定性因素时,主要考虑以下两项原则:第一,预计这些因素在其可能变动的范围内对经济效果评价指标的影响较大;第二,对在确定性经济效果分析中采用该因素的数据的准确性把握不大。

选择不确定性因素时,应当把这两项原则结合起来。对于一般技术方案来说,通常从以下几方面选择敏感性分析中的影响因素。

1. 收益

从收益方面来看,影响因素主要包括产销量与销售价格、汇率。许多产品的生产和销售受国内外市场供求关系变化的影响较大,市场供求难以预测,价格波动也较大,而这种变化不是技术方案本身所能控制的,因此产销量与销售价格、汇率是主要的不确定性因素。

2. 费用

从费用方面来看,影响因素包括成本(特别是与人工、原材料、燃料、动力及技术水平有关的变动成本)、建设投资、流动资金占用、折现率、汇率等。

3. 时间

从时间方面来看,影响因素包括技术方案建设期、生产期。生产期又可考虑投产期和正常生产期。

此外,选择的因素要与选定的分析指标相联系。否则,当不确定性因素产生一定幅度的变化时,并不能反映评价指标的相应变化,达不到敏感性分析的目的。比如,折现率因素对静态评价指标不起作用。

(三)分析每个不确定性因素的波动程度及其对分析指标可能带来的增减变化情况

首先,对所选定的不确定性因素,应根据实际情况设定这些因素的变动幅度,其他因素固定不变。因素的变动可以按照一定的变化幅度(如±5%、±10%、±15%、±20%等,对于建设工期可采用延长或压缩一段时间来表示)改变它的数值。

其次,计算不确定性因素每次变动对技术方案经济效果评价指标的影响。

对每一个因素的每一次变动，均重复以上计算步骤，然后把因素变动及相应指标变动结果用敏感性分析表(见表4-2)和敏感性分析图(见图4-5)的形式表示出来，以便于测定敏感性因素。

(四) 确定敏感性因素

敏感性分析的目的在于寻求敏感性因素，这可以通过计算敏感度系数和临界点来判断。

1. 敏感度系数(S_{AF})

敏感度系数表示技术方案经济效果评价指标对不确定性因素的敏感程度，计算公式为

$$S_{AF} = \frac{\Delta A/A}{\Delta F/F} \tag{4-12}$$

式中：S_{AF}——敏感度系数；

$\Delta F/F$——不确定性因素F的变化率(%)；

$\Delta A/A$——不确定性因素F发生ΔF变化时，评价指标A的相应变化率(%)。

通过计算敏感度系数判别敏感性因素的方法是一种相对测定法，即根据不同因素的相对变化对技术方案经济效果评价指标影响的大小，可以得到各个因素的敏感性程度排序。

$S_{AF}>0$，表示评价指标与不确定性因素同方向变化；$S_{AF}<0$，表示评价指标与不确定性因素反方向变化。

S_{AF}越大，表明评价指标A对于不确定性因素F越敏感；反之，则不敏感。据此可以找出哪些因素是关键因素。

敏感系数提供了各个不确定性因素变动率与评价指标变动率之间的比例，但不能直接显示变化后评价指标的值。为了弥补这种不足，有时需要编制敏感性分析表，列示各因素变动率及相应的评价指标值，如表4-3所示。

表4-3　单因素变化对×××评价指标的影响　　　　　　　　　　　万元

变化幅度	-20%	-10%	0	10%	20%	平均+1%	平均-1%
投资额							
产品价格							
经营成本							
……							

敏感性分析表的缺点是不能连续表示变量之间的关系，为此人们又设计了敏感性分析图，见图4-5。图中横轴代表各不确定性因素变动百分比，纵轴代表评价指标(以财务净现值为例)。根据原来的评价指标值和不确定性因素变动后的评价指标值，画出直线。这条直线反映不确定性因素不同变化水平时所对应的评价指标值。每一条直线的斜率反映技术方案经济效果评价指标对该不确定性因素的敏感程度，斜率越大，敏感度越高。一张图可以同时反映多个因素的敏感性分析结果。

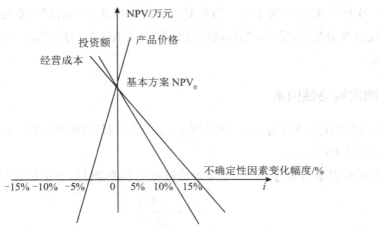

图4-5 单因素敏感性分析示意图

2. 临界点

临界点是指技术方案允许不确定性因素向不利方向变化的极限值(见图4-6)。超过极限,技术方案的经济效果指标将不可行。例如,当产品价格下降到某一值时,财务内部收益率将刚好等于基准收益率,此点称为产品价格下降的临界点。可用临界点百分比或者临界值分别表示某一变量的变化达到一定的百分比或者一定数值时,技术方案的经济效果指标将从可行转变为不可行。临界点可用专用软件的财务函数计算,也可由敏感性分析图直接求得近似值。采用图解法时,每条直线与判断基准线的相交点所对应的横坐标上的不确定性因素变化率即为该因素的临界点。利用临界点判别敏感性因素的方法是一种绝对测定法,技术方案能否接受的判据是各经济效果评价指标能否达到临界值。如果某因素可能出现的变动幅度超过最大允许变动幅度,则表明该因素是技术方案的敏感性因素。把临界点与未来实际可能发生的变化幅度相比较,就可大致分析该技术方案的风险情况。在实践中,常常把敏感度系数和临界点两种方法结合起来确定敏感性因素。

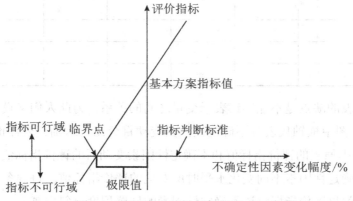

图4-6 单因素敏感性分析临界点示意图

(五) 选择方案

如果进行敏感性分析的目的是对不同的技术方案进行选择，一般应选择敏感程度低、承受风险能力强、可靠好性的技术方案。

需要说明的是，在技术方案分析中，单因素敏感性分析虽然是一种简便易行、具有实用价值的处理不确定性因素的方法，但它以假定其他因素不变为前提，这种假定条件在实际经济活动中是很难实现的，因为各种因素的变动都存在相关性，一个因素的变动往往会导致其他因素也随之变动。比如，产品价格的变化可能引起需求量的变化，从而引起市场销售量的变化。所以，在分析技术方案经济效果受多种因素同时变化的影响时，要采用多因素敏感性分析，使之更接近实际过程。多因素敏感性分析由于要考虑可能发生的各种因素不同变动情况的多种组合，因此计算起来要比单因素敏感性分析复杂得多。

综上所述，敏感性分析在一定程度上对不确定性因素的变动对技术方案经济效果的影响做了定量描述，有助于明确技术方案对不确定性因素的不利变动所能容许的风险程度，有助于鉴别什么是敏感因素，从而能够及早排除那些无足轻重的变动因素，把进一步深入调查研究的重点集中在那些敏感因素上，或者针对敏感因素制定出管理和应变对策，以达到尽量减少风险、增加决策可靠性的目的。但敏感性分析也有其局限性，它主要依靠分析人员凭借主观经验来判断，难免存在片面性。在技术方案的计算期内，各个不确定性因素相应发生变动幅度的概率不会相同，这意味着技术方案承受风险的大小不同。而敏感性分析在分析某一因素的变动时，并不能说明不确定性因素发生变动的可能性是大还是小。对于此类问题，还要借助于概率分析等方法。

【例4-5】某投资方案设计年生产能力为10万台，计划项目投产时总投资为1200万元，其中建设投资为1150万元，流动资金为50万元；预计产品价格为39元/台，销售税金及附加为销售收入的10%，年经营成本为140万元；方案寿命期为10年，到期时预计固定资产余值为30万元，基准折现率为10%。试就投资额、单位产品价格、经营成本这三个影响因素对该投资方案进行敏感性分析。

解：(1) 根据题意绘制的现金流量图如图4-7所示。

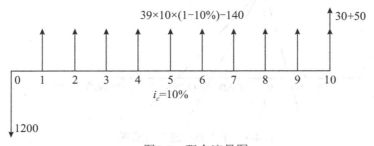

图4-7 现金流量图

(2) 选择净现值为敏感性分析对象，根据净现值计算公式，可计算出项目在初始条

件下的净现值为

$$NPV_0 = -1200 + [39 \times 10 \times (1-10\%) - 140] \times (P/A, 10\%, 10) + 80 \times (P/F, 10\%, 10) = 127.35(万元)$$

由于$NPV_0 > 0$,该项目是可行的。

(3) 对项目进行敏感性分析。取定投资额、产品价格和经营成本三个因素,然后令其逐一在初始值的基础上按±10%、±20%的幅度变动,分别计算相对应的净现值的变化情况,得出的结果见表4-4及图4-8。

由表4-4和图4-8可以看出,在各个变量因素变化率相同的情况下,产品价格每下降1%,净现值下降16.92%,且产品价格下降幅度超过5.91%时,净现值将由正变负,即项目由可行变为不可行;投资额每增加1%,净现值将下降9.414%,当投资额增加的幅度超过10.62%时,净现值由正变负,项目变为不可行;经营成本每上升1%,净现值下降6.749%,当经营成本上升幅度超过14.82%时,净现值由正变负,项目变为不可行。由此可见,按净现值对各个因素的敏感程度来排序,依次是产品价格、投资额、经营成本,最敏感的因素是产品价格。因此,从方案决策的角度来讲,应该对产品价格进行更准确的测算。因为从项目风险的角度来讲,如果未来产品价格发生变化的可能性较大,则意味着这一投资项目的风险性亦较大。

表4-4 单因素敏感性分析表 万元

变动幅度	-20%	-10%	0	+10%	+20%	平均+1%	平均-1%
投资额	367.475	247.475	127.35	7.475	-112.525	-9.414%	9.414%
产品价格	-303.904	-88.215	127.35	343.165	558.854	16.92%	-16.92%
经营成本	299.535	213.505	127.35	41.445	-44.585	-6.749%	6.749%

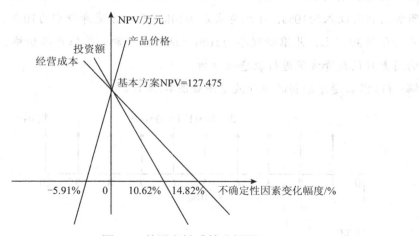

图4-8 单因素敏感性分析图

二、多因素敏感性分析

多因素敏感性分析是假设两个或两个以上互相独立的不确定性因素同时变化时，分析这些变化的因素对经济效果评价指标的影响程度和敏感程度。

在进行单因素敏感性分析的过程中，当计算某特定因素的变动对经济效果指标的影响时，需假定其他因素均不变。但实际上，许多因素的变动具有相关性，一个因素的变动往往也伴随其他因素的变动，所以单因素敏感性分析有其局限性。改进方法是进行多因素敏感性分析，即考察多个因素同时变动对方案经济效果的影响，以判断方案的风险情况。

多因素敏感性分析要考虑可能发生的各种因素不同变动幅度的多种组合，计算起来要比单因素敏感性分析复杂得多。如果需要分析的不确定性因素不超过3个，而且经济效果指标的计算比较简单，可以用解析法与作图法相结合的方法进行分析，下面举例说明。

【例4-6】有一个生产城市用小型电动汽车的投资方案，用于确定性经济分析的现金流量表如表4-5所示，所采用的数据是根据对未来可能出现的情况的预测估算的。由于对未来影响经济环境的某些因素把握不大，投资额、经营成本和产品价格均有可能在 ±20%的范围内变动。设基准折现率为10%，不考虑所得税，试就上述3个不确定性因素做多因素敏感性分析。

表4-5 小型电动汽车项目现金流量表　　　　　　　　　万元

计算期	0	1	2~10	11
投资	15 000			
销售收入			19 800	19 800
经营成本			15 200	15 200
期末资产产值				2000
净现金流量	-15 000	0	4600	4600+2000

解：设投资额为K，年销售收入为B，年经营成本为C，期末资产产值为L。用净现值指标评价本方案的经济效果，计算公式为

$$NPV = -K(1+x) + [B-C(1+y)] \times (P/A, 10\%, 10) \times (P/F, 10\%, 1) + L(P/F, 10\%, 11)$$

将表4-4中的数据代入公式，经过整理得

$$NPV = 11\,394 - 15\,000x - 84\,900y$$

取NPV的临界值，即令NPV=0，则有

$$11\,394 - 15\,000x - 84\,900y = 0$$

$$y = -0.1767x + 0.1342$$

这是一个直线方程，将其在坐标图上表示出来(见图4-9)，即为NPV=0的临界线。

在临界线上，NPV=0；在临界线左下方的区域，NPV>0；在临界线右上方的区域，NPV<0。也就是说，如果投资额与经营成本同时变动，只要变动范围不超出临界线左下方的区域(包括临界线上的点)，方案都是可以接受的。

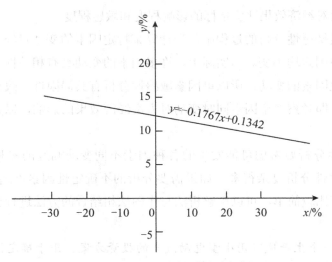

图4-9 双因素敏感性分析图

如果同时考虑投资额、经营成本和产品价格这3个因素的变动，分析其对净现值影响的计算公式为

$$NPV=-K(1+x)+[B(1+z)-C(1+y)]\times (P/A,10\%,10)\times (P/F,10\%,1)+L(P/F,10\%,11)$$

代入有关数据，经过整理得

$$NPV=11\ 394-15\ 000x-84\ 900y+110\ 593z$$

取不同的产品价格变动幅度代入上式，可以求出一组NPV=0的临界线方程

当$z=20\%$时，$y=-0.1767x+0.3947$

当$z=10\%$时，$y=-0.1767x+0.2645$

当$z=-10\%$时，$y=-0.1767x+0.0039$

当$z=-20\%$时，$y=-0.1767x-0.1263$

在坐标图上，这是一组平行线(见图4-10)。由图4-10可以看出，产品价格上升，临界线往右上方移动；产品价格下降，临界线往左下方移动。根据三因素敏感性分析图，我们可以直观地了解投资额、经营成本和产品价格这3个因素同时变动对决策的影响。在本例中，如果产品价格下降20%，同时投资额下降20%，经营成本下降10%，则投资额与经营成本变动的状态点A位于临界线$z=-20\%$的左下方，方案仍具有令人满意的经济效果。而如果产品价格下降10%，同时投资额上升5%，经营成本上升10%，则投资额与经营成本变动的状态点B位于临界线$z=-10\%$的右上方，方案就变得不可接受了。

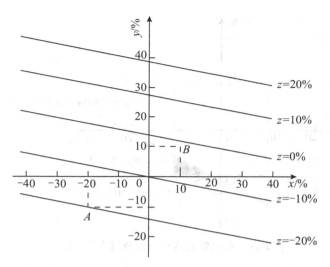

图4-10 三因素敏感性分析图

通过敏感性分析图，不仅可以了解各敏感因素变动时对决策的影响，有时还可以用来估计项目亏损的概率大小。同时，分析指标不仅限于NPV，也可用其他指标，如NAV等。

【例4-7】某项目基本数据如表4-6所示。

表4-6 某项目基本数据

项目参数	预测值	项目参数	预测值
期初投资	10 000元	年收入	5000元
计算期	5年	年支出	2000元
残值	2000元	i_e	8%

决策者认为，参数中不确定性因素为投资、年收入，变化范围为±10%。试对指标NAV关于投资、年收入做双因素敏感性分析。

解：设x，y分别表示投资、年收入的变化百分比，则

$$NAV = -10\,000 \times (1+x) \times (A/P, 8\%, 5) + 5000 \times (1+y) - 2200 + 2000 \times (A/F, 8\%, 5)$$

$$= -10\,000 \times (1+x) \times 0.2505 + 5000 \times (1+y) - 2200 + 2000 \times 0.1705$$

$$= 636 - 2505x + 5000y$$

方案可行时，则有

$$636 - 2505x + 5000y \geq 0$$

临界线为

$$636 - 2505x + 5000y = 0$$

以x，y为两坐标轴，做双因素敏感性分析，如图4-11所示。

在图4-11中，虚线方框内部为不确定性因素的变化范围，直线$636-2505x+5000y=0$，将其分成两部分，左上部分为NAV>0(即项目可行)，右下部分为NAV<0(即项目不可行)。

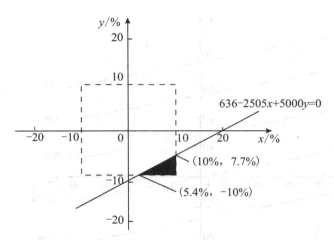

图4-11 双因素敏感性分析及概率估计图

敏感性分析在一定程度上对各种不确定性因素的变动对方案经济效果的影响做了定量描述,这有助于决策者了解方案的风险情况,有助于确定在决策过程中及方案实施过程中需要重点研究与控制的因素。但是,敏感性分析没有考虑各种不确定性因素在未来发生变动的概率,这可能会影响分析结论的准确性。实际上,各种不确定性因素在未来发生某一幅度变动的概率一般是有所不同的。可能有这样的情况,通过敏感性分析找出的某一敏感因素未来发生不利变动的概率很小,因而实际上所带来的风险并不大,以至于可以忽略不计;而另一个不太敏感的因素未来发生不利变动的概率却很大,实际上所带来的风险也更大。这种问题是敏感性分析无法解决的,必须借助于概率分析方法。

任务四 风险分析

风险问题有别于前面提到的不确定性的概念。风险实际上是可测定的不确定性(可确定其发生的概率),而"不可测定的不确定性"才是真正意义上的不确定性,也叫完全不确定性。

风险分析指的是人们利用系统的、规范的方法对风险进行辨识、估计和评价的全过程。风险分析的目的是帮助人们做出风险最小的决策,同时注意控制项目执行过程中的风险,它包括风险辨识、风险估计、风险评价3个部分。因为只有在对风险的类型及产生的原因有了正确认识的基础上,才能对风险的大小做出较为准确的估计。同样,只有在对风险有了正确认识和估计的基础上,才能有针对性地提出处理风险的具体措施。风险分析的内容如图4-12所示。

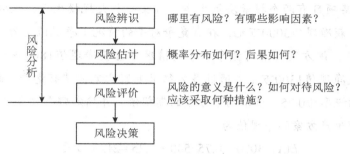

图4-12 风险分析的内容

风险辨识不仅仅是一个经济问题,还涉及多种复杂因素,本书暂不讨论。这里仅讨论风险估计和风险决策问题,即概率分析和风险决策分析。

一、概率分析

概率分析是指通过研究各种不确定性因素发生不同幅度变动的概率分布及其对方案经济效果的影响,对方案的净现金流量及经济效果指标做出某种概率描述,从而对方案的风险情况做出比较准确的判断。大量的社会经济现象都具有概率性质,项目的种种不确定性因素的变动及其对项目经济效果的影响具有概率性。在这种情况下,无论是哪一种项目经济效果评价指标,都可将其看成一个随机变量,而且这种随机变量实际是很多其他随机变量(如产品产量、产品价格、生产成本、投资等)的复杂函数。概率分析就是利用概率分布研究不确定性的方法,它通过研究不确定的概率分布,找出经济效果评价指标连续概率分布情况,以判断项目可能发生的损益或风险。

(一) 期望值和标准差

在不确定性因素的影响下,项目经济效果评价指标不是一个确定值,而是不确定性因素的某种概率描述。期望值和标准差是描述这种分布特征的重要参数。

1. 期望值

在大量重复事件中,期望值就是随机变量取值的平均值,也是最大可能取值,它最接近实际真值。

设 x 表示随机变量,$P(X)$ 表示该随机变量可能出现的概率,则期望值 $E(X)$ 可按下式计算

$$E(X) = \sum_{j=1}^{m} X_j P_j(X)$$

在概率分析中,$\sum_{j=i}^{m} P_j(X) = 1$。

【例4-8】 某项目有两个投资决策方案：方案一是大规模生产，该方案在没有竞争对手的情况下可获净现值3000万元，在有竞争对手的情况下净现值变为-500万元。方案二是小规模生产，该方案在没有竞争对手的情况下可获净现值1800万元，在有竞争对手的情况下可获净现值1300万元。通过多方征求专家意见，"有竞争"的概率为0.25，"没有竞争"的概率为0.75。试求两个方案的期望值，并确定哪个方案较好。

解： 大规模生产方案的净现值为

$$E(X)=3000 \times 0.75 - 500 \times 0.25 = 2125(万元)$$

小规模生产方案的净现值为

$$E(X)=1800 \times 0.75 + 1300 \times 0.25 = 1675(万元)$$

根据期望值最大准则，应该选择大规模生产方案。

表达不确定性的一种简单方法是根据未来事件发生的各种可能，做出最乐观的、最可能的、最悲观的3种估计，再分别给予不同的权重，计算其期望值，根据期望值判断项目是否可行。对于3种估计范围的结果，会用相对权重分配给各种不同估计值，并且利用加权平均值求解算术期望值。一般予以3种估计值的权重如表4-7所示。

表4-7　3种估计的权重

3种估计	相对权重
最乐观值	1
最可能值	4
最悲观值	1

【例4-9】 某项目根据市场前景预测的不同，得出3种结果：①最乐观估计，该项目内部收益率为28%；②最可能估计，该项目内部收益率为18%；③最悲观估计，该项目内部收益率为11%。试求该项目的内部收益率期望值。

解： 该项目的内部收益率期望值为

$$E(X) = \frac{\Sigma Xf}{\Sigma f} = \frac{28\% \times 1 + 18\% \times 4 + 11\% \times 1}{6} = 18.5\%$$

应该指出，当某种情况(事件)多次重复发生时，在分析长期结果时，确定期望值是有意义的。对于像建设项目投资之类的经济行为，大多只发生一次，此时期望值的作用就不大了，而应配合其他指标。

2. 标准差

标准差用于表示随机变量的离散程度，即表示随机变量和真值之间的偏离程度，计算公式为

$$\sigma = \sqrt{\sum_{j=1}^{m}(X_j - \overline{X})^2 P_j(X)}$$

式中：$\overline{X}$——随机变量的平均数。

(二)期望值与标准差之间的权衡问题

1.期望值相同的情况分析

若两个方案期望值相等，则标准差大的方案，风险也大。由于人们对风险总是持回避态度，因此，标准差大的方案是不利方案。

2.期望值不相同的情况分析

期望值不相同时，可能有下列几种情况(甲、乙两方案比较)。

(1) 方案甲期望值$E(X)$大，标准差小，则方案甲有利。

(2) 方案甲期望值$E(X)$小，标准差大，则方案乙有利。

(3) 方案甲期望值$E(X)$大、标准差大，或方案乙期望值$E(X)$小、标准差小，则两方案取舍比较困难。胆小、不想承担风险的决策者常常挑选方案乙，这样一来风险是小了，但同时也失去了获得较高经济效益的机会。

如果认为项目的期望值服从正态分布，则项目期望值的置信区间为$E(X)=\pm t\sigma$。其中，t为概率度，可根据正态分布表的概率F(又称置信度)查表求得。例如，如果置信度为95%，则$t=1.96$。

【例4-10】 某项目有两个方案可供选择。方案甲净现值为4000万元，标准差为600万元；方案乙净现值为2000万元，标准差为400万元。试以95%的置信度(即风险率不超过5%)选择项目。

解：方案甲的置信区间为$4000\pm1.96\times600$万元，即[2824万元，5176万元]，表示方案甲的净现值在2824万元与5167万元之间的可能性为95%。

方案乙的置信区间为$2000\pm1.96\times400$万元，即[1216万元，2784万元]，表示方案乙的净现值在1216万元与2784万元之间的可能性为95%。

通过置信区间比较，不难看出应该选择甲方案。

3.期望值代表性

反映期望值代表性大小的指标，可用标准差系数表示，公式为

$$V_\sigma = \frac{\sigma}{\overline{X}} \times 100\%$$

一般而言，标准差系数越小，则项目的风险越小。

二、风险决策分析

风险决策是人们生活和工作中广泛存在的一种活动，是为解决当前或未来可能发生的问题，选择最佳方案的一种过程。

(一) 对风险决策概念的理解

比如,某人早饭后一定要出门办事,由于当时是阴天,要考虑是否带雨具(天气预报也不是百分之百准确)。若不带雨具,可能因下雨而受损失;若带上雨具,却没有下雨,那么雨具就是个累赘(也算是一种损失)。到底带不带雨具?"要出门办事"这个特定的条件迫使他做出决策。

又如,一家企业对某种新产品的市场需求情况不十分清楚,即可能有好、中、差3种情况,情况好就能获利,中等情况就不赔不赚,如果情况差就要亏本。到底是否投产,需要企业有关人员做出决策。所以小至个人生活、企业经营管理,大至国家的经济、政治等大政方针,随时都需要决策。

对于工程的设计与施工、工厂新产品的开发与生产批量的确定等问题,我们经常要面对几种不同的自然状态(或称客观条件),又有可能采取几种不同的方案。条件迫使人们针对各种不同的自然状态,在各种不同的方案中选定一个最优方案加以实施,这就提出了决策问题。

【例4-11】某厂欲确定下一个计划期内的产品生产批量,根据经验并通过市场调查和预测,已知出现产品销路好、一般、差3种情况的可能性(即概率)分别为0.3、0.5和0.2,采用大、中、小批量生产方案可能获得的效益价值也可以相应地计算出来,如表4-8所示。现要通过决策分析,确定合理批量,使企业获得最高效益。

表4-8 产品批量决策表　　　　　　　　　　万元

行动方案	不同产品销路状态及概率		
	θ_1(好)	θ_2(一般)	θ_3(差)
	$P(\theta_1)=0.3$	$P(\theta_2)=0.5$	$P(\theta_3)=0.2$
A_1(大批量生产)	20	12	8
A_2(中批量生产)	16	16	10
A_3(小批量生产)	12	12	12

这是3种选择方案的决策问题。在这个问题中,决策者面临的几种自然情况叫自然状态,又叫客观条件,简称状态(或条件)。例4-11中面临3种自然状态(即销路好θ_1、一般θ_2和差θ_3),这些状态是不以人们的意志为转移的,所以也称不可控因素,但在(θ_1,θ_2,θ_3)中必定会出现一种状态,而且也只可能出现一种状态。A_1(大批量生产)、A_2(中批量生产)、A_3(小批量生产)为行动方案(简称方案),也叫策略。这一部分是可控因素,最后要选择哪个方案由决策者决定。$P(\theta_1)$、$P(\theta_2)$、$P(\theta_3)$是各自然状态出现的概率。表中右下方的数字20、12、8、16、16、10、12、12、12叫益损值,因这些数字的含义不同,也有人叫受益值或风险值,它们构成的矩阵叫决策的损益矩阵或风险矩阵,表达式为

$$M = \begin{pmatrix} 20 & 12 & 8 \\ 16 & 16 & 10 \\ 12 & 12 & 12 \end{pmatrix}$$

在实践中,满足下列5个条件即构成风险决策问题。

(1) 存在决策人希望达到的目标(利益较大或损失较小)。

(2) 存在两个以上的行动方案可供决策人选择,最后只选定一个方案。

(3) 存在两个或两个以上的不以决策人的主观意志为转移的自然状态。

(4) 不同的行动方案在不同的自然状态下的相应益损值(利益或损失)可以计算出来。

(5) 在几种不同的自然状态中,未来究竟出现哪种自然状态,决策人不能肯定,但是各种自然状态出现的可能性(即概率),决策人可以预先估计或计算出来。

(二) 决策树分析

求解风险问题,较为常用的方法有最大可能法、期望值法、决策树法、矩阵法等,这里只介绍决策树分析法。

俗话说"三思而后行",意思是人们在做出决断和采取行动之前,要慎重考虑和权衡各种可能发生的情况,要看到未来发展的几个步骤,决策树分析法就是这一思想的具体化。这种决策方法的思路类似树枝形状,所以形象地称为"决策树"。

1. 决策树分析法的步骤

我们仍以例4-11为例,首先,根据损益表中的数据绘制决策树,如图4-13所示。

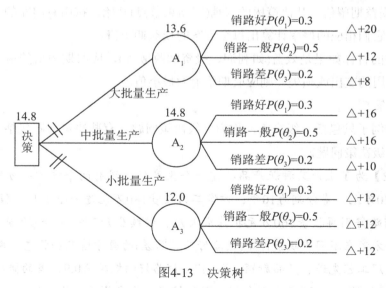

图4-13 决策树

图中符号说明:

☐——决策点。由它引出的分枝叫方案分枝,分枝数反映可能的行动方案数。

○——方案节点。它上方的数字表示该方案的效益期望值，由它引出的分支叫概率分支，每条分支的上面写明了自然状态及其出现的概率，分枝数反映可能的自然状态数。

△——结果节点(或称"末梢")。它旁边的数字是每一个方案在相应状态下的效益值。

其次，将各方案节点上的期望值加以比较，选取最大的效益期望值14.8，写在决策点的上方，说明选定了方案A_2，方案分枝中打有"≠"记号的表示该方案删除，或称剪枝方案。

在运用决策树方法进行决策时，需要掌握几个关键步骤。

(1) 画决策树。画决策树是指把根据某个决策问题未来发展情况的可能性和可能结果所做的预测或预计用树状图形反映出来。画决策树的过程，实质是拟订各种决策方案的过程，是对未来可能发生的各种事件进行周密思考、预测的过程，是对决策问题一步一步深入探索的过程。

(2) 预计可能事件发生的概率。概率数值的确定，可凭相关人员的估算或根据过去的历史资料推算，或用特定的预测方法计算。概率的准确性很重要，如果误差过大，就会给决策带来偏差，从而给企业带来损失。为了求得一个比较准确的概率，可能会支出相当的人力和物力，所以对概率的要求应根据实际情况而定，不能离开现实条件而要求越精确越好。为了便于决策，要把确定好的概率值标在树状图的相应位置上。

(3) 计算损益期望值。从决策树的末梢(即结果节点)开始，按由右向左的方向顺序，利用损益值和它们相应的概率计算出每个方案的损益期望值。

决策问题的目标如果是效益(如利润、投资回收额等)，应取期望值的最大值；如果决策目标是费用的支出或损失，则应取期望值的最小值。

2. 多级决策

前文中的例子只包括一级决策，称为单级决策问题。有些决策问题包括两级以上的决策，称为多级决策问题。

【例4-12】为了生产某种新产品拟建一个生产厂，现有两个方案：方案一为建大厂，需投资320万元，寿命期为10年；方案二为投资180万元建一个小厂，投入生产3年后，若产品销路好则再投资160万元扩建成大厂，继续生产7年，每年的损益值与建大厂相同。两个方案在不同市场条件下(销路好及销路差)的盈亏情况和状态概率如表4-9所示。由于扩建厂工艺先进、产品新颖，预测7年销路好的概率为0.9，差的概率为0.1。若设前3年产品不好销，则后7年也不会好，则不扩建。基准收益率为10%，试对该项目进行决策。

表4-9 项目的损益表 万元

方案	销售情况及概率	
	销售好，概率为0.7	销售差，概率为0.3
建大厂	100	-20
建小厂	40	10

解：根据题意绘制多级决策树，见图4-14。

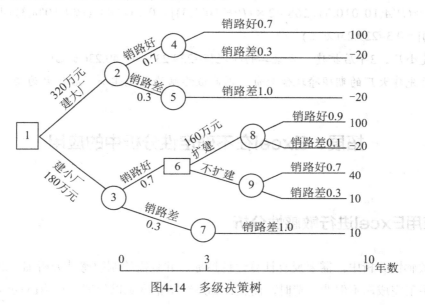

图4-14 多级决策树

方案一：建大厂。

节点④的现值(第3年年末)为

$$[100\times0.7+(-20)\times0.3]\times(P/A,10\%,7)=311.58(万元)$$

节点⑤的现值(第3年年末)为

$$-20\times1\times(P/A,10\%,7)=-97.37(万元)$$

节点②的现值为

$$[100\times(P/A,10\%,3)+311.58\times(P/F,10\%,3)]\times0.7+[(-97.37)\times(P/F,10\%,3)+(-20)\times(P/A,10\%,3)]\times0.3=301.08(万元)$$

建大厂的期望净现值为

$$301.08-320=-18.92(万元)$$

方案二：先建小厂再扩建。

节点⑧的现值(第3年年末)为

$$[100\times0.9+(-20)\times0.1]\times(P/A,10\%,7)=428.42(万元)$$

节点⑨的现值(第3年年末)为

$$[40\times0.7+10\times0.3]\times(P/A,10\%,7)=150.92(万元)$$

在决策点⑥比较扩建或不扩建方案，扩建方案要比不扩建方案现值(第3年年末)多117.5万元(428.42-160-150.92)，因此在⑥取扩建方案，净现值为268.42万元(428.42-160)。

节点⑦的现值(第3年年末)为

$$10 \times 1 \times (P/A,10\%,7)=48.68(万元)$$

由⑥与⑦可得节点③的现值为

$$[40 \times (P/A,10\ 010,3)+268.42 \times (P/F,10\%,3)] \times 0.7+[10 \times (P/A,10\%,3)+48.68 \times (P/F,10\%,3)] \times 0.3=229.23(万元)$$

先建小厂，3年后扩建，方案二的净现值=229.23-180=49.23(万元)。

由于先建大厂的期望净现值为负，因此最终结论是先建小厂后扩大为佳。

拓展：Excel在不确定性分析中的应用

一、应用Excel进行敏感性分析

在敏感性分析中，需要反复计算评价指标，并且需绘制敏感性分析图。这些工作如果采用手工完成，不但费工费时，而且计算及绘图精度难以保证。利用Excel可以大大提高计算及绘图效率，并且提高敏感性分析成果的质量。下面举例说明Excel在敏感性分析中的应用。

【例4-13】已知某项目的现金流量如表4-10所示，根据项目实际情况，收益和投资均可能在±20%的范围内变动，年运行费可不考虑变动。设基准折现率为8%，试进行敏感性分析。

表4-10 某项目现金流量

计算期/年	1	2	3	4	5	6	7	8	9	10	11	12	13	14	15	16
收益/万元		28	28	28	28	28	28	28	28	28	28	28	28	28	28	28
投资/万元	160															
年运行费/万元		5	5	5	5	5	5	5	5	5	5	5	5	5	5	5

解：启动Excel，在如图4-15所示的Excel窗口左侧列出该项目现金流量表，在其右侧建立敏感性分析计算表。下面以投资变化对评价指标的影响为例，说明利用Excel进行敏感性分析的主要操作步骤。

1. 敏感性分析计算

在单元格G4~G19中输入计算期，在单元格H3~Q3中输入投资变化率和收益变化率。

在单元格J4中输入“=B4-C4-D4”，H4、I4、K4、L4在J4的基础上分别变化-20%、-10%、20%、10%，即得第1年的净现金流量。

分别将单元格H4、I4、J4、K4、L4拖拽至H19、I19、J19、K19、L19，即得投资变化率为-20%、-10%、+10%、20%情况下的第2～16年净现金流量。

在单元格H20中输入“=IRR (H4:H19)”，然后向右拖拽至单元格L20，即得投资各种变化率情况下的内部收益率。

在单元格H21中输入“=(H20-J20)/J20/H3”，然后向右拖拽至单元格L21，删除单元格J21，即得投资变化对于内部收益率变化的敏感度系数。

在单元格H22中输入“=FORECAST(C21,H20:L20,H3:L3)”，即得内部收益率的变化临界点。

在单元格H23中输入“=NPV(C21,H4:H19)”，然后向右拖拽至单元格L23，即得各种变化率情况下的投资净现值。

在单元格H24中输入“=(H23-J23)/J23/H3”，然后向右拖拽至单元格L24，删除单元格J24，即得投资变化对于净现值变化的敏感度系数。

在单元格H25中输入“=FORECAST(C21,H23:L23,H3:L3)”，即得净现值的投资变化临界点。

同理，可完成收益变化对于评价指标的敏感性分析计算，计算结果如图4-15所示。

现金流量表

计算期	效益	投资	年费用
1		160.0	
2	28.0		5.0
3	28.0		5.0
4	28.0		5.0
5	28.0		5.0
6	28.0		5.0
7	28.0		5.0
8	28.0		5.0
9	28.0		5.0
10	28.0		5.0
11	28.0		5.0
12	28.0		5.0
13	28.0		5.0
14	28.0		5.0
15	28.0		5.0
16	28.0		5.0
基准折现率=		8%	

敏感性分析计算表

计算期		投资变化					效益变化				
		-20%	-10%	0	10%	20%	-20%	-10%	0	10%	20%
净现金流量表	1	-128.0	-144.0	-160.0	-176.0	-192.0	-160.0	-160.0	-160.0	-160.0	-160.0
	2	23.0	23.0	23.0	23.0	23.0	17.4	20.2	23.0	25.8	28.6
	3	23.0	23.0	23.0	23.0	23.0	17.4	20.2	23.0	25.8	28.6
	4	23.0	23.0	23.0	23.0	23.0	17.4	20.2	23.0	25.8	28.6
	5	23.0	23.0	23.0	23.0	23.0	17.4	20.2	23.0	25.8	28.6
	6	23.0	23.0	23.0	23.0	23.0	17.4	20.2	23.0	25.8	28.6
	7	23.0	23.0	23.0	23.0	23.0	17.4	20.2	23.0	25.8	28.6
	8	23.0	23.0	23.0	23.0	23.0	17.4	20.2	23.0	25.8	28.6
	9	23.0	23.0	23.0	23.0	23.0	17.4	20.2	23.0	25.8	28.6
	10	23.0	23.0	23.0	23.0	23.0	17.4	20.2	23.0	25.8	28.6
	11	23.0	23.0	23.0	23.0	23.0	17.4	20.2	23.0	25.8	28.6
	12	23.0	23.0	23.0	23.0	23.0	17.4	20.2	23.0	25.8	28.6
	13	23.0	23.0	23.0	23.0	23.0	17.4	20.2	23.0	25.8	28.6
	14	23.0	23.0	23.0	23.0	23.0	17.4	20.2	23.0	25.8	28.6
	15	23.0	23.0	23.0	23.0	23.0	17.4	20.2	23.0	25.8	28.6
	16	23.0	23.0	23.0	23.0	23.0	17.4	20.2	23.0	25.8	28.6
IRR		16.0%	13.6%	11.6%	9.9%	8.4%	6.8%	9.3%	11.6%	13.8%	15.9%
敏感度系数		-1.91	-1.73		-1.48	-1.38	2.05	1.99		1.90	1.86
临界点				0.1040					0.1331		
NPV		¥63.77	¥48.95	¥34.14	¥19.32	¥4.51	¥-10.25	¥11.95	¥34.14	¥56.33	¥78.52
敏感度系数		¥-4.34	¥-4.34		¥-4.34	¥-4.34	¥6.50	¥6.50		¥6.50	¥6.50
临界点				22.2852					51.8900		

图4-15　利用Excel进行敏感性分析

2. 绘制敏感性分析图

单击Excel窗口菜单栏，选择“插入”，在其下拉菜单中选择“图表”，在“图表类型”弹出窗口中选择“折线图”，然后单击“确定”。

在工具栏中选择“选择数据”，在弹出的“选择数据源”窗口中，选择“系列”，单击“添加”，然后将“系列1”名称改为“投资”。单击该窗口中“值(Y)”右边的选取按钮，然后选中“H20:L20”。单击“分类(X)轴标志(T)”右边的选取按钮，然后选中

"H3:L3"。

添加系列，将新增的"系列2"改名为"效益"。单击"值(Y)"右边的选取按钮，选中"M20:Q20"。

单击工具栏中的"布局"，在"坐标轴标题""图例""坐标轴""网络线"等窗口对表格进行设置，即完成投资及收益变化对于内部收益率指标的敏感性分析图，绘制结果见图4-16。

同理，可绘出投资及收益变化对于净现值指标的敏感性分析图。

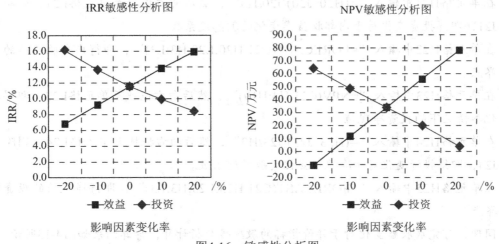

图4-16 敏感性分析图

二、应用Excel进行盈亏平衡分析

盈亏平衡分析计算工作量不大，但若要手工绘制盈亏平稳图，不容易绘得准确，采用Excel有利于提高绘图效率和绘图质量。

【例4-14】已知某项目设计产量为3万吨，固定成本为420万元，可变成本为310元/吨，预测销售价格为630元/吨，销售税率为8%。试对产量和价格进行盈亏平衡分析。

解：启动Excel，建立盈亏平衡分析工作表，在工作表第58～65行输入相关基础数据，如图4-17所示。

在单元格B64中输入产量盈亏平衡点计算公式"=B60/[F59×(1-F60)-B61]"，即得产量盈亏平衡点。在单元格B65中输入销售价格盈亏平衡点计算公式"=(B60+B61×B59)/[B59×(1-F60)]"，即得价格盈亏平衡点。

下面说明利用Excel绘制盈亏平衡图的流程。在上述"盈亏平衡分析工作表"中，建立"产量与成本、收入的关系表"和"销售价格与成本、收入的关系表"，如图4-18所示。

在单元格B69、C69、D69中分别输入产量0、3万吨、5万吨，其中3万吨是设计产量，5万吨是按经验确定的产量上限值。在单元格B70中输入"=B60+B61×B69"，然后拖拽至单元格D70。在单元格B71中输入"=F59×(1-F60)×B69"，然后拖拽至单元格D70。

	A	B	C	D	E	F	G
58	基础数据：						
59	产量=	3	万吨		预售价格=	630	元/t
60	固定成本=	420	万元		税率=	8%	
61	可变成本=	310	元/t				
62							
63	盈亏平衡点计算：						
64	产量=	1.56	万吨				
65	价格=	489.13	元/t				

图4-17 利用Excel计算盈亏平衡点

按相似的操作方法，完成"销售价格与成本、收入的关系表"。

在Excel主菜单栏选择"插入"，在其下拉菜单中选择"折线图"，然后单击"选择数据"。

在弹出的"选择数据源"窗口中，选择"系列"，单击"添加"，然后将"系列1"名称改为"产量与成本关系"，单击该窗口中"系列值"右边的图标，然后选中"B70:D70"。再单击"系列"，添加后将"系列2"名称改为"产量与收入关系"，单击该窗口中"系列值"右边的图标，然后选中"B71:D71"。单击"分类轴"下面的"编辑"，选择数据"B69:D69"。

单击工具栏中的"布局"，在"坐标轴标题""图例""坐标轴""网络线"等窗口对表格进行设置，即完成产量盈亏平衡分析图。

同理，可绘出价格盈亏平衡分析图，绘制结果见图4-18。

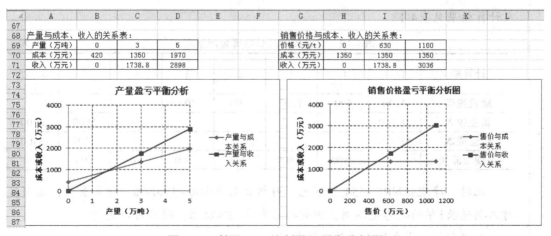

图4-18 利用Excel绘制盈亏平衡分析图

案例分析

背景材料如本项目引导案例中所述,具体分析如下所述。

按照12%的基准收益率计算,可得该煤化工企业建设项目的净现值NPV=823.00万元,内部收益率IRR=16.68%。从计算结果可以看出,该项目正常情况下的净现值为正值,且数值较大;内部收益率也高于投资者的期望收益率,具有较大的吸引力。

1. 进行建设投资增加的敏感性分析

假定该项目由于建筑材料涨价,导致建设投资上涨20%,原来3000万元的投资额增加为3600万元。在进行敏感性分析时,首先在基本情况表中对建设投资一栏加以调整,见表4-11。

表4-11 建设投资增加后现金流量表　　　　　　　　　　　万元

计算期	合计	0	1	2	3	4	5	6~15
建设投资	3600	600	1800	1200				
营业收入	72 100				100	4000	5000	6300
经营成本	61 970				70	3600	4300	5400
净现金流量		-600	-1800	-1200	30	400	700	900

根据表4-11,建设投资增加后的净现值NPV=352.20万元,内部收益率IRR=13.78%。在其他条件不变,建设投资上涨20%的情况下,该项目的效益虽然下降,但仍高于投资者的期望,项目仍可实施。

2. 进行项目建设周期延长的敏感性分析

假定在该项目施工过程中,由于天气原因,造成部分工程返工、停工,建设周期延长1年,并由此导致投资增加100万元,试生产和产品销售顺延1年,预测数据及计算结果见表4-12。

表4-12 建设周期延长后现金流量表　　　　　　　　　　　万元

计算期	合计	0	1	2	3	4	5	6~15
建设投资	3100	500	1400	900	300			
营业收入	68 100					100	5000	6300
经营成本	58 370					70	4300	5400
净现金流量		-500	-1400	-900	-300	30	700	900

此时,净现值NPV=554.23万元,内部收益率IRR=15.09%。计算表明,该项目对工期延长1年的敏感度不高,内部收益率在12%以上,项目可以进行。

3. 进行经营成本增加的敏感性分析

假定由于原材料和燃料调价,使该项目投产后经营成本上涨5%,其他条件不变,将表4-11中的经营成本提高5%,净现金流量和净现值相应调整后计算净现值和内部收益率,结果见表4-13。

表4-13 建设周期延长后现金流量表　　　　　　　　　　万元

计算期	合计	0	1	2	3	4	5	6～15
建设投资	3000	500	1500	1000				
营业收入	72 100				100	4000	5000	6300
经营成本	65 068.5				73.5	3780	4515	5670
净现金流量	4031.5	-500	-1500	-1000	26.5	220	485	630

此时,净现值NPV=-163.18万元,内部收益率IRR=10.95%。计算表明,经营成本上涨对项目效益影响较大,经营成本上涨5%,导致该项目净现值小于零,内部收益率低于基准收益率。所以,在经营成本提高5%的情况下,此方案不可行。计算数字清晰地警告投资者,该项目对经营成本这一因素非常敏感,必须采取有效措施降低经营成本,否则无法实现投资者的期望收益率,假如通过努力,仍不能控制经营成本提高的幅度,此项目不可行。

4. 进行价格下降的敏感性分析

在市场经济条件下,产品价格若呈上升趋势,当然对项目效益有利,但也不能排除价格下降的可能性。假定经过市场预测后得知,项目投产以后前2年按计划价格销售,第3年开始,由于市场需求减少,产品价格下降3%,才能薄利多销,保证生产的产品全部售出。在其他条件不变的情况下,销售收入也随之下降3%,基本情况见表4-14。

表4-14 建设周期延长后现金流量表　　　　　　　　　　万元

计算期	合计	0	1	2	3	4	5	6～15
建设投资	3000	500	1500	1000				
营业收入	72 100				100	4000	5000	6300
经营成本	0				0	0	0	0
净现金流量	69 100	-500	-1500	-1000	100	4000	5000	6300

据此计算出的净现值NPV=135.98万元,内部收益率IRR=12.84%,表明该项目对销售价格较为敏感。当销售价格下降3%时,虽然内部收益率下降了近4个百分点,但是净现值仍大于零,内部收益率仍高于基准收益率,若能保证产品销售价格不继续下降,该项目是可行的。

5. 综合分析

对该项目的敏感性分析进行汇总、对比分析,具体结果见表4-15。

表4-15 敏感性综合分析表

	敏感因素	净现值/万元	与基本情况差异/万元	内部收益率/%	与基本情况差异/%
1	基本情况	823.00	0	16.68	0
2	投资成本上涨20%	352.20	−470.80	13.78	−2.90
3	建设周期延长1年	554.23	−268.77	15.09	−1.59
4	经营成本增加5%	−163.18	−986.18	10.95	−5.73
5	销售价格下降3%	135.98	−687.02	12.84	−3.84

根据汇总表可以得知，该煤化工企业新建项目对分析的4类影响因素的敏感程度由高到低为：经营成本增加5%，销售价格下降3%，投资成本增加20%，建设周期延长1年。后3个因素发生时净现值仍为正值，仍能实现投资者期望收益率。当经营成本增加5%时，净现值降为负值，不能满足投资者需要，在财务评价和社会经济评价时，必须提出切实措施，以确保方案有较好的抗风险能力，否则应另行设计方案。

项目小结

对工程项目的经济效果所做的分析和评价，都是在项目方案实施前进行的，评价过程中使用的数据是对未来的预测和估计，这就难免受不确定性因素的影响，进而影响工程项目经济效果评价的准确性。因此，对工程项目进行不确定性分析是非常有必要的。

工程项目不确定性分析的目的是预测项目方案的风险性及项目方案实施后抵抗不确定性因素变化的抗风险能力，为决策者提供经济效果好、风险低的方案，或对未来可能发生的不利因素采取有效的控制措施。

盈亏平衡分析是在一定的市场条件下，研究工程项目方案的产量、成本和盈利之间的关系，确定方案的盈利与亏损在不确定性因素方面的界限，并分析和预测不确定性因素变化时对项目方案盈亏点的影响的分析方法。

敏感性分析是研究由不确定性因素的变动所导致的工程项目经济效果指标变动的一种分析方法。对项目方案进行敏感性分析，可以知道项目对哪些因素敏感，可以确定对项目经济效果指标的影响程度，从而采取有效的措施对敏感因素进行控制，降低工程项目风险。

项目四 不确定性分析及风险分析 123

1. (2004年)某生产性建设项目,其设计生产能力为6万件,年固定成本为5600万元,每件产品的销售价格为3600元,每件产品的可变成本为1600元,每件产品的销售税金及附加之和为180元,则该生产性建设项目的盈亏平衡产销量为( )万件。

A. 1.56　　　　　B. 1.64　　　　　C. 3.08　　　　　D. 3.20

2. (2004年)投资项目敏感性分析是通过分析来确定评价指标对主要不确定性因素的敏感程度和( )。

A. 项目的盈利能力　　　　　　B. 项目对其变化的承受能力
C. 项目风险的概率　　　　　　D. 项目的偿债能力

3. (2005年)敏感系数高,表示项目效益对该不确定性因素的影响( )。

A. 敏感程度低　　　　　　　　B. 敏感程度高
C. 不会有影响　　　　　　　　D. 敏感程度与之无关

4. (2005年)关于临界点的表述,不正确的是( )。

A. 临界点是指项目允许不确定性因素向不利方向变化的极限值

B. 超过极限,项目的效益指标将不可行

C. 如当产品价格下降到某一值时,财务内部收益率将刚好等于基准收益率,此点称为产品价格下降的临界点

D. 临界点可用临界点百分比或者临界值分别表示某一变量的变化达到一定的百分比或者一定数值时,项目的效益指标将从不可行转变为可行临界点

E. 通过计算临界点来进行敏感性分析

5. (2013年)某项目设计年产量为6万件,每件售价为1000元,单位产品可变成本为350元,单位产品营业税金及附加为150元,年固定成本为360万元,则用生产能力利用率表示的项目盈亏平衡点为( )。

A. 30%　　　　　B. 12%　　　　　C. 15%　　　　　D. 9%

6. (2013年)某项目采用净现值作为分析指标进行敏感性分析,有关资料见表4-16,则各因素的敏感程度由高到低的顺序是( )。

表4-16　某项目分析资料

变化幅度	-10%	0	10%
建设投资	623	564	505
营业收入	393	564	735
经营成本	612	564	516

A. 建设投资—营业收入—经营成本　　B. 营业收入—经营成本—建设投资

C. 经营成本—营业收入—建设投资　　D. 营业收入—建设投资—经营成本

7. (2014年)某技术方案经济评价指标对甲、乙、丙3个不确定性因素的敏感度系数分别为-0.1、0.05、0.09，据此可以得出的结论有(　　)。

A. 经济评价指标对甲因素最敏感　　B. 甲因素下降10%，方案达到盈亏平衡

C. 经济评价指标与丙因素反向变化　　D. 经济评价指标对乙因素最不敏感

E. 丙因素上升9%，方案由可行转为不可行

8. (2015年)关于敏感度系数SAF的说法，正确的是(　　)。

A. SAF>0表示评价指标A与不确定性因素F同方向变化

B. SAF越大，表示评价指标A对不确定性因素F越敏感

C. SAF表示不确定性因素F的变化额与评价指标A的变化额之间的比例

D. SAF可以直接显示不确定性因素F变化后评价指标A的值

9. (2016年)某技术方案的年设计生产能力为8万台，年固定成本为1万元，单位产品售价为50元，单位产品变动成本为售价的55%，单位产品销售税金及附加为售价的5%，则达到盈亏平衡点时的生产能力利用率为(　　)。

A. 62.52%　　　　B. 55.5%　　　　C. 60.00%　　　　D. 41.67%

10. (2016年)某技术方案进行单因素敏感性分析的结果是：产品售价下降10%时，内部收益率的变化率为55%；原材料价格上涨10%时，内部收益率的变化率为39%；建设投资上涨10%时，内部收益率的变化率为55%；人工工资上涨10%时，内部收益率的变化率为30%。根据上述数据，该技术方案的内部收益率对(　　)最敏感。

A. 人工工资　　　B. 产品售价　　　C. 原材料价格　　　D. 建设投资

项 目 五
工程项目的可行性研究

知识导图

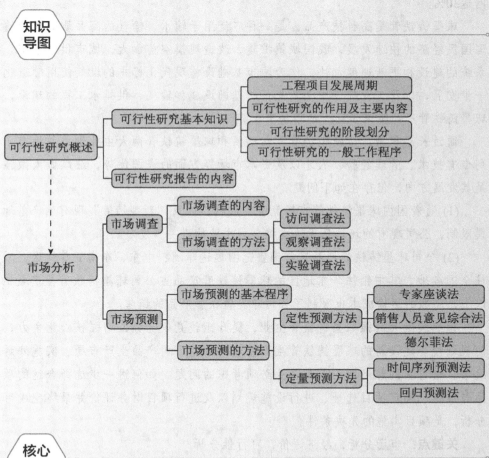

核心知识点

1. 可行性研究的工作程序和基本内容;
2. 项目的市场分析。

引 例　新型铸管股份有限公司新建球墨铸铁管项目投资可行性分析

新型铸管股份有限公司(以下简称"新型铸管")始建于1969年,该企业已由40多年前成立时的年产10万吨钢铁的生产规模发展到目前年产165万吨铁、110万吨钢、110万吨钢材、65万吨球墨铸铁管的综合规模,已成为国内生产能力最强、产品规格最全、配套能力最强的球墨铸铁管生产基地。球墨铸铁管生产规模、规格品种及管件配套能力、质量、市场份额在全国同行业中居首位,球墨铸铁管实际生产量、技术水平、产品质量处于世界同行业领先地位,产品国内市场占有率达40%,出口比例达30%。

球墨铸铁管是高科技产品,是一种广泛用于输水、输气的高品质管材。随着我国国民经济的快速发展,我国城镇扩建、改造规模空前加大,城市供水系统、排水系统的建设和更新速度加快,作为城市基础设施现代化标志的煤气使用管道化的进一步发展,以及工业建设中必须先行的基础设施如输气、供排水工程的建设,都给球墨铸铁管产品带来了巨大的市场需求。

通过长年积累,"新型铸管"在钢铁和球墨铸铁管两大主业形成并拥有了一系列专有技术、管理经验、人才以及资本市场等方面的资源优势,继续做大做强主业是其发展方向,但存在如下问题。

(1) 随着国内球墨铸铁管市场竞争的加剧,以及"新型铸管"现有生产基地的规模限制,公司现有的场地已无法支持公司主业的进一步发展。

(2) 公司球墨铸铁管产品目前销售范围远达非洲、中东、东南亚等地区,近处销往全国各地,其中销往华东地区的球墨铸铁管产品占公司球墨铸铁管生产量的50%以上,高额的运输成本也限制了公司球墨铸铁管产品的销售。

为继续做大做强球墨铸铁管主业,提升比较竞争优势,增强核心竞争力,应如何规划投资建设新的球墨铸铁管生产基地、调整公司产品生产布局、实施外延发展战略、培育新的经济增长点是企业必须考虑的问题。如何进一步选择合适的项目产品与规模、确定项目选址、进行设施规划以及进行项目财务评价并最终完成可行性分析,是项目实施的先决条件。

关键点:市场分析,经济评价,可行性分析

可行性研究,也称可行性分析。它是在拟建工程项目投资决策前,通过市场分析、技术分析、财务和国民经济评价,对有关建设方案、技术方案或生产经营方案进行技术经济论证的一种理论和方法。

工程项目可行性研究,就是对新建或改、扩建项目的一些主要问题,如市场需求、资源条件、建设条件、资金来源、设备选型、环境影响等因素,从技术和经济

两个方面进行详尽的调查研究、分析计算和方案比较，并对这个项目建成后可能取得的技术经济效果和社会影响进行预测，从而提出这个工程项目是否值得投资建设和怎样投资的意见，为投资决策提供可靠的依据。

实践表明，开展可行性研究工作，可以避免项目盲目上马所造成的巨大浪费和损失，提高固定资产的投资效益，使有限的资金创造出更好的经济效益和社会效益。

任务一　可行性研究概述

可行性研究是工程经济分析理论在工程项目前期的应用，它既是对工程项目前景进行科学预见的方法，又是项目设想细化和项目方案创造的过程。工程项目建设共分为投资前时期、投资时期、生产时期和后评估时期，在建设项目的发展周期中，投资前期工作具有决定性意义。而作为建设项目投资前期核心工作的可行性研究，一经批准，在整个项目周期中，就会发挥非常重要的作用。

一、可行性研究基本知识

(一) 工程项目建设发展周期

工程项目是以工程建设为载体的项目，是作为被管理对象的一次性工程建设任务。它以建筑物或构筑物为目标产出物，需要支付一定的费用，按照一定的程序，在一定的时间内完成，并应符合质量要求。

工程项目建设发展周期如图5-1所示。投资前时期，首先应根据市场调研与经济形势预估，提出拟建项目构想，之后进行项目可行性分析。如果项目不可行，则重新构想项目或终止项目；如果项目可行，则进一步撰写项目设计任务书并进行项目初步设计。投资时期，主要包括与供应商及其他相关单位进行谈判、签订合同，施工图设计及施工建设与竣工验收。接下来是生产时期与后评估时期。上述4个时期中，最关键、风险最大的应属第一时期，即投资前时期，而可行性研究是投资前时期最重要的工作。

(二) 可行性研究的作用及主要内容

1. 可行性研究的作用

可行性研究的目的是对拟建项目技术是否有利、经济是否合理、建设是否可行等问题进行综合分析与论证，它是提高投资效果、避免或减少建设项目决策失误的关键环节,它决定着一个项目是否能够如期进行,因此,也被称为"决定工程项目命运的环节"。例如,当年的三峡水利工程以及怒江水利工程就经历过多次可行性论证。

可行性研究的作用可以归纳为以下几个方面。

(1) 作为确定工程项目建设的依据。

(2) 作为向银行申请贷款等筹措资金的依据。

(3) 作为建设项目与有关部门、单位签订合同、协议的依据。

(4) 作为向当地政府和环境保护部门申请建设执照的依据。

2. 可行性研究的主要内容

可行性研究一般要求回答以下问题。

(1) 项目在技术上是否先进、可行?

(2) 项目在财务上是否有盈利、经济上是否合理?

(3) 项目需要多少投资?投资通过哪些渠道筹集?怎样使用和偿还?

(4) 项目建成后对国民经济与社会有哪些影响?

(5) 项目是否满足环境方面的要求?

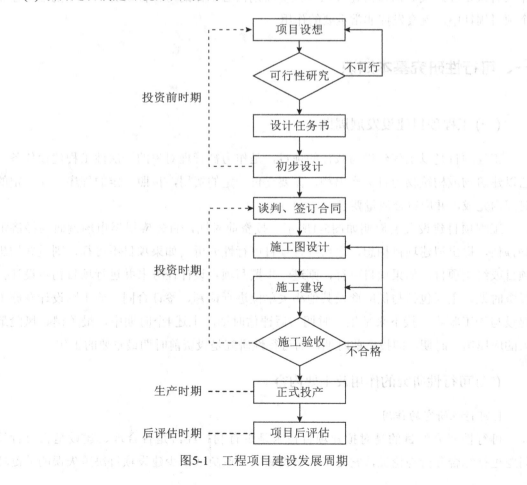

图5-1 工程项目建设发展周期

概括起来，可行性研究主要解决的是工程项目"技术上的先进性""经济上的合理性""社会上的有效性"和"环境上的友好性"等问题。

可行性研究的主要内容如图5-2所示。

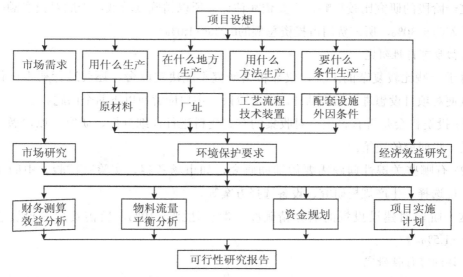

图5-2　可行性研究的主要内容

工程项目总是以其产品或服务来满足社会需要并取得利润。要建设一个项目，首先要解决的问题是投资机会的问题，即哪里有商机、如何获利，这是项目的设想阶段。因此，生产什么和规模如何是首先需要解决的问题。这个问题不仅取决于市场(包括竞争对手情况)、产品价格、选址的资源条件和原材料、燃料动力、劳动力供应状况以及环境保护要求，还要取决于工艺技术和配套设施以及投资环境等情况。

通过项目设想，提出了项目建设建议书，但要确定这个项目是否可行，还要进行全面的调查研究和技术经济分析，包括财务测算效益分析、资金规划以及物料流量平衡分析等，之后才能做出决策。若拟建项目有多个可行方案，还要进一步对多个备选方案进行综合评价与决策。

(三) 可行性研究的阶段划分

可行性研究是投资前时期所需完成的一项主要工作，通过可行性研究来解决建设项目是否可行的问题。根据可行性研究在不同阶段的研究目的、要求和内容，可将其划分为以下几个阶段。

1. 机会研究

机会研究的主要任务是为工业建设项目投资方向提出建议，即在一个确定的地区或部门内，以自然资源为基础，寻找有利的投资机会。它为企业家提供一个可能进行工业建设的主要投资方向。

在机会研究阶段，考虑一个项目的投资机会时，主要应分析和研究诸如自然资源条件、工业布局、进口替代、资金条件、政府的有关政策法令等因素。

当机会研究的结果是可行时，就可做进一步的研究，进入下一个阶段。

这一阶段的研究比较粗略，主要依靠估计，所以精确度较低。一般对投资额的估算精确误差为±30%，所需费用占投资总额的0.2%~1.0%。

2. 初步可行性研究

对于一些比较复杂的工程，仅靠机会研究不能决定取舍，还要进行初步可行性研究，以便对项目设想进行初步估计。在此阶段，主要应解决以下两个问题。

(1) 投资机会是否有希望。对收集的有关资料进行详细分析、研究，以便做出是否值得进一步研究的决策。

(2) 有哪些关键性问题需要做辅助研究，如市场考察、实验室试验、中间工厂试验、厂址选择、生产规模研究、设备选择方案等。

这一阶段对建设投资的估算精确度一般要达到±20%，所需费用占投资总额的0.25%~1.5%。

3. 详细可行性研究

这是一个关键步骤，必须为工程项目的投资决策提供技术、经济和商业方面的基础依据。该阶段主要解决有关产品的生产技术问题、原料和投入的技术问题、投资费用和生产成本的估算问题、投资收益问题、贷款偿还能力问题等。

详细可行性研究阶段的建设投资估算的精确度为±10%，小型项目所需费用占投资总额的1.0%~3.0%，大型复杂工程所需费用占投资总额的0.2%~1.0%。

4. 评价与决策

评价报告是可行性研究的最后结论，它是决策者决策的重要参考。

总之，可行性研究的一般宗旨是探讨企业投资冒险的经济性，即在企业建设前对所建设企业从技术上和经济上进行全面研究和论证，为投资者提供决策依据。因此，对可行性研究的要求很高，需要用比较充分的时间来进行，一般小型项目需要半年至一年，大中型项目需要一年以上的时间。表5-1具体列出了可行性研究各阶段的任务、投资估算精度、研究费用占总投资比例以及研究周期。

表5-1 可行性研究各阶段参数汇总表

研究阶段	任务	投资估算精度	研究费用占总投资比例	研究周期
机会研究	寻求投资方向与目标	±30%	0.2%~1.0%	1~3个月
初步可行性研究	初步选择备选方案	±20%	0.25%~1.5%	3~5个月
详细可行性研究	具体深入研究备选方案	±10%	小项目1.0%~3.0% 大项目0.2%~1.0%	大项目1~2年 小项目0.5~1年
评价与决策	方案评价与决策	±10%	—	1~3个月

(四) 可行性研究的一般工作程序

由于不同的工程项目之间存在差别，可行性研究的内容也存在很多不同之处，但究其本质，工程项目总是以其产品来满足社会需要并取得盈利为目的。

要建设一个工程项目，首先应当解决生产什么和生产多少的问题。从这方面看，不同的工程项目，可行性研究所涉及的基本问题大致是相同的，其工作程序具有一般性。要做好可行性研究，必须按照一定的工作程序进行。

1. 确定目标

在可行性研究中，所谓目标是指在一定环境和条件下，希望达到的某种结果。

项目目标是项目建设的动机，一般由项目所有权单位确定。它往往表现在经济、技术、社会甚至政治、国防等方面，它随着不同项目和不同的承办单位而不同。在确定目标时，还要提出达到预期目标的考核指标体系，如技术指标、经济指标、社会指标以及环境指标等。

2. 调查研究

调查研究的主要内容包括：市场调查；原材料、燃料、动力以及劳动力调查；工艺、技术、设备调查；厂址选择；资金来源与筹措和其他一系列问题。

3. 列出可供选择的技术方案

在调查研究的基础上，列出各种可供选择的技术方案，即要求所拟订的备选方案应当包括所有可能方案，否则会由于遗漏一些可能方案而得不到最优结果。挖掘潜在方案需要采用一些技术，如专家咨询法、头脑风暴法以及类比法等。

4. 技术先进性分析

技术先进性有着广泛的含义，既包括产品性能的先进性，又包括采用工艺技术和购置设备的先进性，还包括标准化等组织管理技术的先进性，必要时还要通过实验，取得必要的技术数据。技术先进性需要考虑技术环境的未来发展，一些技术可能会因新技术的产生而落后，因此，技术分析需要有一定的前瞻性。

5. 经济与财务效益分析

经济与财务效益分析是指按现行经济与财务制度的各种规定和数据、现行价格、税收和利率等来进行的经济与财务收支计算，并基于可能发生的资金流量对技术方案的经济与财务效益进行评价。

6. 综合评价

通过对技术方案经济效果的评价，可以优选经济上的最好方案。但经济上的最好方案不一定是最优方案，必须进行综合评价。所谓综合评价，是指在经济评价的基础上，同时考虑其他非经济方面的效果，如从政治、社会、环境等角度对技术方案进行评价，这种评价往往采用多目标决策的方法。

7. 优选可取方案并编制可行性研究报告

通过以上诸项分析和评价，根据项目目标优选最佳方案，并按照总体纲要写出可行性研究报告。可行性研究结论可以是推荐最佳备选方案，也可以是列出几个非劣可行方案的优缺点供决策者选择，当然也可以得出"不可行"的结论。

工程项目建设与否的决策，通常由投资部门来做。一般由企业提交，然后上报有关部门，由上级计划部门(如发改委等)或主管机构做出决策。

可行性研究的一般工作程序如图5-3所示。

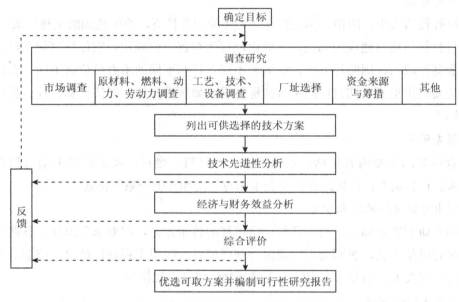

图5-3 可行性研究的一般工作程序

二、可行性研究报告的内容

(一) 可行性研究报告的编写要点

工程项目的重要特点之一是它具有不重复性，因而应根据每个工程项目自身的技术经济特点，确定可行性研究的工作要点以及相应的可行性研究报告内容。根据中华人民共和国国家发展和改革委员会的有关规定，一般工业项目可行性研究报告可按以下要点编写。

1. 总论

主要内容：项目提出的背景；项目概况以及主要问题与建议。

2. 市场预测

主要内容：市场现状调查；产品供需预测；价格预测；竞争力分析；市场风险分析。

3. 资源条件评价

主要内容：资源可利用量；资源品质情况；资源赋存条件；资源开发价值。

4. 建设规模与产品方案

主要内容：建设规模与产品方案构成；建设规模与产品方案比选；推荐的建设规模与产品方案；技术改造项目与原有设施利用情况等。

5. 场址选择

主要内容：场址现状；场址方案比选；推荐的场址方案；技术改造项目当前场址的利用情况。

6. 技术方案、设备方案和工程方案

主要内容：技术方案选择；主要设备方案选择；工程方案选择；技术改造项目改造前后的比较；总图布置方案；场内外运输方案；公用工程与辅助工程方案；技术改造项目现有公用辅助设施利用情况。

7. 主要原材料、燃料供应

主要内容：主要原材料供应方案；燃料供应方案。

8. 节能措施

主要内容：具体节能措施；能耗分析。

9. 节水措施

主要内容：具体节水措施；水耗分析。

10. 环境影响评价

主要内容：环境条件调查；影响环境因素分析；环境保护措施。

11. 劳动安全、卫生与消防

主要内容：危险因素和危害程度分析；安全防范措施；卫生保健措施；消防设施。

12. 组织机构与人力资源配置

主要内容：组织机构设置及其适应性分析；人力资源配置；员工培训。

13. 项目实施进度

主要内容：建设工期；实施进度安排；技术改造项目建设与生产的衔接。

14. 投资估算与融资方案

主要内容：建设投资和流动资金估算；资本金和债务资金筹措；融资方案分析。

15. 财务评价

主要内容：财务评价基础数据与参数选取；营业收入与成本费用估算；财务评价报表；盈利能力分析；偿债能力分析；财务评价结论。

16. 国民经济评价

主要内容：影子价格及评价参数选取；效益费用范围与数值调整；国民经济评价报表；国民经济评价指标；国民经济评价结论。

17. 社会评价

主要内容：项目对社会的影响分析；项目与所在地互适性分析；社会风险分析。

18. 风险与不确定性分析

主要内容：项目盈亏平衡分析、敏感性分析；项目主要风险识别；风险程度分析；防范风险对策。

19. 研究结论与建议

主要内容：推荐方案总体描述；推荐方案优缺点描述；主要对比方案；结论与建议。

(二) 可行性研究报告的使用要求

(1) 可行性研究报告应能充分反映项目可行性研究工作的成果，内容齐全，结论明确，数据准确，论据充分，满足决策者确定方案和项目决策的要求。

(2) 可行性研究报告选用主要设备的规格、参数应能满足预订货的要求，引进技术设备的资料应能满足合同谈判的要求。

(3) 可行性研究报告中的重大技术、经济方案，应有两个以上方案的比选。

(4) 可行性研究报告中确定的主要工程技术数据，应能满足项目初步设计的要求。

(5) 可行性研究报告中建立的融资方案，应能满足银行等金融部门信贷决策的需要。

(6) 可行性研究报告中应反映可行性研究过程中出现的某些方案的重大分歧及未被采纳的理由，以供委托单位或投资者权衡利弊并做出决策。

(7) 可行性研究报告应附有评估、决策(审批)所必需的合同、协议、意向书、政府批件等。

总之，可行性研究报告的基本内容可概括为三大部分，即市场研究、技术研究、经济评价，这三部分构成了可行性研究的三大支柱。首先是市场研究，包括产品的市场调查与预测研究，这是建设项目成立的重要前提，其主要任务是解决工程项目建设的"必要性"问题。其次是技术研究，即技术方案和建设条件研究，从资源投入、厂址、技术、设备和生产组织等问题入手，对工程项目的技术方案和建设条件进行研究，这是可行性研究的技术基础，它要解决建设项目在技术上的"可行性"问题。最后是效益研究，即经济评价，这是决定项目投资命运的关键，是项目可行性研究的核心部分，它要解决工程项目在经济上的"合理性"问题。

任务二 市场分析

在机会研究时期，任何一个工程项目的目标都是寻找可以获利的商机。因此，项目可行性研究的首要问题就是研究拟建项目生产什么、生产多少等，即通过市场调查与研究，了解社会对某种产品或服务的需求状况及市场供应情况，分析其变化趋势，并采用合适的方法，预测该产品在未来市场上的需求量。在市场调查和预测的基础上，确定该项目的合理规模。

一、市场调查

市场调查就是通过有目的、有计划、有步骤地收集、记录、整理和分析有关项目进行市场经营活动方面的资料，供项目经营者进行预测、决策的一项工作。

(一) 市场调查的内容

市场调查的内容很多，对于不同的项目，调查的内容也不同，总体来讲，工程项目的调查内容包括以下几个方面。

1. 经济形势、政策及法规

对有关经济形势、政策及法规的了解，有助于项目投资者调整投资方向和投资规模，安排项目建设并制订生产经营活动计划。

2. 市场需求情况

市场需求调查的内容主要是了解市场对有关产品的产量、质量、规模、价格等方面的要求，包括购买力、需求数量、销售状况等。

3. 竞争状况

项目总是在竞争环境中生存，因此项目决策不可能不考虑竞争对手的状况。项目投资者需要注意市场情况，确保投资项目生产的产品及劳务能在市场上占据有利位置。了解竞争是应对竞争并取得竞争优势的前提。

(二) 市场调查的方法

市场调查的方法很多，各自有其特点，适用于不同情况，概括起来，主要有以下3种。

1. 访问调查法

访问调查法是调查者通过直接或间接的方式，通过询问问题的形式向被调查者收集资料的一种调查方法，通常在调查前需要准备好相关问题并设计调查表，以便询问。

根据获得信息媒介的不同，访问调查法又可分为电话调查法、面谈调查法、会议调查法和填表调查法4种。

2. 观察调查法

观察调查法是调查人员直接到现场进行观察或利用某种仪器进行收录和拍摄的一种收集资料的方法。它的特点是在调查过程中，调查人员通过从旁观察并记录其发生的行为而得到信息。此方法得到的资料一般比较真实、可靠，缺陷是难以了解行为发生的真正原因和动机。

3. 实验调查法

实验调查法是指通过小规模的销售实验或模拟实验来对各种市场营销因素加以测定和调查的方法。此方法可以获得正确的原始资料,比较科学,但调查成本高、周期长、费工、费时。

二、市场预测

市场预测是指在市场调查的基础上,运用科学的方法和手段,对未来市场的发展变化趋势做出分析、预计、判断和测算,为决策提供可靠、客观的依据。

(一) 市场预测的基本程序

为了保证市场预测取得令人满意的结果,在项目可行性研究过程中,预测工作需要按照一定的程序进行,包括以下几个步骤:确定预测目标;收集、处理资料;选择预测技术;建立预测模型;评价模型;利用模型预测;分析预测结果;输出预测结果。市场预测的基本程序如图5-4所示。

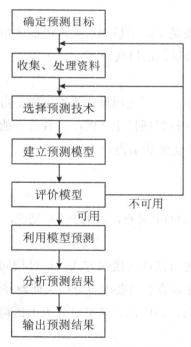

图5-4 市场预测的基本程序

(二) 市场预测的方法

市场预测的方法大体上可分为两大类,即定性预测和定量预测。

1. 定性预测方法

定性预测方法主要依靠预测者的经验和综合分析能力,对未来各种可能的发展,预计其重要程度和概率,对事件进行反复评价,并在评价过程中不断修正其假设和判断。这种方法简单,适应性好,花费不多,在资料数据较少的情况下,通常能获得较好的效果。定性预测方法主要有以下几种。

(1) 专家座谈法。聘请相关领域的专家,通过座谈研讨,依靠专家的知识和经验进行预测。该方法以专家为获取知识的对象,因此选择的专家必须具有相关的领域知识及丰富的实践经验。具体的预测流程是先向专家提出问题、提供信息,由专家讨论、分析、综合,根据专家本人的知识和经验做出个人判断,然后由调查人员把专家意见归纳整理,形成预测结论。这种方法的优点是占有的信息量大,考虑的因素比较全面、具体,专家之间可以互相启发、集思广益、取长补短。这种方法的缺点是容易受权威的影响,与会者不能畅所欲言。

(2) 销售人员意见综合法。一线销售人员是对市场动向最为敏感的人群,该方法是把销售人员的判断综合起来的一种方法。这种方法的优点是所提供的信息比较切合实际,具有较高的灵敏度。不足之处在于销售人员是有偏见的观察者,视野有一定的局限性。同时,还受他们个人性格的影响,他们可能是天生的悲观主义者或乐观主义者,也可能因为销售受挫或成功,从一个极端走向另一个极端。

(3) 德尔菲法(Delphi Method)。德尔菲法是在专家座谈法的基础上加以改进而形成的方法,近年来成为广泛应用的预测方法,其实质是具有反馈的函询机制。具体做法是:预测主持者选定预测目标(问题)和参加的预测专家,先将所要预测的问题和有关背景材料以及调查表,用通信的方式寄给各位专家,分别向各位专家征询意见。预测小组对专家们寄回的个人意见进行综合、归纳、整理,再反馈给专家,进一步征询意见,如此反复多次,直至专家们的意见渐趋一致,方可作为预测结果。

德尔菲法实际上就是采用函询的形式进行匿名交流。在进行过程中专家互不见面,这样就能避免专家座谈法的缺点,减少权威、资历、口才、人数、心理等各种因素对专家的影响,便于专家们放下顾虑,大胆思考,畅所欲言。此外,通过汇总资料可以了解其他专家的看法,取长补短,改变自己的意见,重新预测,无损自己的威望。信息反馈沟通是德尔菲法的又一特点,因为此法通过函询征集意见不是一次就结束了,而是反复几次,一般3~4次。为了使专家掌握情况,预测领导小组每次都将专家的意见汇总分类,列出不同看法和依据,再分送给专家,专家从反馈资料中分析、选择并参考有价值的信息,深入联想,反复比较,有利于提出更好的预测意见。德尔菲法避免了专家座谈会上权威的影响,同时具有面对面开会的效果,使预测结果更加符合实际。

2. 定量预测方法

定量预测方法可分为两大类:一是时间序列预测法;二是回归预测法。

1) 时间序列预测法

时间序列预测法的应用前提是假定事物过去的发展规律会同样延续到未来,所以根据市场过去的变化趋势就可以预测市场未来的发展情况。

所谓时间序列,是指观察和记录到的一组按时间顺序排列的数据。时间序列分析法把时间序列数据作为随机变量,运用数学方法消除偶然因素的影响并使其向外延伸,做出对未来市场的预测。时间序列预测法包括如下几种。

(1) 简单平均法。求出时间序列数据平均数并以其为基础确定预测值的方法称为简单平均法,它是短期预测中经常采用的方法。

简单平均法主要有算术平均法和加权平均法。

① 算术平均法。算术平均法的计算公式为

$$\hat{Y} = \frac{x_1 + x_2 + x_3 + \cdots + x_n}{n} = \frac{\sum_{i=1}^{n} x_i}{n} \tag{5-1}$$

式中:$\hat{Y}$——预测值;
x_i——第i期的数据;
n——数据期数或期限。

【例5-1】某厂A产品1—6月实际销售额的统计资料如表5-2所示,请预测7月的销售额。

表5-2 某厂A产品销售额预测　　　　　　　　　　　　　　　万元

月份	1	2	3	4	5	6	7
销售额	61	58	60	70	64	59	62(预测值)

解:依据公式可得

$$\hat{Y} = \frac{61+58+60+70+64+59}{6} = 62(万元)$$

算术平均法适用于过去实际销售情况没有显著波动,且下一时期的销售条件没有变化的情况。

② 加权平均法。加权平均法就是在求平均数时,根据时间序列数据中各数据重要性的不同,分别赋予不同权数后加以平均的方法。通过加权平均法求得的平均数,可反映长期趋势变动,其计算公式为

$$\hat{Y} = \frac{1}{n}\sum_{i=1}^{n} \omega_i x_i \tag{5-2}$$

式中:ω_i——第i期的权数。

应用加权平均法的关键是确定权数,权数只能依据经验而定。一般来说,近期数据加权系数大,远期数据加权系数小。如果按波动幅度确定,波动幅度大者加权系数大。

当数据变动不大时，可按等差数列确定权数；当数据变动大时，可按等比数列确定权数。

(2) 移动平均法。移动平均法是在算术平均法的基础上发展起来的，旨在弥补算术平均法的不足，并反映企业销售量变化的趋势。它的特点是通过平均法的分段推移，逐步排除较远期数字的影响，而吸纳较近期的数据，即表现为"吐故纳新"的过程。

简单移动平均法的计算公式为

$$M = \frac{Y_t + Y_{t-1} + Y_{t-2} + \ldots + Y_{t-N+1}}{N} \\ = M_{t-1} + \frac{Y_t - Y_{t-N}}{N}$$ (5-3)

式中：Y_t——第t期的实际数据；

N——移动平均的步长；

M_t——t期的移动平均值。

用简单移动平均法进行预测的基本公式为

$$\hat{Y}_{t+1} = M_t$$ (5-4)

【例5-2】现有某厂1—12月的实际销售额数据，如表5-3所示。试求各个时期的移动平均值($N=5$)，并预测下一年元月的销售额。

表5-3　某厂1—12月的实际销售额　　　　　　　　　　　　　　　　万元

月份	1	2	3	4	5	6	7	8	9	10	11	12
销售额	54	55	56	63	62	58	61	63	66	72	70	75

解：在$N=5$的情况下，首期的移动平均值应从5月开始计算。

$$M_5 = \frac{62+63+56+55+54}{5} = 58(万元)$$

$$M_6 = \frac{58+62+63+56+55}{5}$$
$$= 58 + \frac{58-54}{5} = 58.8(万元)$$

依此类推，直至求出最后6个月的移动平均值，如表5-4所示。用简单移动平均法预测明年元月的销售额为

$$\hat{Y}_{13} = M_{12} = 69.2(万元)$$

表5-4　$N=5$时销售额的移动平均值及预测值　　　　　　　　　　　　万元

月份	1	2	3	4	5	6	7	8	9	10	11	12	下一年元月
销售额	54	55	56	63	62	58	61	63	66	72	70	75	—
M_t	—	—	—	—	58.0	58.8	60.0	61.4	62.0	64.0	66.4	69.2	—
$\hat{Y}_t$	—	—	—	—	—	58.0	58.8	60.0	61.4	62.0	64.0	66.4	69.2

(3) 指数平滑法。应用指数平滑法要考虑到各期销售对未来销售的不同影响。其中，近期影响较大，远期影响较小。因此，在计算过程中，以时间作为定权进行加权平均，计算公式为

$$S_t = \alpha y_t + (1-\alpha)S_{t-1} \tag{5-5}$$

式中：S_t——t时期的一次指数平滑值；

y_t——t时期的实际值；

α——平滑系数。

利用指数平滑法进行预测的基本公式为

$$\hat{Y}_t = S_t \tag{5-6}$$

平滑系数α在式中是新旧数据的分配比值，α值越大，则新数据在S_t中所占比重越高。当$\alpha=1$时，则指数平滑值等于时间序列中最近的一个数据；当$\alpha=0$时，指数平滑值等于上一期的指数平滑值。α的增大，意味着对新数据重视程度的提高。

使用指数平滑法的关键是平滑系数α的取值，当α取大值时，对历史上的近期变化趋势反映比较充分，如果近期观察值受不规则因素的干扰较大，就会影响预测的准确性；当α取小值时，反映长期变化趋势比较充分，但可能反映近期变化不够。目前，α的取值尚没有理论依据，只有一些经验数据，且相差很大，有人认为α的取值范围为0.01～0.3，也有人认为α值应在0.7以上，主要是对新数据的作用的看法不同，才会有不同的结论。因此，选择α值时最好先在已知一期数据中进行试验，然后再确定一个合适的数值，也就是说，应根据实际情况来选取α。

由于指数平滑法是以前一个数据S_{t-1}作为起点，所以面临一个初始值S_0的取值问题。当时间序列数据比较多时，初始值的作用并不明显，可以假设$S_{t-1}=Y_1$，即等于数列的第一个数据值。

【例5-3】对某电器销售企业2009—2014年某种电器销售额及其一次指数平滑值进行分析，如表5-5所示。

表5-5　一次指数平滑值计算　　　　　　　　　　　　　　　万元

年份	2009	2010	2011	2012	2013	2014
销售额	50	40	45	48	55	65
$\alpha=0.3$预测值	50	47	46.4	46.88	49.32	54.02
$\alpha=0.7$预测值	50	43	44.4	46.92	52.58	61.34

解：根据式(5-5)计算

当$\alpha=0.3$时

$S_0=\alpha Y_1=50(万元)$

$S_1=\alpha Y_1+(1-\alpha)S_0=0.3\times50+0.7\times50=50(万元)$

$S_2=\alpha Y_2+(1-\alpha)S_1=0.3\times40+0.7\times50=47(万元)$

$$S_3=\alpha Y_3+(1-\alpha)S_2=0.3\times45+0.7\times47=46.4(万元)$$
$$S_4=\alpha Y_4+(1-\alpha)S_3=0.3\times48+0.7\times46.4=46.88(万元)$$

可以看到，当α值比较大时，预测值对最新的数据反映比较敏感；当α值比较小时，预测值更能反映其长期趋势。

(4) 二次指数平滑法。当一次指数平滑值数列不够平滑时，可采用二次指数平滑法。二次指数平滑法是对一次指数平滑数据S_t再做一次指数平滑，方法同上所述。

一般情况下，当过去各个时期的实际值变化不大或不规则变化不显著时，采用移动平均法进行预测较为适宜；在倾向变化较大时，采用指数平滑法进行预测较好。

2) 回归预测法

回归预测是市场分析中常用的一种方法，常见的有以下几种。

(1) 最小二乘法。假设预测事物有一个主要影响因素，因变量和自变量呈线性关系，即

$$\hat{Y}_i = a + bx_i \tag{5-7}$$

对于一组已知的(x_i, y_i)来讲，当它们之间的关系满足式(5-7)时，利用最小二乘法，就可以确定其参数(a,b)，此时的$\hat{Y}_i$就是y_i的估计值。

最小二乘法的基本原则是对于确定的方程，要使观察值(y_i)对估计值$(\hat{Y}_i)$偏差的平方和最小。根据这一思想，通过数学推导，可得

$$\hat{Y}_i = a + bx_i \tag{5-8}$$

其中

$$a = \overline{Y} - b\overline{X}$$

$$b = \frac{\Sigma x_i y_i - \overline{Y}\Sigma x_i}{\Sigma x_i^2 - \overline{X}\Sigma x_i}$$

式中：$\hat{Y}_i$——第i期的预测值；

$\overline{Y}$——一组y_i的平均值$(\overline{Y} = \frac{\Sigma y_i}{n})$；

$\overline{X}$——一组x_i的平均值$(\overline{X} = \frac{\Sigma x_i}{n})$。

然后根据a，b确定回归方程(经验公式)。对所建立的线性回归方程的可信度要进行一些必要的统计检验，只有通过检验，说明方程式是成立的，才能用来进行预测。检验的方法有多种，常用的有S检验和相关性检验。

(2) S检验。S是指回归标准差，即所有的观察值Y_i与相应的回归值$\hat{Y}_i$的平均误差，计算公式为

$$S = \sqrt{\frac{\sum_{i=1}^{n}(Y_i - \hat{Y}_i)^2}{n-k}} \tag{5-9}$$

式中：Y_i——第 i 个观察值；

$\hat{Y}_i$——第 i 个回归值；

n——统计数据的个数；

k——参数个数，在一元线性回归方程中，参数为 a、b，所以 $k=2$。

S 值越小越好，通常以 S 和 $\overline{Y}$ 的比值 $S/\overline{Y}$ 测定回归方程误差的大小。如果 $S/\overline{Y} < 15\%$，就认为 S 检验通过。

(3) 相关性检验。相关性检验是用相关系数 r 来判断两个变量 X 与 Y 之间的线性关系的密切程度，计算公式为

$$r = \frac{n\Sigma X_i L - (\Sigma X_i)(\Sigma Y_i)}{\sqrt{[n\Sigma X_i^2 - (\Sigma X_i)^2][nY_i^2 - (\Sigma Y_i)]}} \tag{5-10}$$

r 的绝对值在 0 和 1 之间。r 的绝对值越大，表明直线与数据点吻合程度越高，并说明两个变量之间的相关性越好；r 的绝对值越小，说明直线与数据点吻合程度越差。当相关系数 r 为正时，因变量随变量的增大而增大；当 r 为负时，因变量随变量的增大而减小。

总之，一元线性回归主要解决 3 个问题：①从一组历史数据出发，确定变量 Y 与 X 之间的定量关系式回归方程；②对这个关系式的可信程度进行统计检验；③利用所求得的回归方程进行预测。

【例 5-4】某地区某服装商店 2010—2014 年的销售额和该地区服装社会零售额历史统计资料如表 5-6 所示，已知该地区 2015 年服装社会需求预测值为 45 百万元，试用回归分析法预测该服装店 2015 年的服装销售额。

表 5-6 某地区的统计资料 百万元

年份	2010	2011	2012	2013	2014
服装商店销售额 Y	2.4	2.7	3.0	3.4	3.8
服装社会零售额 X	26	29	32	37	41

解：首先，建立回归方程，先计算回归系数 a、b，如表 5-7 所示。

表 5-7 计算数据

年份	Y_i/百万元	X_i/百万元	X_i^2	Y_i^2	X_iY_i	$\hat{Y}_i$	$Y_i - \hat{Y}_i$
2010	2.4	26	676	5.76	62.4	2.4178	-0.0178
2011	2.7	29	841	7.29	78.3	2.6932	0.0068
2012	3.0	32	1024	9.00	96.0	2.9686	0.0314

(续表)

年份	Y_i/百万元	X_i/百万元	X_i^2	Y_i^2	X_iY_i	$\hat{Y}_i$	$Y_i - \hat{Y}_i$
2013	3.4	37	1369	11.56	125.8	3.4276	-0.0276
2014	3.8	41	1681	14.44	155.8	3.7948	0.0052
$n=5$	$\sum Y_i=15.3$	$\sum X_i=165$	$\sum X_i^2=5591$	$\sum Y_i^2=48.05$	$\sum X_iY_i=518.3$		$\sum Y_i-\hat{Y}_i$

$$\overline{Y} = \frac{1}{n}\sum Y_i = \frac{15.3}{5} = 3.06\,(百万元)$$

$$\overline{X} = \frac{1}{n}\sum X_i = \frac{165}{5} = 33\,(百万元)$$

将有关数据代入公式，得

$$b = \frac{\sum x_i y_i - \overline{Y}\sum x_i}{\sum x_i^2 - \overline{X}\sum x_i} = 0.0918$$

$$a = \overline{Y} - b\overline{X} = 0.031$$

故一元线性回归方程为

$$\hat{Y} = 0.031 + 0.0918X$$

其次，对所建立的线性回归方程进行检验。

S检验的结果为

$$S = \sqrt{\sum_{i=1}^{n}(Y_i - \hat{Y}_i)^2 / (n-k)}$$
$$= 0.025$$

$\dfrac{S}{\overline{Y}} = \dfrac{0.025}{3.06} = 0.00817 < 15\%$，所以检验通过。

相关性检验的结果为

$$r = \frac{n\sum X_iY_i - (\sum X_i)(\sum Y_i)}{\sqrt{[n\sum X_i^2 - (\sum X_i)^2][n\sum Y_i^2 - (\sum Y_i)^2]}}$$
$$= \frac{5 \times 518.3 - 165 \times 15.3}{\sqrt{[5 \times 5591 - 27225][5 \times 48.05 - 234.09]}}$$
$$= 0.9991$$

X与Y之间密切相关，预测方程成立。

最后，预测2015年该产品市场销售额，将$X=45$百万元带入，得

$$\overline{Y}_{2015} = 0.031 + 0.0918 \times 45 = 4.162\,(百万元)$$

在实际问题中，两个变量之间除线性相关外，更多是非线性相关，这时应选择适当的曲线来描述两个变量之间的非线性相关关系。

> **案例分析**

深港双方"深港西部通道工程"项目可行性研究的比较

深港西部通道工程包括大桥、口岸和接线3部分。其中，全长为5154m的深圳湾大桥由深港合建，总投资1517亿元人民币。该工程项目是经国务院批准立项的国家重点建设项目，是国家干线公路网连接香港特别行政区的唯一高速公路，是"一国两制"体制下，迄今规模最大的首个跨界公路工程，开创了内地和香港在大型基建领域合作的成功先例。

西部通道的可行性研究前后历经7年，期间双方进行了大量信息交换与工作内容调整，包含的内容十分广泛。下面从交通需求、建设方案、环境保护和经济评价4个方面回顾深港双方的可行性研究，从"研究的出发点""主要研究内容的完善性""主要研究方法的适用性、科学性及局限性对比"等几个部分比较两方的异同。

1. 研究的出发点比较

深圳方面可行性研究的出发点具有需求导向特征，是为了解决深港两地之间日益增长的交通流量问题，附带有改善环境、增强"一国两制"凝聚力、促进双方经济发展等考量，主要聚焦通车的车流及人流，对社区的长期发展考虑较少。香港方面研究的出发点更具战略特征，以香港2030年的远景发展规划为基础，将西部通道项目一并纳入香港整体路网，同时考虑香港社会的整体协调发展。例如，香港方面的可行性研究不仅关注西部通道项目车流量的增长状况，更加关注这一项目的修建会给所涉及相关地区的可持续发展能力带来什么变化(特别是人口增长情况)，还关注西部通道对香港市政连接工程的接纳能力、环境及生态方面的影响。

2. 主要研究内容的完善性比较

(1) 香港方面的可行性研究对于西部通道项目交通需求方面的研究的覆盖面更为广泛，且具有系统性，关注的影响因素也更为直接，其中对于西部通道项目满足社会需求的评估结论的表述相对更为客观。港方对于西部通道项目的修建期望集中于提升跨界交通流量带来的直接综合经济收益，并由此得出了重视关联附属工程项目的结论，且从多个角度提供了翔实数据作为支撑。深方编制的可行性研究报告主要围绕西部通道本身而展开，并没有充分考虑一些附属的必要连接通道项目对其运营效能的影响。香港方面在一开始就将西部通道项目的可行性报告一并列入"跨境通道项目"作为系统工程进行研究，而不是将其单独列出评估影响。从后来的建造过程和现在的运营状况来看，港方的评估结论更能全面地反映实际情况。

(2) 深方是从建设规模与技术标准、建设条件、桥位选择、桥型方案选择、一线口岸等方面进行建设方案的可行性评估，研究覆盖面要比港方更广，而且深方在相应的研究点上做的工作更加深入。港方在建设方案研究中特别重视方案造成的环境影响，把环境评估作为判定方案优劣的重要因素，而深方则更重视从技术可行性的角度来考虑建设方案，这体现了港方和深方在建设方案上选择的侧重点不同。

(3) 对于西部通道项目可行性研究环境评估部分的内容，深港双方主要有两点差异：①港方更加全面地考虑社会环境，即更加关注项目周边人群对西部通道项目建设可能的反应；②港方更加关注西部通道未来运营时的影响。香港的环境评估研究报告一开始就定位于2020年的系统性状况，综合考虑了项目的个体影响和因项目修建而引发的累积影响，而深方则更多地关注项目的施工过程。

(4) 经济评价是拟建项目工程可行性研究的重要内容，其目的是根据项目所在地区的经济发展规划，结合交通量预测和工程建设规模等研究情况，计算项目的费用和效益，对拟建项目的经济合理性、财务可行性做出评价，为建设方案的比选、决策提供科学依据。在针对经济评价模块的研究中，深方的主要内容包括评价依据、评价内容、评价方法、评价参数、费用调整、汽车运输成本调整、效益计算、国民经济评价指标计算、敏感性分析和国民经济评价结果等。港方的主要内容包括以香港角度对跨界通道各项建议的成本及效益进行概括经济评估，对道路工程项目的成本(如建筑成本及行程时间成本)及效益(如增加跨界贸易和商务活动及提高土地价值)的差异进行比较。此外，对是否符合全部跨界交通预测的需求还进行了经济影响质量评估，并评审各项工程建议对政府财政预算的影响及可能出现的财务风险。

3. 主要研究方法的适用性、科学性及局限性比较

从数据预测和分析方法上看，香港方面所应用的数据分析方法具有更加严密的逻辑性。在交通需求部分，港方应用的模型综合考虑了内地的经济增长预测、香港与内地间的贸易增长、内地人口预测、空间分布、香港的人口及就业数据在未来的规划发展状况，是多元因果预测模型。而深圳方面的预可行性研究则主要应用的是一元回归方法，即认为只有一个因素在显著影响着跨界交通量。不难看出，深圳方面所建立的预测模型过于简化了影响跨界交通的变量。另外，在深方的预可行性研究中，预测交通流量的因变量选择的是内地国内生产总值、工农业生产总值等因素，没有考虑到跨界交通流量是由深港双方因素互动所产生的结果。虽然在深方2001年完成的工程可行性研究中，对交通量预测采用了更为精密的二元回归方法，但因变量仍只取决于主要的独立经济数据，对于深港两地之间的贸易等联合数据考虑不足。敏感性分析的方法也都用于双方的交通量预测之中，所不同的是，深圳方面主要考虑口岸所提供的实际通过能力发生的变化，而香港方面则考虑香港人口数

量可能发生的变化。

资料来源：莫力科，陆绍凯，牛永宁. 深港大型跨界工程项目可行性研究的比较与启示[J]. 广州大学学报(自然科学版)，2010，9(1).

【案例思考】

1. 结合深港双方的可行性研究报告的比较分析，谈谈你对工程项目可行性研究工作的理解和认识。

2. 在可行性研究中，数据的搜集与处理过程要注意什么？

本章首先系统地介绍了可行性研究的基本内容和工作程序，然后介绍了市场调查和市场预测的方法、概念和特点。在实践中，应根据项目的具体特点选择相适应的分析方法和手段。

1. 根据有关部门统计数据分析，发现某轻工产品销售量与同期全国城镇竣工多层住宅面积有相关关系，有关历史数据见表5-8。试建立一元线性回归方程，并求相关系数。

表5-8 历史数据

年份	1973	1974	1975	1976	1977	1978	1979	1980	1984	1985
轻工产品销售量/万件	46.6	61.3	46.3	53.4	79.9	102.9	141.1	109.1	49.2	51.4
竣工多层住宅面积/万平方米	939.4	928.9	1012.2	1971.2	1849.4	2272.2	2285.3	963.9	537.6	706.2
年份	1988	1989	1992	1993	1994	1995	1996	1997	1998	
轻工产品销售量/万件	71.2	111.4	59.5	105.8	146.5	222.1	202.4	242	227.8	
竣工多层住宅面积/万平方米	1073.9	1209.3	1440	2164	2055.2	2215.2	2178	2880	3377.3	

2. 某产品20期的需求量见表5-2。试计算一次和二次移动平均值，取 $n=3$，并建立预测方程。

表5-9 某产品20期的需求量

周期数	1	2	3	4	5	6	7	8	9	10
需求量/万件	50	52	47	51	49	48	51	40	48	52
周期数	11	12	13	14	15	16	17	18	19	20
需求量/万件	51	59	57	64	68	67	69	76	75	80

项目六
价值工程

知识导图

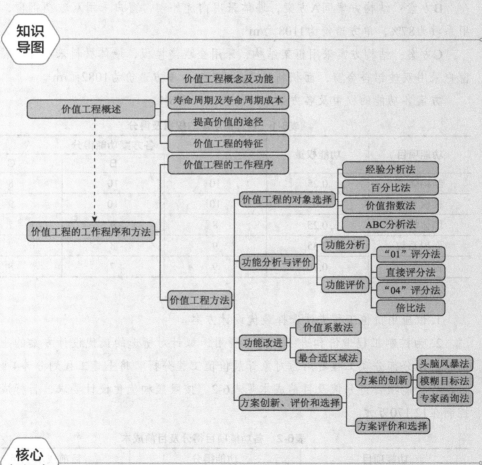

核心知识点

1. 价值工程的概念以及提高价值的途径；
2. 价值工程工作程序和方法。

引导案例

背景：

某市高新技术开发区拟开发建设集科研和办公于一体的综合大楼，以下为主体工程结构设计方案的对比情况。

A方案： 结构方案为大柱网框架剪力墙轻墙体系，采用预应力大跨度叠合楼板，墙体材料采用多孔砖及移动式可拆装式分室隔墙，窗户采用中空玻璃断桥铝合金窗，面积利用系数为93%，单方造价为1438元/m²。

B方案： 结构方案同A方案，墙体采用内浇外砌，窗户采用双玻塑钢窗，面积利用系数为87%，单方造价为1108元/m²。

C方案： 结构方案采用框架结构，采用全现浇楼板，墙体材料采用标准黏土砖，窗户采用双玻铝合金窗，面积利用系数为79%，单方造价为1082元/m²。

方案各功能的权重及各方案的功能得分见表6-1。

表6-1 各方案功能的权重及得分

功能项目	功能权重	各方案功能得分		
		A	B	C
结构体系	0.25	10	10	8
楼板类型	0.05	10	10	9
墙体材料	0.25	8	9	7
面积系数	0.35	9	8	7
窗户类型	0.10	9	7	8

问题：

1. 试应用价值工程方法选择最优设计方案。

2. 为控制工程造价和进一步降低费用，拟针对所选的最优设计方案的土建工程部分，以分部分项工程费用为对象开展价值工程分析。将土建工程划分为4个功能项目，各功能项目得分值及目前成本见表6-2。按限额和优化设计要求，目标成本额应控制在12 170万元。

表6-2 各功能项目得分及目前成本

功能项目	功能得分	目前成本/万元
A. 柱基围护工程	10	1520
B. 地下室工程	11	1482
C. 主体结构工程	35	4705
D. 装饰工程	38	5105
合计	94	12 812

试分析各功能项目的目标成本及其可能降低的额度，并确定功能改进顺序。

关键点：功能，成本，价值工程，功能改进

对于价值工程，首先需要知道价值工程的基本原理，从而知道应该通过哪些途径提高价值，主要从功能和成本两方面进行分析。价值工程分析按照价值工程对象选择、功能分析与评价、功能改进和方案创新与评价这样的步骤实施，每一个步骤的实现有很多种方法。例如，价值工程对象选择的方法有经验分析法、百分比法、价值指数法和ABC法等。

任务一 价值工程概述

价值工程涉及价值、功能和寿命周期成本3个基本要素。价值工程将产品质量、功能和成本作为一个整体来考虑，也就是说，价值工程对价值、功能、成本的考虑不是片面和孤立的，而是在确保产品功能的基础上综合考虑生产成本和使用成本，兼顾生产者和用户的利益，从而创造出总体价值最高的产品。

一、价值工程的概念及功能

价值工程是指通过各相关领域的协作，对研究对象的功能与费用进行系统分析、持续创新，旨在提高研究对象价值的一种管理思想和管理技术。

价值工程的目的是以对象的最低寿命周期成本可靠地实现使用者所需的功能，以获取最佳综合效益。价值工程的对象，是指凡为获取功能而发生费用的事物，如产品、过程、服务等以及它们的组成部分。

价值工程中的"价值"是指对象所具有的功能与获得该功能所发生费用之比。它不是对象的使用价值，也不是对象的交换价值，而是对象的比较价值，即性能价格比。设对象(如产品、工艺、服务等)的功能为F，成本为C，价值为V，则可利用下列公式计算价值

$$V = \frac{F}{C} \tag{6-1}$$

价值的大小取决于功能的强弱和成本的高低。产品的价值表明产品合理有效地利用资源的程度和产品物美价廉的程度。价值高的产品，其资源利用程度高；价值低的产品，其资源没有得到有效利用，应设法改进。由于"价值"的引入，产生了对产品新的评价形式，即把功能与成本或技术与经济结合起来进行评价。提高价值是广大消费者追求物有所值、物超所值的愿望，也是企业和国家对稀缺资源进行有效配置的要求。

价值工程中的"功能"是指对象能满足某种需求的效用或属性。任何产品都具有功能，如手机的主要功能有无线通话、拍照、上网等，轿车的功能有载送人员及其随身物品等。功能具体可以分为以下几类。

1. 使用功能和品味功能

按性质分类，功能可划分为使用功能和品味功能。使用功能是对象具有的与技术经济用途直接相关的功能；品味功能是与使用者的精神感觉、主观意识有关的功能，如美学功能、外观功能、欣赏功能等。

2. 基本功能和辅助功能

按重要程度分类，功能可划分为基本功能和辅助功能。基本功能是与对象的主要目的直接相关的功能，是对象存在的主要理由；辅助功能是为更好地实现基本功能而服务的功能。

3. 必要功能和不必要功能

按使用者需求分类，功能可划分为必要功能和不必要功能。必要功能是为满足使用者的需求而必须具备的功能；不必要功能是对象具有的与满足使用者需求无关的功能。

4. 不足功能和过剩功能

按量化标准分类，功能可划分为不足功能和过剩功能。不足功能是指对象尚未足量满足使用者需求的必要功能；过剩功能是对象具有的超量满足使用者需求的必要功能。

功能分析的目的是在满足用户基本使用功能的基础上，尽可能增加产品的必要功能，减少不必要功能；尽可能弥补不足功能，削减过剩功能。

二、寿命周期及寿命周期成本

从对象被研究开发、设计制造、用户使用直到报废为止的整个时期，称为对象的寿命周期。对象的寿命一般可分为自然寿命和经济寿命。价值工程一般以经济寿命来计算和确定对象的寿命周期。

1. 寿命周期

产品和人的生命一样，要经历形成、成长、成熟、衰退这样的周期。产品寿命周期(Product Life Cycle，PLC)是产品的市场寿命，即一种新产品从开始进入市场到被市场淘汰的整个过程。典型的产品寿命周期一般可以分成4个阶段，即介绍期(或引入期)、成长期、成熟期和衰退期。就建筑产品而言，其寿命周期是指从规划、勘察、设计、施工建设、使用、维修直到报废为止的整个时期。

2. 寿命周期成本

寿命周期成本是指从对象的研究、形成到退出使用所需的全部费用。如图6-1所示，产品的寿命周期成本包括生产成本和使用成本两部分。生产成本是产品在研究开发、设计制造、运输施工、安装调试过程中发生的成本；使用成本是用户在使用产品过

程中所发生的费用总和，包括产品的维护、保养、管理、能耗等方面的费用。寿命周期成本的计算公式为

$$C = C_1 + C_2 \tag{6-2}$$

式中：C——寿命周期成本；

C_1——生产成本；

C_2——使用成本。

产品的寿命周期成本与产品的功能有关。一般而言，生产成本与产品的功能成正比关系，使用成本与产品的功能成反比关系，如图6-1所示。

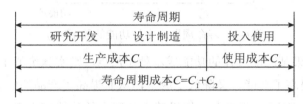

图6-1 寿命周期与寿命周期成本的关系

三、提高价值的途径

价值取决于功能和成本两个因素，因此提高价值的途径主要有以下几种。

(1) 保持产品的必要功能不变，降低产品成本，以提高产品的价值，即

$$\frac{F \rightarrow}{C \downarrow} = V \uparrow$$

(2) 保持产品成本不变，提高产品的必要功能，以提高产品的价值，即

$$\frac{F \uparrow}{C \rightarrow} = V \uparrow$$

(3) 成本稍有增加，但必要功能增加的幅度更大，使产品价值提高，即

$$\frac{F \uparrow\uparrow}{C \uparrow} = V \uparrow$$

(4) 在不影响产品主要功能的前提下，适当降低一些次要功能，大幅度降低产品成本，提高产品价值，即

$$\frac{F \downarrow}{C \downarrow\downarrow} = V \uparrow$$

(5) 运用高新技术，进行产品创新，既提高必要功能，又降低成本，以大幅度提高价值，这是提高产品价值的理想途径，即

$$\frac{F \uparrow}{C \downarrow} = V \uparrow\uparrow$$

以上提高产品价值的途径，也可用图6-2～图6-4分别加以说明。

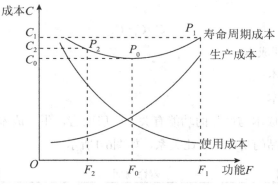

图6-2 寿命周期成本与功能的关系(一)

在图6-2中，如果某产品现在的功能成本处于P_2点，则实施价值工程后，使功能成本点由P_2移到P_0，既提高了功能，又降低了成本，从而提高了产品的价值，这属于上述第5种提高价值的途径。在同一曲线中，如果某产品现在的功能成本点处于P_0，将产品的功能由F_0提高到F_1，成本从C_0上升到C_1，显然功能提高的幅度大于成本提高的幅度，从而也提高了产品的价值，这属于上述第3种提高价值的途径。

在图6-3中，当某产品目前的功能成本点处于P_1的位置，那么适当地降低产品的辅助功能，比如从F_1降到F_2，可使成本有更大幅度的下降，即从C_1下降到C_2，这相当于提高产品价值的第4种途径。

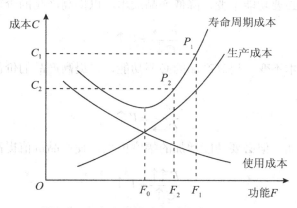

图6-3 寿命周期成本与功能的关系(二)

随着高新技术在生产中的应用，实现同样功能的成本将逐渐降低，功能成本曲线将发生位移。在图6-4中，用虚线代表移动前的曲线，实线代表移动后的曲线，生产成本曲线右移，使用成本曲线左移，使得寿命周期成本曲线下移。这样，就可以在保持功能不变的情况下降低成本，比如由P_0变为P_1；也可以在保持成本不变的情况下提高功能，比如由P_0变为P_1。这相当于提高产品价值的第1种和第2种途径。

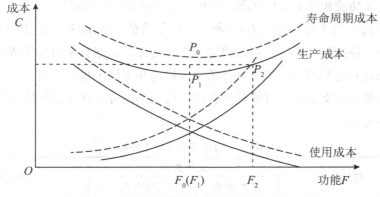

图6-4 寿命周期成本与功能的关系(三)

四、价值工程的特征

1. 目标上的特征

价值工程着眼于提高价值,它是以最低的寿命周期成本实现必要功能的创造性活动。

2. 方法上的特征

功能分析是价值工程的核心,即在开展价值工程中,以使用者的功能需求为出发点。

3. 活动领域上的特征

价值工程侧重于在产品的研制与设计阶段开展工作,寻求技术上的突破。

4. 组织上的特征

价值工程是贯穿于整个产品寿命周期的系统方法,从产品研究、设计到原材料的采购、生产制造以及推销和维修,都有价值工程的工作可做,而且它涉及面广,需要许多部门和各种专业人员相互配合。因此,必须依靠有组织的、集体的努力来完成。开展价值工程活动,要组织设计、工艺、供应、加工、管理、财务、销售以及用户等各方面的人员参加,运用各方面的知识,发挥集体智慧,博采众家之长,在产品生产全过程确保功能的完善与提升,降低成本。

任务二 价值工程的工作程序和方法

一、价值工程的工作程序

价值工程的工作程序一般可以分为准备、分析、创新、实施4个阶段,其工作步骤实质上是对产品功能和成本提出问题、分析问题和解决问题的过程。

价值工程的一般工作程序如表6-3所示。由于价值工程的应用范围广泛,其活动形式也不尽相同,在实际应用中,可参照这个工作程序,根据对象的具体情况,应用价值工程的基本原理和思想方法,考虑具体的实施措施和方法步骤。但是,对象选择、功能分析、功能评价和方案创新与评价是工作程序的关键内容,体现了价值工程的基本原理和思想,是不可缺少的。

表6-3 价值工程的一般工作程序

工作阶段	设计程序	工作步骤		对应问题
		基本步骤	详细步骤	
准备阶段	制订工作计划	确定目标	1. 工作对象选择	1. 这是什么?
			2. 信息收集	
分析阶段	规定评价(功能要求事项的实现程度)的标准	功能分析	3. 功能定义	2. 这是干什么用的?
			4. 功能整理	
		功能评价	5. 功能成本分析	3. 它的成本是多少?
			6. 功能评价	4. 它的价值是多少?
			7. 确定改进范围	
创新阶段	初步设计(提出各种设计方案)	制定改进方案	8. 方案创新	5. 有其他方法实现这一功能吗?
	评价各设计方案,对方案进行改进、选优		9. 概略评价	
			10. 调整完善	6. 新方案的成本是多少?
			11. 详细评价	
	书面化		12. 提案	7. 新方案能满足功能要求吗?
实施阶段	检查实施情况并评价活动成果	实施评价成果	13. 审批	
			14. 实施与检查	8. 偏离目标了吗?
			15. 成果鉴定	

二、价值工程方法

(一)选择价值工程对象

选择价值工程对象是逐步缩小研究范围、寻找目标、确定主攻方向的过程。正确选择工作对象是价值工程成功的第一步,能取得事半功倍的效果。选择价值工程对象的范围是:市场反馈迫切要求改进的产品;功能改进和成本降低潜力较大的产品。

选择价值工程对象的方法很多,下面着重介绍4种方法,即经验分析法、百分比法、价值指数法和ABC分析法。

1. 经验分析法

经验分析法是根据有丰富实践经验的设计人员、施工人员以及企业的专业技术人员和管理人员对产品存在的问题的直接感受,经过主观判断确定价值工程对象的一种方法。

经验分析法是选择价值工程对象的定性分析方法,其优点是简便易行,考虑问题综合全面,是目前实践中应用较为普遍的方法;缺点是缺乏定量分析,在分析人员经验不足时准确程度降低,但用于初选阶段是可行的。

2. 百分比法

百分比法是通过分析产品对两个或两个以上经济指标的影响程度(百分比)来确定价值工程对象的方法。

【例6-1】某金属结构制品公司有6种产品,它们各自的年成本和年利润占公司年总成本和年利润总额的百分比见表6-4。公司目前急需提高利润水平,试确定可能的价值工程对象。

解:各产品成本和利润百分比计算结果见表6-4。由表6-4可知,产品D的成本占年总成本的17.3%,而其利润仅占年利润总额的6.6%,显然产品D应作为价值工程的重点分析对象。

表6-4 成本和利润百分比

产品种类	A	B	C	D	E	F	合计
产品年成本/万元	565	65	35	160	55	45	925
产品年成本占总成本百分比/%	61.1	7.0	3.8	17.3	5.9	4.9	100
产品年利润/万元	185	25	15	20	35	25	305
产品年利润占年利润总额百分比/%	60.7	8.2	4.9	6.6	11.5	8.2	100
年利润百分比/年成本百分比/%	0.99	1.17	1.29	0.38	1.95	1.67	
排序	5	4	3	6	1	2	

百分比法的优点是,当企业在一定时期要提高某些经济指标且拟选对象数目不多时,具有较强的针对性和有效性;缺点是不够系统和全面,有时为了更全面、更综合地选择对象,百分比法可与经验分析法结合使用。

3. 价值指数法

根据价值的表达式 $V=\dfrac{F}{C}$,在产品成本已知的基础上,将产品功能定量化,就可以计算产品价值。在应用该方法选择价值工程对象时,应当综合考虑价值指数偏离1的程度和改善幅度,优先选择 $V<1$ 且改进幅度大的产品或零部件。

【例6-2】某机械制造厂生产4种型号的挖土机,各种型号的挖土机的主要技术参数及相应的成本费用见表6-5。试运用价值指数法选择价值工程对象。

表6-5 推土机主要技术参数及相应成本

产品型号	甲	乙	丙	丁
技术参数/百m³/台班	1.51	1.55	1.60	1.30
成本费用/百元/台班	1.36	1.12	1.30	1.40
价值指数	1.11	1.38	1.23	0.93

解：价值指数计算见表6-5。由表6-5可知，挖土机丁应作为价值工程对象。

价值指数法一般适用于产品功能单一、可计量、产品性能和生产特点可比的系列产品或零部件等价值工程对象的选择。

4. ABC分析法

ABC分析法是根据研究对象对某项目技术经济指标的影响程度和研究对象数量的比例大小两个因素，把所有研究对象划分成主次有别的A、B、C三类的方法。通过这种划分，明确"关键的少数"和"一般的多数"，有助于准确地选择价值工程对象。

划分研究对象类别的参考值如表6-6所示，ABC分析曲线如图6-5所示。

表6-6 A、B、C类别划分参考值

类别	数量占总数百分比	成本占总成本百分比
A类	10%左右	70%左右
B类	20%左右	20%左右
C类	70%左右	10%左右

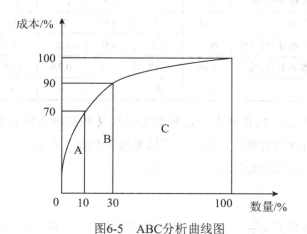

图6-5 ABC分析曲线图

【例6-3】 某住宅楼工程基础部分包含17个分项工程，各分项工程的造价及基础部分的直接费见表6-7。试采用ABC分析法确定该基础工程中可能作为价值工程研究对象的分项工程。

表6-7 某住宅楼基础工程分项工程ABC分类

分项工程名	成本/元	累计分项工程数	累计分项工程数百分比/%	累计成本/元	累计成本百分比/%	分类
1. C20带形钢筋混凝土基础	63 436	1	5.88	63 436	39.5	A
2. 干铺土石屑垫层	29 119	2	11.76	92 555	57.64	A
3. 回填土	14 753	3	17.65	107 308	66.83	
4. 商品混凝土运费	10 991	4	23.53	118 299	73.67	B
5. C10混凝土基础垫层	10 952	5	29.41	129 251	80.49	
6. 排水费	10 487	6	35.29	139 738	87.02	
7. C20独立式钢筋混凝土基础	6181	7	41.18	145 919	90.87	
8. C10带形无筋混凝土基础	5638	8	47.06	151 557	94.38	C
9. C20矩形钢筋混凝土柱	2791	9	52.94	154 348	96.12	
10. M5砂浆砌砖基础	2202	10	58.82	156 550	97.49	
11. 挖土机挖土	2058	11	64.71	158 608	98.77	
12. 推土机场外运费	693	12	70.59	159 301	99.20	
13. 履带式挖土机场外运费	529	13	76.47	159 830	99.53	
14. 满堂脚手架	241	14	82.35	160 071	99.68	
15. 平整场地	223	15	88.24	160 294	99.82	
16. 槽底钎探	197	16	94.12	160 491	99.94	
17. 基础防潮底	89	17	100	160 580	100	
总成本	160 580					

解： 基础分项工程的ABC分类见表6-7。其中，C20带形钢筋混凝土基础、干铺土石屑垫层、回填土3项工程为A类工程，应考虑作为价值工程研究对象。

ABC分析法的优点是能够抓住重点，突出主要矛盾，在对复杂产品的零部件进行对象选择时常用它来做主次分类，以便略去"次要的多数"，抓住"关键的少数"，从而卓有成效地开展工作。

(二) 功能分析与评价

1. 功能分析

功能分析是为了完整地描述各功能及其相互关系，系统地对各功能进行定性和定量分析的过程。通过功能分析，可以回答"用产品做什么"的问题，从而准确掌握用户的功能要求。

功能系统图是表示对象功能得以实现的功能逻辑关系图，如图6-6所示。功能系统图中包括总功能、上位功能、下位功能、同位功能、末位功能，以及由上述功能组成的功能区域。

在功能系统图中,两个功能直接相连时,如果一个功能是另一个功能的目的,并且另一个功能是实现这个功能的手段,则把作为目的的功能称为上位功能,作为手段的功能称为下位功能。上位功能和下位功能通常具有相对性。图6-6中,F_1相对于F_{11}和F_{12}来说是上位功能,相对于F_0来说是下位功能。同位功能是指功能系统图中,与同一上位功能相连的若干下位功能,图6-6中,F_{11}与F_{12}就是同位功能。总功能是指功能系统图中,仅为上位功能的功能,如图6-6中的F_0。末位功能指功能系统图中,仅为下位功能的功能,如图6-6中的F_{11}、F_{12}、F_{21}、F_{22}等。功能区域是功能系统图中,任何一个功能及其各级下位功能的组合。

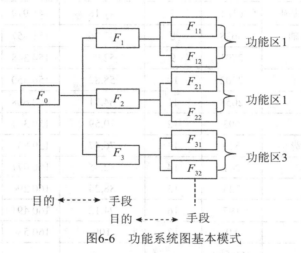

图6-6　功能系统图基本模式

以微型手电筒为例,在对其功能进行定义的基础上,通过功能分析和功能整理,得到微型手电筒的功能系统图,如图6-7所示。

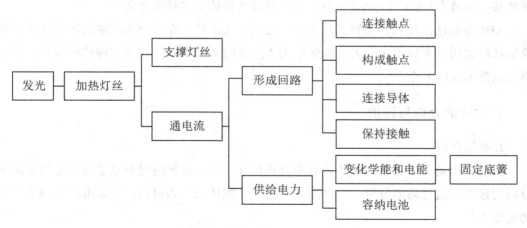

图6-7　微型手电筒功能系统图

2. 功能评价

功能评价就是对组成对象的零部件在功能系统中的重要程度进行定量估计。

功能评价的方法有"01"评分法、直接评分法、"04"评分法、倍比法等。

1) "01"评分法

"01"评分法也称强制确定法(Forced Decision Method,FDM),这种方法的做法是请5~15个对产品熟悉的人员各自参加功能评价。评价两个功能的重要性时,可以对完成该功能的相应零件进行比较,重要者得1分,不重要者得0分。"01"评分法得分总和为 $\frac{n(n-1)}{2}$,其中 n 为对比的零件数量。例如,某个产品有5个零件,总分应为10分,某评价人员采用"01"评分法确定功能评价系数的过程,见表6-8。

表6-8 "01"评分法功能评价系数

零件名称	一对一比较结果					得分	功能评价系数
	A	B	C	D	E		
A	×	1	0	1	1	3+1	0.27
B	0	×	0	1	1	2+1	0.20
C	1	1	×	1	1	4+1	0.33
D	0	0	0	×	0	0+1	0.07
E	0	0	0	1	×	1+1	0.13
合计						15	1.0

如果有10个评价人员参加评定,将10个人的功能评价系数进行汇总并计算,可得到平均功能评价系数,见表6-9。

表6-9 平均功能评价系数计算

评价人员 零件功能	1	2	3	4	5	6	7	8	9	10	平均功能评价系数
A	0.27	0.3	0.2	0.2	0.27	0.27	0.1	0.2	0.27	0.2	0.23
B	0.20	0.2	0.2	0.2	0.27	0.20	0.2	0.2	0.2	0.2	0.21
C	0.33	0.3	0.4	0.33	0.27	0.33	0.4	0.27	0.33	0.4	0.34
D	0.07	0.1	0.1	0.07	0.06	0.07	0.1	0.07	0.13	0.1	0.09
E	0.13	0.1	0.2	0.2	0.13	0.13	0.2	0.27	0.07	0.1	0.13
合计	1.0	1.0	1.0	1.0	1.0	1.0	1.0	1.0	1.0	1.0	1.0

2) 直接评分法

直接评分法是请5~15个对评价对象熟悉的人员对评价对象各零件的功能直接打分,评价时规定总分标准,每个参评人员对评价对象各零件功能的评分之和必须等于总分。例如,对表6-9中的评价人员规定总分标准为10分,则功能评价系数计算见表6-10。

表6-10 直接评分法功能评价系数计算

评价人员 零件功能	1	2	3	4	5	6	7	8	9	10	各零件得分	功能评价系数
A	3	3	2	2	3	3	1	2	3	2	24	0.24
B	2	2	2	2	3	2	2	2	2	2	21	0.21
C	4	3	4	4	3	4	4	3	4	4	37	0.37
D	0	1	1	0	0	0	1	0	1	1	5	0.05
E	1	1	1	2	1	1	2	3	0	1	13	0.13
合计	10	10	10	10	10	10	10	10	10	10	100	1.0

3)"04"评分法

"04"评分法是对"01"评分法的改进,它更能反映功能之间的真实差别。采用"04"评分法逐一对评价对象进行比较时,分为4种情况。

(1) 非常重要的功能得4分,很不重要的功能得0分。

(2) 比较重要的功能得3分,不太重要的功能得1分。

(3) 两个功能重要程度相同时,各得2分。

(4) 自身对比不得分。

"04"评分法得分总和为$2n(n-1)$,其中n为对比的零件数量。例如,某个产品有5个零件,总分应为40分,某一评价人员采用"04"评分法确定功能评价系数的过程见表6-11。

表6-11 "04"评分法功能评价系数计算

零件功能	一对一比较结果					得分	功能评价系数
	A	B	C	D	E		
A	×	3	1	4	4	12	0.3
B	1	×	3	1	4	9	0.225
C	3	1	×	3	0	7	0.175
D	0	3	1	×	3	7	0.175
E	0	0	4	1	×	5	0.125
合计						40	1.0

4) 倍比法

这种方法是对评价对象之间的相关性进行比较来定出功能评价系数,其具体步骤如下所述。

(1) 根据各评价对象的功能重要性程度,按上高下低的原则排序。

(2) 从上至下按倍数比较相邻两个评价对象,如表6-12所示,F_1是F_2的2倍。

(3) 令最后一个评价对象得分为1,按上述各对象之间的相对比值计算其他对象的得分。

(4) 计算各评价对象的功能评价系数。

表6-12　倍比法功能评价系数计算

评价对象	相对比值	得分	功能评价系数
F_1	$F_1/F_2=2$	9	0.51
F_2	$F_2/F_3=1.5$	4.5	0.26
F_3	$F_3/F_4=3$	3	0.17
F_4		1	0.06
合计		17.5	1.00

(三) 功能改进

确定功能改进目标的方法有价值系数法和最合适区域法。

1. 价值系数法

对产品的各功能进行评价之后，可得出每一个零件的功能评价系数。对各功能的现实成本进行分析之后，可求得每一个零件的成本系数，进而可求得价值系数，相关的计算公式为

$$成本系数 = \frac{零件成本}{总成本} \tag{6-3}$$

$$价值系数 = \frac{功能评价系数}{成本系数} \tag{6-4}$$

【例6-4】某产品有4项功能，其功能评价系数已通过表6-12所示的倍比法确定，其现实成本见表6-13。试确定该产品的功能改进目标。

解：该产品的成本系数、价值系数、功能改善优先次序见表6-13。

表6-13　价值系数计算

功能①	功能评价系数②	现实成本③	成本系数 ④=③/1129	价值系数 ⑤=②/④	功能改善目标⑥
F_1	0.51	562	0.498	1.02	
F_2	0.26	298	0.264	0.98	
F_3	0.17	153	0.136	1.25	
F_4	0.06	116	0.103	0.58	√
合计	1.00	1129			

2. 最合适区域法

以成本系数为横坐标，功能系数为纵坐标，如图6-8所示，与横轴成45°的一条直线为理想价值线($V=1$)。围绕该线有一个朝向原点由两条双曲线包围的喇叭形区域，称为最合适区域。凡落在这个区域的价值系数点，其功能与成本是适应的，可不作为重点改

善目标。$V>1$的点将落在喇叭形区域的左上方，$V<1$的点将落在喇叭形区域的右下方，均属于功能改善的目标。

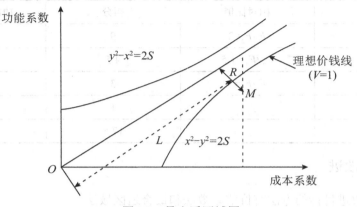

图6-8 最合适区域图

喇叭形区域是这样确定的：设有一任意价值系数点M，其坐标为(x, y)，由图6-8可看出，M离原点越远，即L越大，意味着其功能及成本系数的绝对量大，改善的余地大，故应作为重点改善对象；反之，若M离原点近，说明对全局影响小，属于次要的改善对象。同时，M点距离理想价值线的垂直距离R越远，表示与理想价值线的偏离度越大，改进的余地也越大，应作为重点改善的目标。因此，可用LR综合反映M点的这两个因素。

令$S=LR$为一个定值，则喇叭形区域的边界线为：$x^2-y^2=2S$，$y^2-x^2=2S$，其中S的取值大小决定了最合适区域的宽窄。因为L与R的乘积等于定值S，显然L越大R越小，L越小R越大，故图形呈喇叭状。

(四) 方案创新、评价和选择

1.方案创新

为了提高产品功能和降低成本，需要寻求最佳替代方案。寻求或构思这种为满足已明确的或潜在的功能需求而开发新构想或新方案的活动过程就是方案的创新过程。价值工程活动能否取得成功，关键在于能否在正确的功能分析和评价的基础上提出实现必要功能的新方案。方案的创新通常可选用下列方法。

(1) 头脑风暴法。这种方法是以开小组会的方式进行的。具体做法是事先通知议题，开会时要求应邀参加会议的各方面专业人员在会上自由思考，提出不同的方案，多多益善，但不评价别人的方案，并且希望与会者在别人建议方案的基础上进行改进，提出新的方案。

(2) 模糊目标法。这种方法是美国人哥顿在20世纪60年代提出来的，所以也称哥顿法。它的特点是与会人员会前不知道议题，在开会讨论时也只是抽象地讨论，不接触具体的实质性问题,以免束缚与会人员的思想。待讨论到一定程度以后,再把中心议题指出来,以便进一步研究。

(3) 专家函询法。这种方法不采用开会的形式,而是由主管人员或部门把已构思的方案以信函的方式分发给有关的专业人员,征询他们的意见,然后将意见汇总,统计和整理之后再分发下去,希望再次补充修改。如此反复若干次,把原来比较分散的意见集中处理,作为新的代替方案。

方案创新的方法很多,总体原则是要充分发挥有关人员的聪明智慧,集思广益,多提方案,从而为评价方案创造条件。

2. 方案评价和选择

方案评价是在方案创新的基础上对新构思方案的技术、经济和社会效果等几方面进行评估,以便选择最佳方案的过程。方案评价分为概略评价和详细评价两个阶段。

(1) 概略评价。概略评价是对已提出的创新方案从技术、经济和社会3个方面进行初步研究,其目的是从众多的方案中粗略筛选,减少详细评价的工作量,将精力集中于对优秀方案的评价。

(2) 详细评价。方案的详细评价,就是对概略评价筛选的比较抽象的方案进行调查并收集信息资料,使其在材料、结构、功能等方面进一步具体化,然后对它们进行最后的审查和评价。

在详细评价阶段,对产品或服务的成本究竟是多少、能否可靠地实现必要的功能,都必须准确地解答。总之,要证明方案在技术和经济方面是可行的,而且必须能真正地提高价值。

经过评价,淘汰了不能满足要求的方案后,就可从保留的方案中选择技术先进、经济合理和对社会有利的最优方案。方案评价和选优的方法可参照前述有关章节的内容。

任务三 价值工程在工程项目方案评选中的应用

某城市高新技术开发区软件园电子大楼工程吊顶工程量为18 000m^2,根据软件生产工艺的要求,车间的吊顶要具有防静电、防眩光、防火、隔热、吸声5种基本功能,以及样式新颖、表面平整、易于清理3种辅助功能。工程技术人员采用价值工程方法选择生产车间的吊顶材料,取得了较好的经济效果,以下是具体的分析过程。

1. 情报收集

工程人员首先对吊顶材料进行广泛调查,收集各种建筑吊顶材料的技术性能资料和有关经济资料。

2. 功能分析与评价

技术人员对软件生产车间吊顶的功能进行系统分析，绘出功能系统图，如图6-9所示。

根据功能系统图，技术人员组织使用单位、设计单位、施工单位共同确定各种功能权重。使用单位、设计单位、施工单位评价的权重分别设定为50%、40%和10%，各单位对功能权重的打分采用10分制，各种功能权重见表6-14。

根据车间工艺对吊顶功能的要求，对吊顶材料考虑铝合金加腈棉网、膨胀珍珠岩板和PVC板3个方案。3个方案的单方造价、工程造价、年维护费等见表6-15。基准折现率为10%，吊顶寿命为10年。各方案成本系数计算见表6-15。

对3个方案采用10分制进行功能评价，各分值乘以功能权重得功能加权分，对功能加权分的和进行指数处理后可得各方案的功能系数，计算过程见表6-16。

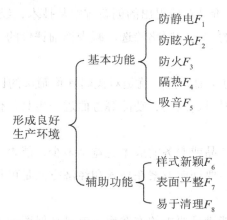

图6-9 某软件生产车间吊顶功能系统图

表6-14 吊顶功能重要程度系数及功能权重

功能	使用单位评价(50%)		设计单位评价(40%)		施工单位评价(10%)		功能权重
							$\dfrac{0.5F_{使用}+0.4F_{设计}+0.1F_{施工}}{10}$
	$F_{使用}$	$0.5F_{使用}$	$F_{设计}$	$0.4F_{设计}$	$F_{施工}$	$0.1F_{施工}$	
F_1	4.12	2.060	4.26	1.704	3.18	0.318	0.408
F_2	1.04	0.520	1.35	0.540	1.55	0.155	0.122
F_3	0.82	0.410	1.28	0.512	1.33	0.133	0.106
F_4	0.91	0.455	0.55	0.220	1.06	0.106	0.078
F_5	1.10	0.550	0.64	0.256	1.08	0.108	0.091
F_6	0.98	0.490	1.12	0.448	1.04	0.104	0.104
F_7	0.64	0.320	0.48	0.192	0.53	0.053	0.056
F_8	0.39	0.195	0.32	0.128	0.23	0.023	0.035
合计	10	5	10	4	10	1	1

表6-15 各方案成本系数计算

方案	铝合金加腈棉网	膨胀珍珠岩板	PVC板
单方造价/元/平方米	112.53	26.00	20.00
工程造价/万元	202.54	46.80	36.00
年维护费/元	35 067	23 400	36 000
折现系数	6.1446	6.1446	6.1446
维护费现值/万元	3.5067×6.1446=21.55	2.3400×6.1446=14.38	3.6000×6.1446=22.12
总成本现值	224.09	61.18	58.12
成本系数	224.09/(224.09+61.18+58.12)=0.653	61.18/(224.09+61.18+58.12)=0.178	58.12/(224.09+61.18+58.12)=0.169

表6-16 各方案功能系数计算

功能	功能权重	铝合金加腈棉板 分值	铝合金加腈棉板 加权分值	膨胀珍珠岩板 分值	膨胀珍珠岩板 加权分值	PVC板 分值	PVC板 加权分值
防静电F_1	0.408	8	3.264	9	3.672	5	2.040
防眩光F_2	0.122	7	0.854	9	1.098	8	0.976
防火F_3	0.106	5	0.530	9	0.954	6	0.636
隔热F_4	0.078	8	0.624	6	0.468	4	0.312
吸声F_5	0.091	8	0.728	10	0.910	5	0.455
式样新颖F_6	0.104	10	1.040	9	0.936	8	0.832
表面平整F_7	0.056	10	0.560	9	0.504	8	0.448
易于清理F_8	0.035	9	0.315	8	0.280	9	0.315
合计	1	65	7.915	69	8.822	53	6.014
加权分值指数化		7.915/(7.915+8.822+6.014)		8.822/(7.915+8.822+6.014)		6.014/(7.915+8.822+6.014)	
功能系数		0.348		0.388		0.264	

根据各方案的功能系数和成本系数计算其价值系数,计算结果见表6-17。

表6-17 各方案价值系数计算

方案	铝合金加腈棉板	膨胀珍珠岩板	PVC板
功能系数	0.348	0.388	0.264
成本系数	0.653	0.178	0.169
价值系数	0.533	2.180	1.562
最优方案		√	

案例分析

背景材料如引导案例中所述,以下为具体分析过程。

问题1:

分别计算各方案的功能指数、成本指数和价值指数,并根据价值指数选择最优方案,如表6-18、表6-19、表6-20所示。

表6-18 功能指数计算

功能项目	功能权重	各方案功能得分		
		A	B	C
结构体系	0.25	2.5	2.5	2
楼板类型	0.05	0.5	0.5	0.45
墙体材料	0.25	2	2.25	1.75
面积系数	0.35	3.15	2.8	2.45
窗户类型	0.10	0.9	0.7	0.8
合计		9.05	8.75	7.45
功能指数		0.358	0.347	0.295

表6-19 成本指数计算

方案	A	B	C	合计
单方造价/元/m²	1438	1108	1082	3628
成本指数	0.396	0.305	0.298	1.000

表6-20 价值指数计算

方案	A	B	C
功能指数	0.358	0.347	0.295
成本指数	0.396	0.305	0.298
价值指数	0.904	1.135	0.989

注：(1) 功能项目为结构体系的方案A中表格数据"10×0.25=2.5"，其他5种功能项目下的A、B、C方案中表格数据同理可求得。
(2) 各方案功能加权得分之和为：0.05+8.75+7.45=25.25

由表6-20的计算结果可知，B方案的价值指数最高，为最优方案。

问题2：

根据表6-20，分别计算桩基围护工程、地下室工程、主体结构工程和装饰工程的功能指数、成本指数和价值指数，再根据给定的总目标成本额计算各工程项目的目标成本额，从而确定其成本降低额。具体计算结果汇总见表6-21。

表6-21 功能指数、成本指数、价值指数和目标成本降低额计算

功能项目	功能评分	功能指数	目前成本/万元	成本指数	价值指数	目标成本/万元	目标成本降低额/万元
桩基围护工程	10	0.106	1520	0.119	0.897	1295	225
地下室工程	11	0.117	1482	0.116	1.012	1424	58
主体结构工程	35	0.372	4705	0.367	1.014	4531	174
装饰工程	38	0.404	5105	0.398	1.015	4920	185
合计	94	1.000	12 812	1.000		12 170	642

由表6-21的计算结果可知，桩基围护工程、地下室工程、主体结构工程和装饰工程均应通过适当方式降低成本。根据目标成本降低额的大小，功能改进顺序依次为桩基围护工程、装饰工程、主体结构工程、地下室工程。

项目小结

价值工程通过对产品或项目进行功能分析，力求以最低的寿命周期成本，使产品具备其所必须具备的功能，核心是对产品进行功能分析。

价值是指某一事物的功能与实现它的全部费用之比。设对象的功能为 F，成本为 C，价值为 V，价值的计算公式为 $V=F/C$。功能与费用的比值越大，价值越高；比值越小，价值越低。任何产品都具有使用价值，即功能。功能分为基本功能和辅助功能、使用功能和美观功能、必要功能和不必要功能、过剩功能和不足功能。

价值工程对象的选择一般应从设计、生产、市场销售、成本等方面考虑。功能分析是价值工程的核心，它是对价值工程对象的功能进行具体分类、描述和整理，并进行系统分析、研究，科学地确定其必要功能的过程。方案创造是从提高对象的功能价值出发，在正确地进行功能分析和评价的基础上，针对应改进的具体目标，通过创造性思维活动，提出实现必要功能的新方案的过程。方案创造是决定价值工程成败的关键。方案评价是在方案创造的基础上对新构思方案的技术、经济和社会效果等方面进行评估，以便选择最佳方案的过程。

练习题

1. (2004年)价值工程中的"价值"的含义是( )。
   A. 产品的使用价值　　　　　　　　B. 产品的交换价值
   C. 产品全寿命时间价值　　　　　　D. 产品功能与其全部费用的比较价值

2. (2004年)在建设工程中运用价值工程时，提高工程价值的途径有( )。
   A. 采用新方案，既提高产品功能，又降低成本
   B. 设计优化，在成本不变的前提下，提高产品功能
   C. 施工单位通过严格履行施工合同，提高其社会信誉
   D. 在保证建设工程质量和功能的前提下，通过合理的组织管理措施降低成本
   E. 适量增加成本，大幅度提高项目功能和适用性

3. (2006年)对建设工程项目进行价值工程分析，最关键的环节是( )。
   A. 设计方案优化　　　　　　　　　B. 施工招标管理
   C. 竣工结算管理　　　　　　　　　D. 材料采购控制

4. (2007年)应作为价值工程重点对象的是那些( )的功能。
   A. 价值系数高　　　　　　　　　　B. 功能价值低

C. 可靠性尚可　　　　　　　　D. 改进期望值大
E. 复杂程度高

5. (2011年)某项工程施工采用方案A的成本为5万元,在相同条件下,采用其他方案的合理成本为4.5万元。对方案实施价值工程,可以认为方案A的价值系数为( )。
A. 0.90　　　　B. 0.10　　　　C. 0.53　　　　D. 1.11

6. (2012年)造成价值工程活动对象的价值系数V小于1的可能原因有( )。
A. 评价对象的现实成本偏低　　　B. 功能现实成本高于功能评价值
C. 可能存在不足的功能　　　　　D. 实现功能的条件或方法不佳
E. 可能存在过剩的功能

7. (2013年)价值工程的核心是对产品进行( )。
A. 成本分析　　　　　　　　B. 信息搜集
C. 方案创新　　　　　　　　D. 功能分析

8. 在进行产品功能价值分析时,若甲、乙、丙、丁4种零部件的价值系数分别为:$V_甲=0.5$,$V_乙=0.8$,$V_丙=1$,$V_丁=1.5$,则应重点研究改进的对象是( )。
A. 零部件甲　　　　　　　　B. 零部件乙
C. 零部件丙　　　　　　　　D. 零部件丁

9. (2015年)4个互斥性施工方案的功能系数和成本系数如表6-22所示。从价值工程角度来看,最优方案是( )。

表6-22　功能系数和成本系数

方案	甲	乙	丙	丁
功能系数	1.20	1.25	1.05	1.15
成本系数	1.15	1.01	1.05	1.20

A. 甲　　　　B. 乙　　　　C. 丙　　　　D. 丁

10. (2015年)价值工程分析阶段的工作有( )。
A. 对象选择　　　　　　　　B. 功能定义
C. 功能整理　　　　　　　　D. 功能评价
E. 方案评价

项目七

设备更新的经济分析

知识导图

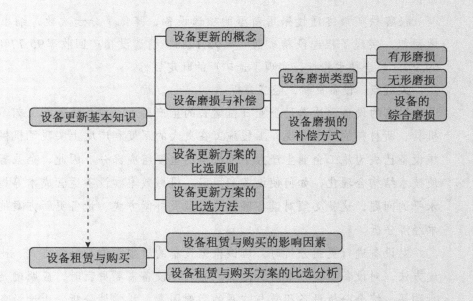

核心知识点

1. 设备磨损与补偿；
2. 设备更新方案的比选原则和比选方法；
3. 设备租赁与购买的影响因素和比选分析。

> **引导案例**　　**首钢秘鲁铁矿磁选设备的成功更新**
>
> 首钢秘鲁铁矿位于秘鲁西南部的伊卡大区，是首钢集团重要的境外矿石基地，年处理高品位磁铁矿1000多万吨，年产精矿700多万吨。然而，随着矿山规模的扩大，选矿厂处理量逐渐增加，原磁选流程及设备逐渐暴露其不适应性。首先，原设备的处理能力低，限制了选矿能力的进一步扩展；其次，原设备分选效果差，选矿指标随着矿量变化而波动，致使金属回收率降低；最后，原设备占地面积大，如需增加新的产能，选矿厂中已经没有新的空间增加新设备。
>
> 通过对磁选流程的不适应性分析，首钢集团提出了解决办法：首先，提高磁选设备的技术指标；其次，通过增大设备规格，实现设备对于矿浆波动的适应性；最后，通过更新采用单机处理能力强的新型设备，提高设备作业率，同时缩小占地面积。
>
> 秘鲁铁矿最终通过采用新型的磁选设备，降低了分选次数，缩小了设备的占地面积，实现了粗选段精矿回收率95.12%、精选段精矿回收率95.77%、精矿品位69.3%的综合技术指标，实现了选矿厂的既定目标。
>
> **关键点**：设备更新，经济分析
>
> 原有的设备无法满足企业日益增长的生产要求，并且随着新工艺、新技术、新机具、新材料的不断涌现，工程施工在更大的深度和广度上实现了机械化，施工机械设备已成为施工企业生产力不可缺少的重要组成部分。因此，企业普遍存在如何使技术结构合理化，如何使设备利用率、机械效率和设备运营成本等指标保持良好水平的问题，这就必须对设备磨损的类型及补偿方式、设备更新方案的比选进行技术经济分析。
>
> 对设备进行更新分析时，应该根据设备的磨损类型与补偿方式、比选原则及比选方法，对设备更新方案进行比选。当确定设备需要更新时，应明确是租赁还是自行购买，综合分析设备租赁与购买的影响因素，科学地分析、比选设备租赁与购买方案。

任务一　设备更新基本知识

设备更新主要是因为原有设备受到磨损而不能满足企业生产实践的需要，这种磨损包括有形磨损(又称物质磨损)和无形磨损(又称精神磨损、经济磨损)。面对这种情况，是否进行设备更新、何时以及用何种设备进行更新就成了企业关心的问题。

一、设备更新的概念

设备更新是对旧设备的整体更换，就其本质来说，可分为原型设备更新和新型设备更新。原型设备更新是简单更新，就是用结构相同的新设备去更换有形磨损严重而不能继续使用的旧设备。这种更新主要是解决设备的损坏问题，不具有更新技术的性质。新型设备更新是以结构更先进、技术更完善、效率更高、性能更好、能源和原材料消耗更少的新型设备来替换那些技术上陈旧、经济上不宜继续使用的旧设备。通常所说的设备更新主要是指后一种，它是技术发展的基础。因此，就实物形态而言，设备更新是用新的设备替换陈旧落后的设备；就价值形态而言，设备更新是对设备在运动中消耗掉的价值的补偿。设备更新是消除设备有形磨损和无形磨损的重要手段，目的是提高企业生产的现代化水平，尽快形成新的生产能力。

二、设备磨损与补偿

(一) 设备磨损的类型

设备是企业开展生产活动的重要物质条件，企业为了生产，必须花费一定的投资，用以购置各种设备。设备购置后，无论是使用还是闲置，都会发生磨损。设备磨损分为以下几类。

1. 有形磨损

有形磨损又称物质磨损，具体分为以下两种形式。

(1) 设备在使用过程中，在外力的作用下实体产生的磨损、变形和损坏，称为第一种有形磨损，这种磨损的程度与使用强度和使用时间有关。

(2) 设备在闲置过程中受自然力的作用而产生的实体磨损，如金属件生锈、腐蚀及橡胶件老化等，称为第二种有形磨损，这种磨损与闲置的时间和所处的环境有关。

上述两种有形磨损都会造成设备的性能、精度等的降低，导致设备的运行费用和维修费用增加，效率低下，反映了设备使用价值的降低。

2. 无形磨损

设备无形磨损又称精神磨损、经济磨损，它不是由生产过程中使用或自然力的作用造成的，而是由社会经济环境变化造成的设备价值贬值，是技术进步的结果。无形磨损也分为两种形式。

(1) 设备的技术结构和性能并没有变化，但由于技术进步，设备制造工艺不断改进，社会劳动生产率水平不断提高，同类设备的再生产价值降低，因而设备的市场价格也降低，致使原设备相对贬值，这是第一种无形磨损。这种无形磨损的后果只是现有设备原始价值部分贬值，设备本身的技术特性和功能即使用价值并未发生变化，故不会影响现有设备的使用。因此，不会产生提前更换现有设备的问题。

(2) 第二种无形磨损是由于科学技术的进步，不断创新出结构更先进、性能更完善、效率更高、耗费原材料和能源更少的新型设备，使原有设备相对陈旧落后，其经济效益相对降低，从而发生贬值。第二种无形磨损的后果不仅是使原有设备价值降低，而且由于技术更先进的新设备的发明和应用，会使原有设备的使用价值局部或全部丧失，这就产生了是否用新设备代替现有陈旧落后设备的问题。

有形和无形两种磨损都会引起设备原始价值的贬值，这一点两者是相同的。不同的是，遭受有形磨损的设备，特别是有形磨损严重的设备，在修理之前，常常不能工作；而遭受无形磨损的设备，并不表现为设备实体的变化和损坏，即使无形磨损很严重，其固定资产物质形态也可能没有磨损，仍然可以使用，只不过继续使用它在经济上是否合算，需要分析研究。

3. 综合磨损

设备的综合磨损是指同时存在有形磨损和无形磨损致使设备贬值的综合情况。对任何特定的设备来说，这两种磨损必然同时发生和同时互相影响。某些方面的技术要求可能加快设备有形磨损的速度，例如高强度、高速度、大负荷技术的发展，必然使设备的物质磨损加剧。同时，某些方面的技术进步又可提供耐热、耐磨、耐腐蚀、耐振动、耐冲击的新材料，使设备的有形磨损减缓，但是其无形磨损会加快。

(二) 设备磨损的补偿

设备发生磨损后，需要进行补偿，以恢复设备的生产能力。由于设备遭受磨损的形式不同，补偿磨损的方式也不一样。补偿分局部补偿和完全补偿。设备有形磨损的局部补偿是修理，设备无形磨损的局部补偿是现代化改造。设备有形磨损和无形磨损的完全补偿是更新，具体见图7-1。设备大修理是更换部分已磨损的零部件和调整设备，以恢复设备的生产功能和效率为主；设备现代化改造是对设备的结构进行局部改进和技术革新，

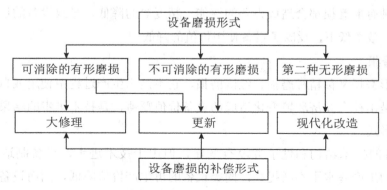

图7-1 设备磨损的补偿

如增添新的、必需的零部件，以提升设备的生产功能和效率为主；设备更新是对整个设备进行更换。

由于设备总是同时遭受有形磨损和无形磨损，因此，对其综合磨损后的补偿形式应进行更深入的研究，以确定适合的补偿方式。对于陈旧落后的设备，即消耗高、性能差、使用操作条件不好、对环境污染严重的设备，应当用较先进的设备尽早替代；对整机性能尚可、有局部缺陷、个别技术经济指标落后的设备，应适应技术进步的发展需要，吸收国内外新技术，不断加以改造和现代化改装。在设备磨损补偿工作中，最好的方案是有形磨损期与无形磨损期相互接近，这是一种理想的"无维修设计"(也就是说，当设备需要进行大修理时，恰好到了更换的时刻)。大多数的设备，通过修理通常可以使有形磨损期达到20～30年甚至更长，但无形磨损期比较短。在这种情况下，就存在如何对待已经产生无形磨损但物质上还可使用的设备的问题。此外还应看到，第二种无形磨损虽会使设备贬值，但它是社会生产力发展的反映，这种磨损越大，表示社会技术进步越快，因此应该充分重视对设备磨损规律性的研究，加速技术进步的步伐。

三、设备更新策略和方案比选原则

(一) 设备更新策略

设备更新是企业生产发展和技术进步的客观需要，对企业的经济效益有着重要的影响。但是，过早地更新设备，无论是由于设备暂时出故障就报废的草率决定，还是片面追求现代化，购买最新式设备的决定，都将造成资金的浪费，失去其他的收益机会。对资金十分紧张的企业来说，可能导致其走向另一个极端。拖延设备更新，又将造成生产成本的迅速上涨，使企业失去竞争优势。因此，设备是否更新，何时更新，选用何种设备更新，既要考虑技术发展的需要，又要考虑经济方面的效益。这就需要建造师不失时机地做好设备更新分析工作，采取适宜的设备更新策略。

对于设备更新需求，企业应在系统、全面了解现有设备的性能、磨损程度、服务年限、技术进步等情况后，分轻重缓急，有重点、有区别地对待。凡修复比较合理的，不应过早更新，可以修中有改进；通过改进工装就能使设备满足生产技术要求的，不要急于更新；更新个别关键零部件就可达到要求的，不必更换整台设备；更换单机就能满足要求的，不必更换整条生产线。通常优先考虑更新的设备有以下几种。

(1) 设备损耗严重，大修后性能、精度仍不能满足规定工艺要求的。

(2) 设备耗损虽在允许范围之内，但技术已经陈旧落后，能耗高、使用操作条件不好、对环境污染严重，技术经济效果很不好的。

(3) 设备役龄长，大修虽然能恢复精度，但经济效果不如更新的。

(二) 设备更新方案比选原则

要确定设备是否更新，必须进行技术经济分析。设备更新方案比选的基本原理和评价方法与互斥性投资方案比选相同。但在实际设备更新方案比选时，应遵循如下原则。

1. 应站在客观的立场分析问题

明确设备更新问题的要点，应站在客观的立场上，而不是站在旧设备的立场上考虑问题。若要保留旧设备，首先要付出相当于旧设备当前市场价值的投资，才能取得旧设备的使用权。

2. 不考虑沉没成本

沉没成本是既有企业过去投资决策发生的、非现在决策能改变(或不受现在决策影响)、已经计入过去投资费用回收计划的费用。由于沉没成本是已经发生的费用，不管企业生产什么和生产多少，这项费用都不可避免地要发生，因此现在决策对它不起作用。在进行设备更新方案比选时，原设备的价值应按目前实际价值计算，而不考虑其沉没成本。例如，某设备4年前的原始成本是80 000元，目前的账面价值是30 000元，现在的市场价值仅为18 000元。在进行设备更新分析时，旧设备往往会产生一笔沉没成本，即

$$沉没成本 = 设备账面价值 - 当前市场价值 \tag{7-1}$$

或

$$沉没成本 = (设备原值 - 历年折旧费) - 当前市场价值 \tag{7-2}$$

那么，本例中旧设备的沉没成本为12 000元(30 000-18 000)，是过去投资决策发生的，与现在更新决策无关，目前该设备的价值等于市场价值18 000元。

3. 逐年滚动比较

该原则是指在确定最佳更新时机时，应首先计算比较现有设备的剩余经济寿命和新设备的经济寿命，然后利用逐年滚动计算的方法进行比较。

如果不遵循这些原则，方案比选结果或更新时机的确定可能发生错误。

四、设备更新方案的比选方法

由于有形磨损和无形磨损的共同作用，在设备使用到一定期限时，就需要进行更新，何时更新、怎样更新则取决于设备使用寿命的效益或成本的高低。

(一) 设备寿命的概念

设备寿命在不同情况下有不同的内涵。现代设备的寿命，不仅要考虑自然寿命，还要考虑设备的技术寿命和经济寿命。

1. 设备的自然寿命

设备的自然寿命，又称物质寿命。它是指设备从投入使用开始，直到因物质磨损严重而不能继续使用、报废为止所经历的全部时间。它主要是由设备的有形磨损所决定

的。做好设备维修和保养可延长设备的自然寿命，但不能从根本上避免设备的磨损，任何一台设备磨损到一定程度时，都必须进行更新。因为随着设备使用时间的延长，设备不断老化，维修所支出的费用也逐渐增加，从而出现恶性使用阶段，即经济上不合理的使用阶段。因此，设备的自然寿命不能作为设备更新的估算依据。

2. 设备的技术寿命

由于科学技术迅速发展，一方面，对产品的质量和精度的要求越来越高；另一方面，不断涌现技术更先进、性能更完善的机械设备，这就导致原有设备虽还能继续使用，但因不能保证产品的精度、质量和技术要求而被淘汰。设备的技术寿命是指设备从投入使用到因技术落后而被淘汰所延续的时间，即设备在市场上维持其价值的时间，故又称为有效寿命。例如一台电脑，即使完全没有使用过，它也会被功能更为完善、技术更为先进的电脑所取代，这时它的技术寿命可以认为等于零。由此可见，技术寿命主要是由设备的无形磨损所决定的，它一般比自然寿命要短，而且科学技术进步越快，技术寿命越短。所以，在估算设备寿命时，必须考虑设备技术寿命期限的变化特点及其使用的制约或影响。

3. 设备的经济寿命

经济寿命是指设备从投入使用开始，到因继续使用在经济上不合理而被更新所经历的时间，它是由设备维护费用的提高和使用价值的降低决定的。设备使用年限越长，所分摊的设备年资产消耗成本越少。但是随着设备使用年限的增加，一方面，需要更多的维修费维持原有功能；另一方面，设备的操作成本及原材料、能源耗费也会增加，年运行时间、生产效率、质量将下降。因此，年资产消耗成本的降低，会被年度运行成本的增加或收益的下降所抵销。在整个变化过程中存在某一年份，设备年平均使用成本最低，经济效益最好，如图7-2所示，在N_0年时，设备年平均使用成本达到最低值，我们称设备从开始使用到其年平均使用成本最低(或年盈利最高)的使用年限N_0为设备的经济寿命。所以，设备的经济寿命就是以经济观点(即成本观点或收益观点)确定的设备更新的最佳时刻。

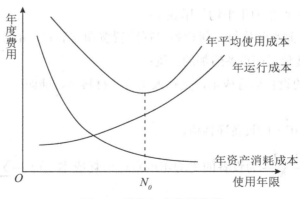

图7-2　设备年度费用曲线

4. 影响设备寿命期限的因素

影响设备寿命期限的因素较多,主要有以下几种。

(1) 设备的技术构成,包括设备的结构、工艺、技术进步。

(2) 设备成本。

(3) 加工对象。

(4) 生产类型。

(5) 工作班次。

(6) 操作水平。

(7) 产品质量。

(8) 维护质量。

(9) 环境要求。

(二) 设备经济寿命的估算

1. 设备经济寿命的估算原则

估算设备经济寿命应遵循以下原则。

(1) 能使设备在经济寿命内平均每年净收益(纯利润)达到最大。

(2) 能使设备在经济寿命内一次性投资和各种经营费用总和达到最小。

2. 设备经济寿命的估算方法

估算设备经济寿命的方法可以分为静态模式和动态模式两种。下面仅介绍静态模式下设备经济寿命的估算方法。

静态模式下设备经济寿命的估算方法,就是在不考虑资金时间价值的基础上计算设备年平均使用成本 $\bar{C}_N$,使 $\bar{C}_N$ 为最小的 N_0 就是设备的经济寿命,用公式表示为

$$\bar{C}_N = \frac{P - L_N}{N} + \frac{1}{N}\sum_{1}^{N} C_t \tag{7-3}$$

式中:$\bar{C}_N$——N 年内设备的年平均使用成本;

P——设备目前实际价值,新设备包括购置费和安装费,旧设备则包括旧设备现在的市场价值和继续使用旧设备追加的投资;

C_t——第 t 年的设备运行成本,包括人工费、材料费、能源费、维修费、停工损失费、废次品损失等;

L_N——第 N 年年末的设备净残值。

在式(7-3)中,$\frac{P - L_N}{N}$ 为设备的平均年度资产消耗成本,而 $\frac{1}{N}\sum_{1}^{N} C_t$ 为设备的平均年度运行成本。

在式(7-3)中，如果使用年限N为变量，则当$N_0(0<N_0 \leqslant N)$为经济寿命时，应满足$\overline{C}_N$最小的要求。

【例7-1】 某设备目前的实际价值为30 000元，有关统计资料见表7-1，求其经济寿命。

表7-1 设备有关统计资料 元

继续使用年限t	1	2	3	4	5	6	7
年运行成本	5000	6000	7000	9000	11 500	14 000	17 000
年末残值	15 000	7500	3750	1875	1000	1000	1000

解： 由统计资料可知，该设备在不同使用年限时的年平均成本如表7-2所示。

由计算结果可以看出，该设备在使用5年时，其平均使用成本13 500元为最低。因此，该设备的经济寿命为5年。

表7-2 设备在不同使用年限时的静态年平均成本 元

使用年限N	资产消耗成本$(P-L_N)$	年平均资产消耗成本(3)=(2)/(1)	年度运行成本C_t	运行成本累计$\sum C_t$	年平均运行成本(6)=(5)/(1)	年平均使用成本$\overline{C}_N$(7)=(3)+(6)
(1)	(2)	(3)	(4)	(5)	(6)	(7)
1	15 000	15 000	5000	5000	5000	20 000
2	22 500	11 250	6000	11 000	5500	16 750
3	26 250	8750	7000	18 000	6000	14 750
4	28 125	7031	9000	27 000	6750	13 781
6	29 000	4833	14 000	52 500	8750	13 583
7	29 000	4143	17 000	69 500	9929	14 072

由式(7-3)和表7-2可知，用设备的年平均使用成本$\overline{C}_N$估算设备的经济寿命的过程是：在已知设备现金流量的情况下，逐年计算出从第1年到第N年全部使用期的年平均使用成本$\overline{C}_N$，从中找出年平均使用成本$\overline{C}_N$的最小值及其所对应的年限，从而确定设备的经济寿命。

由于设备使用时间越长，设备的有形磨损和无形磨损越加剧，从而导致设备的维护修理费用增加越多，这种逐年递增的费用ΔC_t称为设备的低劣化增量。用低劣化数值表示设备损耗的方法称为低劣化数值法。如果每年设备的低劣化增量是均等的，即$\Delta C_t = \lambda$，则每年的设备低劣化呈线性增长。假设评价基准年(即第1年)设备的运行成本为C_1，则平均每年的设备使用成本$\overline{C}_N$可表示为

$$\overline{C}_N = \frac{P-L_N}{N} + \frac{1}{N}\sum_{t=1}^{N}C_t$$

$$= \frac{P-L_N}{N} + C_1 + \frac{1}{N}[\lambda + 2\lambda + 3\lambda + \cdots + (N-1)\lambda]$$

$$= \frac{P-L_N}{N} + C_1 + \frac{1}{2N}[N(N-1)\lambda]$$

$$= \frac{P-L_N}{N} + C_1 + \frac{1}{2}[(N-1)\lambda]$$

要使 $\bar{C}_N$ 为最小，设 L_N 为常数(如果 L_N 不为常数且无规律可循，需用列表法计算)，对 N 进行一阶求导，并令其导数为零，据此，可以简化经济寿命的计算公式为

$$N_0 = \sqrt{\frac{2(P-L_N)}{\lambda}} \tag{7-4}$$

式中：N_0——设备的经济寿命；

λ——设备的低劣化值。

【例7-2】有一台设备，目前实际价值 P=8000元，预计残值 L_N=800元，第1年的设备运行成本 Q=600元，每年设备的低劣化增量是均等的，年低劣化值 A=300元，求该设备的经济寿命。

解：设备的经济寿命 $N_0 = \sqrt{\frac{2 \times (8000-800)}{300}} = 7(年)$

将各年的计算结果列表(见表7-3)，进行比较后，也可得到同样的结果。

表7-3 用低劣化数值法计算设备最优更新期　　　　　　　　　　　　　元

使用年限 N	年平均资产消耗成本 $(P-L_N)/N$	年度运行成本 C_t	运行成本累计 $\sum C_t$	年平均运行成本 (5)=(4)/(1)	年平均使用成本 $\bar{C}_N$ (6)=(2)+(5)
(1)	(2)	(3)	(4)	(5)	(6)
1	7200	600	600	600	7800
2	3600	900	1500	750	4350
3	2400	1200	2700	900	3300
4	1800	1500	4200	1050	2850
5	1440	1800	6000	1200	2640
6	1200	2100	8100	1350	2550
7	1029	2400	10 500	1500	2529
8	900	2700	13 200	1650	2550
9	800	3000	16 200	1800	2600

(三) 设备更新方案的比选步骤

设备更新方案的比选就是对新设备方案与旧设备方案进行比较分析，即决定是现在马上购置新设备、淘汰旧设备，还是至少保留使用旧设备一段时间，再用新设备替换旧设备。新设备原始费用高，营运费和维修费低；旧设备目前净残值低，营运费和维修费高。因此，必须进行权衡，才能做出正确的选择，一般情况下要进行逐年比较。

在静态模式下进行设备更新方案比选时，可按如下步骤进行。

(1) 计算新旧设备方案不同使用年限的静态年平均使用成本和经济寿命。

(2) 确定设备更新时机。

需要注意的是，设备更新即便在经济上是有利的，也未必应该立即更新。换言之，设备更新分析还包括更新时机选择的问题。那么，现有的旧设备究竟在什么时机更新最经济？具体分为以下两种情况。

第一种情况：如果旧设备继续使用1年的年平均使用成本低于新设备的年平均使用成本，即

$$\bar{C}_N(旧) < \bar{C}_N(新)$$

此时，不更新旧设备，继续使用旧设备1年。

第二种情况：当新旧设备方案的年平均使用成本之间的关系为

$$\bar{C}_N(旧) > \bar{C}_N(新)$$

此时，应更新现有设备，这就是设备更新的时机。

总之，依据经济寿命比较新旧方案时，应以设备使用达到最有利的年限为标准。

任务二　设备租赁与购买

在企业生产经营管理中，设备租赁常见于企业设备投资决策中。企业应选择租赁设备还是直接购买设备，取决于投资决策者对两者的费用与风险的全面综合分析与比较。

一、设备租赁与购买概述

(一) 设备租赁的概念

设备租赁是设备使用者(承租人)按照合同规定，按期向设备所有者(出租人)支付一定费用而取得设备使用权的一种经济活动。设备租赁一般有融资租赁和经营租赁两种方式。在融资租赁中，租赁双方承担确定时期的租让和付费义务，而不得任意中止和取消租约，对于贵重的设备(如重型机械设备等)宜采用这种方法；而在经营租赁中，租赁双方的任何一方可以随时以一定方式在通知对方后的规定期限内取消或中止租约，对于临时使用的设备(如车辆、仪器等)通常采用这种方式。

由于租赁具有把融资和融物结合起来的特点，这使得租赁能够提供及时且灵活的资金融通方式，是企业取得设备进行生产经营的一个重要手段。

1. 设备租赁的优越性

(1) 在资金短缺的情况下,既可用较少资金获得生产急需的设备,也可以引进先进设备,加速技术进步的步伐。

(2) 可获得良好的技术服务。

(3) 可以保持资金的流动状态,防止呆滞,也不会使企业资产负债状况恶化。

(4) 可避免通货膨胀和利率波动的冲击,减少投资风险。

(5) 设备租金可在所得税前扣除,能享受税费上的利益。

2. 设备租赁的不足之处

(1) 在租赁期间,承租人对租用设备无所有权,只有使用权,故承租人无权随意对设备进行改造,不能处置设备,也不能用于担保、抵押贷款。

(2) 承租人在租赁期间,所交的租金总额一般比直接购置设备的费用要高。

(3) 长年支付租金,容易形成长期负债。

(4) 融资租赁合同规定严格,毁约要赔偿损失,罚款较多等。

综上,设备租赁有利有弊,故在租赁前要慎重地进行决策分析。

(二) 影响设备租赁与购买的主要因素

企业在决定进行设备投资之前,必须进行多方面考虑。企业选择租赁或购买的关键在于哪个方案能尽可能多地为企业节约支出费用,实现最好的经济效益。为此,需要考虑影响设备投资的因素。

1. 影响设备投资的因素

影响设备投资的因素较多,主要包括以下几个。

(1) 项目的寿命期。

(2) 企业是否需要长期占有设备,还是只希望短期占有这种设备。

(3) 设备的技术性能和生产效率。

(4) 设备对工程质量(产品质量)的保证程度,对原材料、能源的消耗量,以及设备生产的安全性。

(5) 设备的成套性、灵活性、耐用性、环保性和维修的难易程度。

(6) 设备的经济寿命。

(7) 技术过时风险的大小。

(8) 设备的资本预算计划、资金可获量(包括自有资金和融通资金),以及融通资金时借款利息或利率的高低。

(9) 提交设备的进度。

2. 影响设备租赁的因素

如选择租赁设备,除考虑上述因素外,还应考虑如下影响因素。

(1) 租赁期长短。

(2) 设备租金额，包括租金总额和每租赁期租金额。

(3) 租金的支付方式，包括租赁期起算日、支付日期、支付币种和支付方法等。

(4) 企业经营费用减少与折旧费和利息减少的关系，以及租赁的节税优惠。

(5) 预付资金(定金)、租赁保证金和租赁担保费用。

(6) 维修方式，即由企业自行维修还是由租赁机构提供维修服务。

(7) 租赁期满，资产的处理方式。

(8) 租赁机构的信用度、经济实力，以及与承租人的配合情况。

3. 影响设备购买的因素

如选择购买设备，还应考虑如下影响因素。

(1) 设备的购置价格，设备价款的支付方式、支付币种和支付利率等。

(2) 设备的年运转费用和维修方式、维修费用。

(3) 保险费，包括购买设备的运输保险费，设备在使用过程中的各种财产保险费。

总之，企业如何选择租赁与购买，关键在于技术经济可行性分析。因此，企业在决定进行设备投资之前，必须充分考虑影响设备租赁与购买的主要因素，才能获得最佳的经济效益。

二、设备租赁与购买方案的比选分析

企业做出购买设备或租赁设备的决策之前应进行方案比选，比选的原则和方法与一般的互斥投资方案的比选相同。

(一) 设备租赁与购买方案分析的步骤

(1) 根据企业生产经营目标和技术状况，提出设备更新的投资建议。

(2) 拟订若干设备投资、更新方案，包括购置(一次性付款和分期付款购买)方案和租赁方案。

(3) 定性分析筛选方案，包括分析企业财务能力、分析设备技术风险及使用维修特点。分析企业财务能力时，如果明确企业不能一次筹集并支付全部设备价款，则放弃一次付款购置方案。分析设备技术风险及使用维修特点时，对技术过时风险大、保养维护复杂、使用时间短的设备，可以考虑选择租赁方案；对技术过时风险小、使用时间长的大型专用设备，融资租赁方案或购置方案均可以考虑，要视具体情况而定。

(4) 定量分析并优选方案，结合其他因素，做出租赁或购买的投资决策。

(二) 设备租赁与购买方案的经济比选

在进行设备租赁与购买方案的经济比选时,必须详细地分析各方案寿命期内各年的现金流量情况,据此分析方案的经济效果,确定以何种方式投资才能获得最佳效益。

1. 设备租赁方案的净现金流量

采用设备租赁方案,租赁费可以直接计入成本,但为了与设备购买方案具有可比性,特将租赁费用从经营成本中分离出来,如表7-4所示,其任一期净现金流量可表示为

净现金流量=营业收入-租赁费用-经营成本-与营业相关的税金-所得税 (7-5)

或 净现金流量=营业收入-租赁费用-经营成本-与营业相关的税金-所得税率
×(营业收入-租赁费用-经营成本-与营业相关的税金) (7-6)

式中:租赁费用主要包括租赁保证金、担保费、租金。

表7-4 设备经营租赁方案现金流量表 万元

序号	项目	合计	计算期					
			1	2	3	4	...	n
1	现金流入							
1.1	营业收入							
2	现金流出							
2.1	租赁费用							
2.2	经营成本							
2.3	营业税金及附加							
2.4	所得税							
3	净现金流量(1-2)							
4	累计净现金流量							

1) 租赁保证金

为了确认租赁合同并保证其执行,承租人必须先交纳租赁保证金。当租赁合同结束时,租赁保证金将被退还给承租人或在偿还最后一期租金时加以抵销。保证金一般按合同金额的一定比例计算,或是某一基期数的金额(如一个月的租金额)。

2) 担保费

出租人一般要求承租人请担保人对该租赁交易进行担保,当承租人由于财务危机付不起租金时,由担保人代为支付租金。一般情况下,承租人需要付给担保人一定数目的担保费。

3) 租金

租金是租赁合同中的一项重要内容,直接关系到出租人与承租人双方的经济利益。出租人要从取得的租金中得到出租资产的补偿和收益,即要收回租赁资产的购进原价、

贷款利息、营业费用和一定的利润。承租人则要比照租金核算成本。影响租金的因素很多，如设备价格、融资利息及费用、各种税金、租赁保证金、运费、租赁利差、各种费用的支付时间以及租金采用的计算公式等。

租金的计算方法主要有附加率法和年金法。

(1) 附加率法。附加率法是在租赁资产的设备货价或概算成本上再加上一个特定的比率来计算租金的方法。每期租金R表达式为

$$R = P\frac{(1+Ni)}{N} + Pr \tag{7-7}$$

式中：P——租赁资产的价格；

N——租赁期数，可按月、季、半年、年计；

i——与租赁期数相对应的利率；

r——附加率。

【例7-3】租赁公司拟出租给某企业一台设备，设备的价格为68万元，租期为5年，每年年末支付租金，折现率为10%，附加率为4%，试求每年租金为多少。

$$R = 68 \times \frac{(1+5\times10\%)}{5} + 68 \times 4\% = 23.12(万元)$$

(2) 年金法。年金法是将一项租赁资产价值按动态等额分摊到未来各租赁期间的租金计算方法。年金法计算有期末支付租金和期初支付租金之分。

① 期末支付方式，即在每期期末等额支付租金，其支付方式的现金流量如图7-3(a)所示。由式(7-7)可知，期末等额支付租金计算是等额系列现值计算的逆运算，故由式(7-7)可得期末支付租金R_a的表达式，即

$$R_a = P\frac{i(1+i)^N}{(1+i)^N - 1} \tag{7-8}$$

式中：R_a——每期期末支付的租金额；

P——租赁资产的价格；

N——租赁期数，可按月、季、半年、年计；

i——与租赁期数相对应的利率或折现率。

$\frac{i(1+i)^N}{(1+i)^N-1}$——等额系列资金回收系数，用符号$(A/P,i,N)$表示。

② 期初支付方式，即在每期期初等额支付租金，期初支付要比期末支付提前一期支付租金，其支付方式的现金流量如图7-3(b)所示。每期租金R_b的表达式为

$$R_b = P\frac{i(1+i)^N}{(1+i)^N - 1} \tag{7-9}$$

式中：R_b——每期期初支付的租金额。

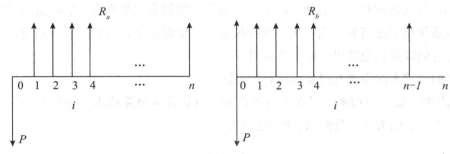

(a) 期末支付方式　　　　　　(b) 期初支付方式

图7-3　年金法计算租金现金流量示意图

【例7-4】假设折现率为12%，其余数据与例7-3相同，试分别按每年年末、每年年初支付方式计算租金。

解：若采用每年年末支付方式，则

$$R_a = 68 \times \frac{12\% \times (1+12\%)^5}{(1+12\%)^5 - 1} = 68 \times 0.2774 = 18.86 (万元)$$

若采用每年年初支付方式，则

$$R_b = 68 \times \frac{12\% \times (1+12\%)^{5-1}}{(1+12\%)^5 - 1} = 68 \times 0.2477 = 16.84 (万元)$$

2. 设备购买方案的净现金流量

在与设备租赁方案条件相同的情况下，设备购买方案的现金流量如表7-5所示，则任一期净现金流量为

净现金流量=营业收入-设备购置费-经营成本-贷款利息-与营业相关的税金-所得税

或
(7-10)

净现金流量=营业收入-设备购置费-经营成本-贷款利息-与营业相关的税金
-所得税率×(营业收入-经营成本-折旧-贷款利息-与营业相关的税金)　(7-11)

表7-5　设备购买方案现金流量　　　　　　　　　　　　　　　　　万元

序号	项目	合计	计算期					
			1	2	3	4	…	n
1	现金流入							
1.1	营业收入							
2	现金流出							
2.1	设备购置费							
2.2	经营成本							
2.3	贷款利息							
2.4	营业税金及附加							
25	所得税							

(续表)

序号	项目	合计	计算期					
			1	2	3	4	…	n
3	净现金流量(1-2)							
4	累计净现金流量							

3. 设备租赁与购买方案的经济比选方法

对于承租人来说，关键问题是选择租赁设备还是购买设备。设备租赁与购买的经济比选也是互斥方案选优问题，一般寿命相同时可以采用净现值(或费用现值)法，设备寿命不同时可以采用净年值(或年成本)法。无论是用净现值法，还是净年值法，均以收益效果较好(或成本较少)的方案为宜。

在工程经济互斥方案分析中，为了简化计算，常常只需比较它们之间的差异部分。而设备租赁与购买方案的经济比选，最简单的方法是在假设营业收入相同的条件下，将租赁方案和购买方案的费用进行比较。根据互斥方案比选的增量原则，只需比较它们之间的差异部分。从式(7-6)和式(7-11)两式可以看出，只需比较式(7-12)和式(7-13)即可。

设备租赁： 所得税率×租赁费-租赁费 (7-12)

设备购置： 所得税率×(折旧+贷款利息)-设备购置费-贷款利息 (7-13)

由于每个企业都要依据利润多少交纳所得税，按财务制度规定，租赁设备的租金允许计入成本；购买设备每期计提的折旧费也允许计入成本；若用借款购买设备，每期支付的利息也可以计入成本。在其他费用保持不变的情况下，计入成本越多，则利润总额越少，企业交纳的所得税也越少。因此，应充分考虑各种方式的税收优惠影响，选择税后收益更大或税后成本更少的方案。

案例分析

某旧设备更新方案的选择

某旧设备各种更新方案各项费用的原始资料见表7-6，i_c=10%，选择最佳更新方案的过程如下所述。

根据本章内容，计算出不同服务年限各方案的现值总费用，见表7-7。

从计算结果可以看出，如果设备只使用1年，以使用旧设备的方案为最佳；如果打算使用2~4年，最佳方案是对原设备进行大修理；如果估计设备将使用5~6年，最佳方案是对原设备进行现代化技术改造；如果使用期限在7年以上，则用高效率新型设备替换旧设备的方案最佳。

表7-6 更新方案各项费用原始资料

单位：元

方案	投资	生产效率系数		各年经营成本(C)及各年末残值(L)									
				1	2	3	4	5	6	7	8	9	10
继续使用旧设备	$P_1=3000$	$\alpha_1=-0.7$	C L	1400 1200	1800 600	2200 300							
用原型设备更新	$P_2=16000$	$\alpha_2=1$	C L	450 9360	550 8320	650 7280	750 6240	850 5200	950 4160	1050 3120	1150 2080	1250 1300	1350 1300
用新型设备更新	$P_3=20000$	$\alpha_3=1.3$	C L	350 11520	420 10240	490 8600	560 7250	630 5700	700 4700	770 4000	840 3000	910 2000	980 2000
技术改造	$P_4=11000$	$\alpha_4=1.2$	C L	550 90000	680 8000	810 6700	940 5700	1070 4700	1200 3700	1330 2700	1460 1700	1590 1000	1720 1000
旧设备大修理	$P_5=7000$	$\alpha_5=0.98$	C L	700 64000	950 5800	1200 5200	1450 4700	1700 3800	1950 3000	2200 2200	2450 1400	2700 700	2950 700

表7-7 不同服务年限各方案总费用现值计算

单位：元

方案	1	2	3	4	5	6	7	8	9	10
继续使用旧设备	4545.4*	7520.6	10268.3							
用原型设备更新	7900	9987.6	11882.4	13602.2	15163.2	16580.1	17866.0	19033.2	19962.4	20553.0
用新型设备更新	6871.3	8442.7	10022.8	11284.1	12486.7	13340.8	14004.2*	14701.3+	15326.0*	15629.3*
技术改造	5265.1	7042.0	8863.9	10349.5	11715.5*	12971.5+	14126.1	15187.4	16056.8	16641.5
旧设备大修理	4916.5	6863.3*	8687.9*	10409.4*	12354.6	14157.4	15885.4	17537.2	19069.2	20257.3

注：*表示不同服务年限各设备更新方案中的最佳总费用现值

【案例思考】

1. 如果在不同更新方案下设备投资发生变化，对更新方案的结果会产生怎样的影响？

2. 如果基准收益率变为12%，对更新方案结果会产生怎样的影响？

项目小结

一般情况下，新设备的特点是原始费用高，但运行和维修费用低，而旧设备恰恰相反。在考虑设备是否需要更新时，应全面比较、权衡利弊，以经济效果的优劣作为判断依据。因此，要掌握设备更新方案的特点、比较方法及应遵循的原则。

设备更新方案的比较分两种情况：一种是寿命不同的更新方案的比较；另一种是以经济寿命为依据的更新方案比较。

练习题

1.(2014年)可以采用大修理方式进行补偿的设备磨损是(　　)。

A. 不可消除性有形磨损

B. 第一种无形磨损

C. 可消除性有形磨损

D. 第二种无形磨损

2.(2014年)下列导致现有设备贬值的情形中，属于设备无形磨损的有(　　)。

A. 设备连续使用导致零部件磨损

B. 设备长期闲置导致金属件锈蚀

C. 同类设备的再生产价值降低

D. 性能更好、耗费更低的替代设备出现

E. 设备使用期限过长引起橡胶老化

3.(2015年)关于确定设备经济寿命的说法，正确的有(　　)。

A. 使设备在自然寿命期内一次性投资最少

B. 使设备的经济寿命与自然寿命、技术寿命尽可能保持一致

C. 使设备在经济寿命期年平均净收益达到最多

D. 使设备在经济寿命期年平均使用成本最少

E. 使设备在可用寿命期内总收入达到最多

4. (2016年)某企业2005年年初以3万元的价格购买了一台新设备,使用7年后发生故障不能正常使用,且市场上出现了技术更先进、性能更加完善的同类设备,但原设备经修理后又能继续使用,至2015年年末不能继续修复使用后报废,则该设备的自然寿命为( )年。

A. 7   B. 10   C. 12   D. 11

5. (2016年)下列生产设备磨损形式中,属于无形磨损的有( )。

A. 长期超负荷运转,造成设备性能下降、加工精度降低

B. 出现了加工性能更好的同类设备,使现有设备因相对落后而贬值

C. 因设备长期封存不用,设备零部件受潮腐蚀,使设备维修费用增加

D. 技术特性和功能不变的同类设备的再生产价值降低,致使现有设备贬值

E. 出现效率更高、耗费更少的新型设备,使现有设备因经济效益相对降低而贬值

6. (2016年)某设备的购买价格为10万元,账面价值为4万元,市场价值为3万元,闲置设备更新购买同样的设备需8万元,下列说法正确的有( )。

A. 使用旧设备需投资3万元

B. 不考虑沉没成本1万元

C. 新方案市场价比旧方案多4万元

D. 新方案投资应为10万元

E. 新旧方案的经济寿命和运行成本相同

7. (2004年)在进行设备购买与设备租赁方案经济比较时,应将购买方案与租赁方案视为( )。

A. 独立方案   B. 相关方案
C. 互斥方案   D. 组合方案

8. (2004年)对承租人而言,租赁设备的租赁费用主要包括租赁保证金、租金和( )。

A. 贷款利息   B. 折旧费用   C. 运转成本   D. 担保费

9. (2004年)对于承租人来说,设备租赁相对于设备购买的优越性有( )。

A. 可以将承租的设备用于担保、抵押贷款

B. 可用较少的资金获得生产急需的设备

C. 可以自主对设备进行改造

D. 租金可在税前扣除,享受税费优惠

E. 可避免通货膨胀和利率波动的冲击

10. (2007年)在进行购买设备与租赁设备的方案比选时,需要分析设备技术风险、使用及维修特点。其中,对( )的设备,可以考虑采用经营租赁方案。

A. 技术过时风险小   B. 保养维修简单
C. 保养维修复杂   D. 使用时间长

11. (2009年)正常情况下，在同一设备寿命期内，租赁费、租金和购置原价三者之间的数量关系是(　　)。

A. 租赁费>租金=购置原价　　　　B. 租赁费<租金<购置原价

C. 租赁费=租金>购置原价　　　　D. 租赁费>租金>购置原价

12. (2011年)将租赁资产价值按动态等额分摊到未来各租赁期间的租金计算方法是(　　)。

A. 附加率法　　　　　　　　　　B. 消耗率法

C. 低劣化值法　　　　　　　　　D. 年金法

13. (2012年)设备融资租赁与经营租赁的主要不同点是(　　)。

A. 租金的支付方式　　　　　　　B. 可用于租赁的设备

C. 租赁双方的根本目的　　　　　D. 租赁双方承担义务的约束力

项目 八
工程项目投融资

知识导图

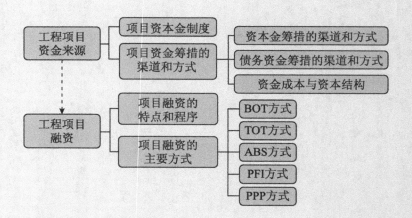

核心知识点

1. 项目资本金制度，资金筹措渠道和方式，资金成本和资本结构；

2. 项目融资的主要方式及特点。

引导案例　　　　　　　三峡工程项目的资金筹集

　　1993年7月，国务院三峡工程建设委员会批准三峡枢纽工程，静态总投资为500.9亿元；1994年11月，国务院三峡工程建设委员会批准水库移民搬迁与安置，静态总投资为400亿元。两项合计，三峡工程静态总投资为900.9亿元。三峡工程于2003年开始蓄水发电，于2009年全部完工，工程动态投资1800亿元。

　　国家为了扶持三峡工程的建设，出台了如下一些规定：在全国范围内，通过对用户用电适当加价的办法，征收三峡工程建设基金，预计可筹资1000亿元；将中国当时最大的水电站——葛洲坝水力发电厂划归中国长江三峡集团公司，规定其发电利润和提价收入用于三峡工程建设，预计可筹资100亿元。以上两项作为国家投入的资金，占三峡总投资的50%以上。国家开发银行提供300亿元贷款，1994—2003年每年30亿元，2004—2008年分5年等额偿还。上述政策和资金渠道构成了三峡工程稳定可靠的资金来源，奠定了三峡工程国家级信誉的基础，为三峡集团公司在资本市场筹资提供了有利条件。

　　三峡集团公司从资本市场筹资的渠道包括：购买国外设备的出口信贷和国际商业贷款，国内商业银行贷款，发行企业债券等。2003年后，三峡电厂的发电收入即可满足当年工程建设投资需要，同时长江电力公司上市，进行资金筹集。多渠道筹集的资金满足了工程建设的需要。

　　三峡工程项目耗资巨大，资金落实到位才能保证项目的顺利开展，而单靠政府投资，财政压力过大，因此需要多方筹集资金来保证项目的进行。由此看来，能否制定科学合理的资金筹措方案关系着项目的成败。

　　关键词：工程投资，银行贷款，出口信贷，发行企业债券，资金筹措

　　工程项目投融资是工程造价管理的基础和前提，一些大型基础性建设项目往往投资额较大，需要进行融资来确保项目的正常进行。项目资金筹措的渠道和方式分为资本金筹措和债务资金筹措，资本金筹措依据主体的不同又分为既有法人和新设法人，债务资金筹措方式包含信贷方式融资、债券方式融资、租赁方式融资。工程项目融资的方式主要包括BOT、TOT、ABS、PFI和PPP方式等，每种融资方式都有其特点，应依据工程项目自身的特点选择相适应的融资方式。依法纳税是每个公民应尽的义务，与工程相关的税收有增值税、所得税、房产税等。

任务一　工程项目资金来源

项目资本金是在总投资中由投资者认缴的出资额，项目资本金来源可以是货币出资，也可以是其他实物、土地使用权等作价出资，但对其出资比例需要进行控制。项目资金筹措的渠道和方式有资本金筹措和债务资金筹措两种。在项目融资中，项目资金的结构安排和资金来源选择非常关键，巧妙地安排项目的资金构成比例，选择合适的资金来源形式，可以达到减少项目投资者自有资金的直接投入以及提高项目综合经济效益的双重目的。

一、项目资本金制度

对项目来说，项目资本金是非债务性资金，项目法人不承担这部分资金的任何利息和债务。投资者可按其出资比例依法享有所有者权益，也可转让其出资，但不得以任何方式抽回。对于提供债务融资的债权人来说，项目资本金可以视为负债融资的信用基础，项目资本金后于负债受偿，可以降低债权人债权的回收风险。

为了建立投资风险约束机制，有效地控制投资规模，《国务院关于固定资产投资项目试行资本金制度的通知》(国发〔1996〕35号)规定，各种经营性固定资产投资项目，包括国有单位的基本建设、技术改造、房地产开发项目和集体投资项目，试行资本金制度，投资项目必须首先落实资本金才能进行建设；个体和私营企业的经营性投资项目参照规定执行；公益性投资项目不实行资本金制度；外商投资项目(包括外商投资、中外合资、中外合作经营项目)按现行有关法规执行。

(一)项目资本金的来源

项目资本金可以用货币出资，也可以用实物、工业产权、非专利技术、土地使用权作价出资。对作为资本金的实物、工业产权、非专利技术、土地使用权，必须经过有资格的资产评估机构依照法律、法规评估作价，不得高估或低估。以工业产权、非专利技术作价出资的比例不得超过投资项目资本金总额的20%，国家对采用高新技术成果有特别规定的除外。

投资者以货币方式认缴的资本金，其资金来源主要有以下几个。

(1) 各级人民政府的财政预算内资金，国家批准的各种专项建设基金，经营性基本建设基金回收的本息，土地批租收入，国有企业产权转让收入，地方人民政府按国家有关规定收取的各种规费及其他预算外资金。

(2) 国家授权的投资机构及企业法人的所有者权益(包括资本金、资本公积金、盈余公积金和未分配利润、股票上市资金收益等)，企业折旧资金以及投资者按照国家规定从资金市场上筹措的资金。

(3) 社会个人合法所有的资金。

(4) 国家规定的其他可以用作投资项目资本金的资金。

(二) 项目资本金的比例

《国务院关于决定调整固定资产投资项目资本金比例的通知》(国发〔2009〕27号)调整了固定资产投资项目的最低资本金比例。为了扩大有效投资需求，促进投资结构调整，保持经济平稳健康发展，《国务院关于调整和完善固定资产投资项目资本金制度的通知》(国发〔2015〕51号)再次调整了固定资产投资项目的最低资本金比例(详见表8-1)。对于城市地下综合管廊、城市停车场项目，以及经国务院批准的核电站等重大建设项目，可以在规定最低资本金比例的基础上适当降低。

表8-1 项目资本金占项目总投资最低比例

序号	投资项目		项目资本金占项目总投资最低比例
1	城市和交通基础设施项目	城市轨道交通项目	20%
		港口、沿海及内河航运、机场项目	25%
		铁路、公路项目	20%
2	房地产开发项目	保障性住房和普通商品住房项目	20%
		其他项目	25%
3	产能过剩行业项目	钢铁、电解铝项目	40%
		水泥项目	35%
		煤炭、电石、铁合金、烧碱、焦炭、黄磷、多晶硅项目	30%
4	其他工业项目	玉米深加工项目	20%
		化肥(钾肥除外)项目	25%
		电力等其他项目	20%

作为计算资本金基数的总投资，是指投资项目的固定资产投资与铺底流动资金之和，具体核定时以经批准的动态概算为依据。

投资项目资本金的具体比例，由项目审批单位根据投资项目的经济效益以及银行贷款意愿和评估意见等情况，在审批可行性研究报告时核定。经国务院批准，对个别情况特殊的国家重点建设项目，可以适当降低资本金比例。

对某些投资回报率稳定、收益可靠的基地设施、基础产业投资项目，以及经济效益好的竞争性投资项目，经国务院批准，可以通过发行可转换债券或组建股份制公司发行股票的方式筹措资本金。

为扶持不发达地区的经济发展,国家主要通过在投资项目资本金中适当增加国家投资的比重,在信贷资金中适当增加政策性贷款的比重,以及适当延长政策性贷款的还款期等措施,增强其投融资能力。

按照有关要求,外商投资企业的注册资本应与生产经营规模相适应,其注册资本占投资总额的最低比例见表8-2。表中的投资总额,是指投资项目的建设投资、建设期利息与流动资金之和。

表8-2 外商投资企业注册资本占投资总额的最低比例

序号	投资总额	注册资本占投资总额的最低比例	附加条件
1	300万美元以下 (含300万美元)	7/10	
2	300万~1000万美元 (含1000万美元)	1/2	其中,投资总额在420万美元以下的,注册资金不低于210万美元
3	1000万~3000万美元 (含3000万美元)	2/5	其中,投资总额在1250万美元以下的,注册资金不低于500万美元
4	3000万美元以上	1/3	其中,投资总额在3600万美元以下的,注册资金不低于1200万美元

对于一些特殊行业的外商投资企业,注册资本的特殊要求见表8-3。

表8-3 特殊行业的外商投资企业注册资本最低要求

序号	行业	注册资本最低要求
1	从事零售业务的中外合营企业	不低于5000万元人民币(中西部地区不低于3000万元人民币)
2	从事批发业务的中外合作企业	不低于8000万元人民币(中西部地区不低于6000万元人民币)
3	外商投资(包括独资及中外合作)创办投资公司	不低于3000万元人民币
4	外商投资电信企业	经营全国或者跨省、自治区、直辖市范围的基础电信业务的,其注册资本最低限额为20亿元人民币;经营增值电信业务的,其注册资本最低限额为1000万元人民币;经营省、自治区、直辖市范围内的基础电信业务的,其注册资本最低限额为2亿元人民币;经营增值电信业务的,其注册资本最低限额为100万元人民币

按照我国现行规定,有些项目不允许国外资本控股,有些项目要求国有资本控股。《外商投资产业指导目录》(2015年修订)中明确规定,电网、核电站、铁路干线路网、综合水利枢纽等项目,必须由中方控股,民用机场项目必须由中方相对控股。

(三)项目资本金的管理

投资项目的资本金应一次认缴,并根据批准的建设进度按比例逐年到位。

投资项目在可行性研究报告中要就资本金筹措情况作出详细说明，包括出资方、出资方式、资本金来源及数额、资本金认缴进度等有关内容。上报可行性研究报告时，须附有各出资方承诺出资的文件，以实物、工业产权、非专利技术、土地使用权作价出资的，还须附有资产评估证明等有关材料。

主要使用商业银行贷款的投资项目，投资者应将资本金按分年应到位数量存入其主要贷款银行；主要使用国家开发银行贷款的投资项目，应将资本金存入国家开发银行指定的银行。投资项目资本金只能用于项目建设，不得挪作他用，更不得抽回。有关银行承诺贷款后，要根据投资项目建设进度和资本金到位情况分年发放贷款。

有关部门要按照国家规定对投资项目资本金的到位和使用情况进行监督。对资本金未按照规定进度和数额到位的投资项目，投资管理部门不发给投资许可证，金融部门不予贷款。对将已存入银行的资本金挪作他用的，在投资者未按规定予以纠正之前，银行要停止对该项目拨付贷款。

对资本金来源不符合有关规定，弄虚作假，以及抽逃资本金的，要根据情节轻重，对有关责任者处以行政处分或经济处罚，必要时停建或缓建有关项目。

凡资本金不落实的投资项目，一律不得开工建设。

二、项目资金筹措的渠道和方式

项目资金筹措的渠道和方式既有区别又有联系，同一渠道的资金可采用不同的筹资方式，而同一筹资方式下往往又可筹集到来自不同渠道的资金。因此，应认真分析研究各种筹资渠道和筹资方式的特点及适应性，将两者结合起来，以确定最佳的资金结构。

项目资金筹措应遵循以下基本原则。

第一，规模适宜原则。筹措资金的目的在于确保项目所必需的资金，筹资数量不能盲目确定，必须做到以需定筹。若筹资不足，必然会影响生产经营活动的正常开展；反之，又会造成资金浪费，降低资金的使用效率。因此，在筹资时必须确定合理的规模，使资金的筹集量与需求量达到平衡。

第二，时机适宜原则。筹资时机应依据资金的使用时间来合理安排。筹资过早，会造成资金闲置；筹资太迟，又会影响投资机会。

第三，经济效益原则。筹资渠道和方式多种多样，不同筹资渠道和方式的资金成本、筹资的难易程度、资金供给者的约束条件等可能各不相同。因此，应综合考虑，力求以最低的综合资金成本实现最大的投资效益。

第四，结构合理原则。合理的资金来源结构包括两个方面：一是合理安排权益资本和债务资金的比例；二是合理安排长期资金和短期资金的比例。因此，在筹资过程中，应合理安排筹资结构，寻求筹资方式的最优组合。

从总体上看，项目的资金来源可分为投入资金和借入资金，前者形成项目的资本金，后者形成项目的负债。

(一) 资本金筹措的渠道和方式

根据项目资本金筹措主体的不同，资本金筹措可分为既有法人项目资本金筹措和新设法人项目资本金筹措。

1. 既有法人项目资本金筹措

既有法人作为项目法人进行项目资本金筹措，不组建新的独立法人，筹资方案应与既有法人公司(包括企业、事业单位等)的总体财务安排相协调。既有法人可用于项目资本金的资金来源分为内外两个方面。

1) 内部资金来源

内部资金来源主要包括以下几个方面。

(1) 企业的现金。企业库存现金和银行存款可由企业的资产负债表来反映，其中可能有一部分可以投入项目，即扣除保持必要的日常经营所需的货币资金额，多余的资金可用于项目投资。

(2) 未来生产经营中获得的可用于项目的资金。在未来的项目建设期间，企业可从生产经营中获得新的现金，扣除生产经营开支及其他必要开支之后，剩余部分可以用于项目投资。未来企业经营获得的净现金流量，需要通过对企业未来现金流量的预测来估算。实践中常采用经营收益间接估算企业未来的经营净现金流量，其计算公式为

$$经营净现金流量 = 经营净收益 - 流动资金占用的增加 \tag{8-1}$$

$$经营净收益 = 净利润 + 折旧 + 无形及其他资产摊销 + 财务费用 \tag{8-2}$$

$$经营净现金流量 = 净利润 + 折旧 + 无形及其他资产摊销 + 财务费用 - 流动资金占用的增加 \tag{8-3}$$

企业未来经营净现金流量中，财务费用及流动资金占用的增加部分将不能用于固定资产投资，折旧、无形及其他资产摊销通常认为可用于再投资或偿还债务，净利润中有一部分可能需要用于分红或用于盈余公积金和公益金留存，其余部分可用于再投资或偿还债务。因此，可用于再投资及偿还债务的企业经营净现金可按下式估算

$$可以用于再投资及偿还债务的企业经营净现金 = 净利润 + 折旧 + \\ 无形及其他资产摊销 - 流动资金占用的增加 - 利润分红 - \\ 利润中需要留作企业盈余公积金和公益金的部分 \tag{8-4}$$

(3) 企业资产变现。既有法人可将流动资产、长期投资或固定资产变现，取得现金用于新项目投资。企业资产变现通常包括短期投资、长期投资、固定资产、无形资产的变现。降低流动资产中的应收款项和存货，可以增加企业能使用的现金，这类流动资产的变现通常体现在企业外来净现金流量估算中。企业也可通过加强财务管理，提高流动

资产周转率，减少存货、应收账款等流动资产占用而取得现金，或者出让有价证券取得现金。企业的长期投资包括长期股权投资和长期债权投资，一般都可以通过转让而变现。企业的固定资产中，有些由于产品方案改变而被闲置，有些由于技术更新而被替换，这些都可以出售变现。

(4) 企业产权转让。企业可将原拥有的产权部分或全部转让给他人，换取资金用于新项目的资本金。

资产变现表现为一个企业资产总额构成的变化，即非现金货币资产的减少，现金货币资产的增加，而资产总额并没有发生变化。产权转让则是企业资产控制权或产权结构发生变化，对于原有的产权人，经转让后其控制的企业原有资产总量会减少。

既有法人应通过分析财务和经营状况，预测企业未来的现金流，判断现有企业是否具备足够的自有资金投资于拟建项目。如果不具备足够的资金能力，或者不愿意失掉原有的资产权益，或者不愿意使其自身的资金运用过于紧张，就应该设计外部资金来源的资本金筹集方案。

2) 外部资金来源

外部资金来源包括以下几个方面。

(1) 企业增资扩股。企业可以通过原有股东增资扩股，也可通过吸收新股东增资扩股，包括国家股、企业法人股、个人股和外资股的增资扩股。

(2) 优先股。优先股与普通股相同的是没有还本期限，与债券相似的是股息固定。相对于其他借款融资方式，优先股的受偿顺序通常靠后，对于项目公司其他债权人来说，可视为项目资本金；而对于普通股股东来说，优先股通常要优先受偿，是一种负债。因此，优先股是一种介于股本资金与负债之间的融资方式。优先股股东不参与公司经营管理，没有公司控制权，不会分散普通股股东的控股权。发行优先股通常不需要还本，只需要支付固定股息，可降低公司的偿债风险，减小压力。但优先股融资成本较高，且股利不能像债券利息一样在税前扣除。

(3) 国家预算内投资。国家预算内投资是指以国家预算资金为来源并列入国家计划的固定资产投资，目前包括国家预算、地方财政、主管部门和国家专项投资拨给或委托银行贷给建设单位的基本建设拨款及中央基本建设基金，拨给企业单位的更新改造拨款，以及中央财政安排的专项拨款中用于基本建设的资金。

2. 新设法人项目资本金筹措

新设法人项目资本金的形成分为两种形式：一种是在新法人设立时由发起人和投资人按项目资本金额度要求提供足额资金；另一种是由新设法人在资本市场上进行融资。

新设法人项目资本金通常以注册资本的方式投入。有限责任公司及股份公司的注册资本由公司的股东按股权比例认缴，合作制公司的注册资本由合作投资方按预先约定的金额投入。如果公司注册资本的额度要求低于项目资本金额度的要求，股东按项目资本金额度的要求投入企业的资金超过注册资本的部分，通常以资本公积的形式记账。有些情况下，投资者还可以准资本金的方式投入资金，包括优先股、股东借款等。具体的资本金筹措形式主要有以下几种。

1) 在资本市场募集股本资金

在资本市场募集股本资金可以采取两种基本方式，即私募与公开募集。

(1) 私募是指将股票直接出售给少数特定的投资者，不通过公开市场销售。私募程序可相对简化，但在信息披露方面仍必须满足投资者的要求。

(2) 公开募集是在证券市场上公开向社会发行销售股票。在证券市场上公开发行股票，需要取得证券监管机关的批准，需要通过证券公司或投资银行向社会推销，需要提供详细的文件，保证公司的信息披露，保证公司的经营及财务透明度。该种方式的特点是筹资费用较高，筹资时间较长。

2) 合资合作

通过在资本投资市场上寻求新的投资者，由初期设立的项目法人与新的投资者以合资合作等多种形式，重新组建新的法人，或者由设立初期的项目法人的发起人和投资人与新的投资者进行资本整合，重新设立新的法人，使重新设立的新法人拥有的资本达到或满足项目资本金投资的额度要求。采用这一方式，新法人往往需要重新进行公司注册或变更登记。

(二) 债务资金筹措的渠道和方式

债务资金是指项目投资中除项目资本金外，以负债方式取得的资金。债务资金是项目公司一项重要的资金来源。债务融资的优点是速度快、成本较低；缺点是融资风险较大，有还本付息的压力。

筹措债务资金应考虑债务期限、债务偿还、债务序列、债权保证、违约风险、利率结构、货币结构与国家风险等因素。债务资金主要通过信贷、债券、租赁等方式进行筹措。

1. 信贷融资

信贷融资是项目负债融资的重要组成部分，是公司融资和项目融资中最基本、最简单、所占比重最大的债务融资形式。国内信贷资金主要有商业银行和政策性银行等提供的贷款。国外信贷资金主要有商业银行提供的贷款，以及世界银行、亚洲开发银行等国际金融机构提供的贷款。此外，还有外国政府贷款、出口信贷以及信托投资公司等非银行金融机构提供的贷款。信贷融资方案应说明拟提供贷款的机构及其贷款条件，包括支付方式、贷款期限、贷款利率、还本付息方式及附加条件等。

1) 商业银行贷款

按照所有制形式的不同，我国的商业银行分为国有商业银行和股份制银行。按照经营区域的不同,我国的商业银行分为全国性银行和地区性银行。境外的商业银行也是银行贷款的来源。我国自加入WTO后,逐步放宽外国银行进入我国开办商业银行业务,外国商业银行在我国获得批准设立分行,或者设立合资或独资的子银行,我国境内的外资商业银行正在逐步开展外汇及人民币贷款业务。

按照贷款期限,商业银行的贷款分为短期贷款、中期贷款和长期贷款。贷款期限在1年以内的为短期贷款,超过1年至3年的为中期贷款,3年以上期限的为长期贷款。

按照资金用途,商业银行贷款在银行内部管理中分为固定资产贷款、流动资金贷款、房地产开发贷款等。

项目投资使用中长期银行贷款,银行要进行独立的项目评估,评估内容主要包括项目建设内容、必要性、产品市场需求、项目建设及生产条件、工艺技术及主要设备、投资估算与筹资方案、财务盈利性、偿债能力、贷款风险、保证措施等。

除了商业银行可以提供贷款,一些城市或农村信用社、信托投资公司等非银行金融机构也提供商业贷款,条件与商业银行类似。

国外商业银行贷款利率有浮动利率与固定利率两种形式。浮动利率通常以某种国际金融市场的利率为基础,加上一个固定的加成率构成,较为常见的如以伦敦同业拆借利率LIBOR为基础,固定利率则在贷款合同中约定。国外商业银行的贷款利率由市场决定,各国政府的中央银行对于本国的金融市场利率通过一定的手段进行调控。

国内商业银行贷款的利率目前以中国人民银行的基准利率为中心,可以有一定幅度的浮动,目前规定为下浮10%,即贷款利率下限为基准利率的90%。对于除城乡信用社以外的金融机构贷款利率上浮不设上限;对于城乡信用社,贷款利率仍实行上限管理,贷款利率上限为基准利率的2.3倍。中国人民银行不定期对贷款的基准利率进行调整。已经借入的长期贷款,如遇中国人民银行调整利率,利率的调整在下一年度开始执行。

2) 政策性银行贷款

为了支持一些特殊的生产、贸易、基础设施建设项目,国家政策性银行可以提供政策性银行贷款。政策性银行贷款利率通常比商业银行贷款利率低。我国的政策性银行有中国进出口银行、中国农业发展银行。国家开发银行原来也属于政策性银行,但在2008年底改制后,成为开发性金融机构,为实现国家中长期发展战略提供投融资服务和开发性金融服务。

3) 出口信贷

项目建设需要进口设备的,可以使用设备出口国的出口信贷。按照获得贷款资金的借款人的不同,出口信贷分为买方信贷、卖方信贷和福费廷(FORFEIT)等。出口信贷通常不能对设备价款全额贷款,通常只能提供设备价款85%的贷款,设备出口商则给予设备购买方延期付款的条件。出口信贷利率通常要低于国际商业银行的贷款利率。欧洲经济合作与发展组织(OECD)国家出口信贷利率一般要遵循商业参考利率(CIRR)。出口信贷通常需要支付一定的附加费用,如管理费、承诺费、信贷保险费等。

(1) 买方信贷。买方信贷是出口商所在地银行为促进本国商品的出口,而对国外进口商(或其银行)所发放的一种贷款。买方信贷可以通过进口国的商业银行转贷,也可以不通过本国商业银行转贷。通过本国商业银行转贷时,设备出口国的贷款银行将贷款贷给进口国的一家转贷银行,再由进口国转贷银行将贷款贷给设备进口商。从国际范围来看,买方信贷应用较为广泛,特别是把贷款发放给进口商所在地银行再转贷给进口商的买方信贷应用得更为广泛。

(2) 卖方信贷。卖方信贷是出口商所在地有关银行,为便于该国出口商以延期付款形式出口商品而给予本国出口商的一种贷款。出口商向银行借取卖方信贷后,其资金得以通融,便可允许进口商延期付款,具体为:进出口商签订合同后,进口商先支付10%～15%的定金,在分批交货验收和保证期满时,进口商再分期付给10%～15%的货款,其余70%～80%的货款在全部交货后若干年内分期偿还,并付给延期付款期间的利息。

(3) 福费廷。福费廷是专门的代理融资技术。一些大型资本货物,如在大型水轮机组和发电机组等设备的采购中,由于从设备的制造、安装到投产需要多年时间,进口商往往要求延期付款,按项目的建设周期分期偿还。为了鼓励设备出口,几家出口商所在地银行专门开设了针对大型设备出口的特殊融资,具体为:出口商把经进口商承兑的期限在6个月到5年甚至更长的远期汇票,无追索权地出售给出口商所在地的银行,出口商提前取得现款。为了保证在进口商不能履行义务的情况下出口商也能获得贷款,出口商要求进口商承兑的远期汇票附有银行担保。

4) 银团贷款

随着工程项目规模的扩大,所需建设资金也越来越多,出于风险控制或银行资金实力方面的考虑,一家商业银行的贷款往往无法满足项目债务资金的需求,于是出现了银团贷款,也称辛迪加贷款,它是指由一家银行牵头、多家银行参与的贷款。贷款银团中还需要有一家或数家代理银行,负责监管借款人的账户,监控借款人的资金,划收及划转贷款本息。

使用银团贷款,除了贷款利率之外,借款人还要支付一些附加费用,包括管理费、安排费、代理费、承诺费、杂费等。

银团贷款的具体操作方式有两种:直接参与和间接参与。直接参与是指银团内各个成员银行直接与项目借款人签订借贷协议,按借贷协议所规定的统一条件贷款给项目借款人,贷款的具体发放工作由借贷协议中指定的代理行统一管理。间接参与是指由一家牵头银行向项目借款人贷款,然后由该银行将参加贷款权分别转让给其他参与行,各参与行按照各自承担的贷款数额贷款给项目借款人,贷款工作由牵头银行负责管理。

5) 国际金融机构贷款

国际金融机构贷款是指国际金融组织按照章程向其成员国提供的各种贷款。提供项目贷款的主要国际金融机构有世界银行、国际金融公司、欧洲复兴与开发银行、亚洲开发银行、美洲开发银行等全球性或地区性金融机构。目前，与我国关系较为密切的国际金融机构是国际货币基金组织、世界银行和亚洲开发银行。国际金融机构的贷款通常有一定的优惠性，贷款利率低于商业银行贷款利率，贷款期限可以安排得很长，但也有可能需要支付某些附加费用，例如承诺费。国际金融机构贷款通常要求设备采购进行国际招标。

不同的国际金融机构贷款政策各不相同，只有那些得到认可的项目才能获得贷款。使用国际金融机构贷款的项目，需要按照规定程序和方法来实施，下面以与我国联系密切的三个金融机构为例来说明。

(1) 国际货币基金组织(International Monetary Fund，IMF)。IMF的贷款只限于成员国的财政和金融当局，IMF不与任何企业发生业务，贷款用途限于弥补国际收支逆差或用于经常项目的国际支付，期限为1~5年。

(2) 世界银行(The World Bank)。世界银行主要提供用于确定工程项目的贷款，以鼓励较不发达国家开展生产与资源开发活动。世界银行贷款仅限于会员国，凡参加世界银行的国家必须首先是国际货币基金组织的成员国，若贷款对象为非会员国的政府，则该贷款须由会员国政府、中央银行和世界银行认可的机构进行担保。贷款的发放和管理按照项目周期进行，必须专款专用，并接受世界银行的监督。贷款期限一般较长，最长可达30年。

(3) 亚洲开发银行(Asian Development Bank，ADB)。ADB是类似于世界银行但只面向亚太地区的区域性政府间金融开发机构。ADB根据1990年人均国民生产总值的不同，将发展中国家成员分为A、B、C三类，对不同种类的国家或地区采用不同的贷款或捐赠条件。

2. 债券融资

债券是债务人为筹集债务资金而发行的、约定在一定期限内还本付息的一种有价证券。企业债券融资是一种直接融资。发行债券融资可从资金市场直接获得资金，资金成本(利率)一般应低于银行借款。由于有较为严格的证券监管，只有实力很强并且资信等级较高的企业才有能力发行企业债券。发行债券融资，大多需要有第三方担保，获得债券信用增级，以使债券成功发行，并可降低债券发行成本。在国内发行企业债券需要通过国家证券监管机构及金融监管机构的审批。在国外市场上也可发行债券，主要的国外发债市场有美国、日本、欧洲。发行债券通常要取得债券资信等级评级。国内债券由国内评级机构评级，国外发债通常需要由一些知名度较高的评级机构评级。债券评级较高的，可以较低的利率发行；而评级较低的债券，则利率较高。债券发行与股票发行相似，可在资本市场上公开发行，也可以私募方式发行。

除一般债券融资外，还有可转换债券融资，可转换债券是企业发行的一种特殊形式的债券。在预先约定的期限内，可转换债券持有人有权选择按照预先规定的条件将债权转换为发行人公司的股权。当公司经营业绩变好时，股票价值上升，可转换债券的持有人倾向于将债权转为股权；而当公司业绩下降或者没有达到预期效益时，股票价值下降，则倾向于兑付本息。现有公司发行可转换债券，通常并不设定后于其他债权受偿，对于其他向公司提供贷款的债权人来说，可转换债不能视为公司的资本金融资。可转换债券的发行条件与一般企业债券类似，但由于附有可转换为股权的权利，通常可转换债券的利率更低。

1) 债券筹资的优点

(1) 筹资成本较低。发行债券筹资的成本要比股票筹资的成本低。这是因为债券发行费用较低，其利息允许在所得税前支付，可以享受扣减所得税的优惠，因此，企业实际上负担的债券成本一般低于股票成本。

(2) 保障股东控制权。债券持有人无权干涉管理事务，因此，发行企业债券不会像增发股票那样可能会分散股东对企业的控制权。

(3) 发挥财务杠杆作用。不论企业盈利水平如何，债券持有人只收取固定的利息，更多的权益可用于分配给股东，或留归企业以扩大经营。

(4) 便于调整资本结构。企业通过发行可转换债券，或在发行债券时规定可提前赎回债券，有利于企业主动、合理地调整资本结构，确定负债与资本的合理比率。

2) 债券筹资的缺点

(1) 可能产生财务杠杆负效应。债券必须还本付息，是企业固定支付的费用。随着这种固定支出的增加，企业的财务负担和破产的可能性增大。一旦企业资产收益率下降到利息率之下，会产生财务杠杆的负效应。

(2) 可能使企业总资金成本增加。企业财务风险和破产风险会因其债务的增加而上升，这些风险的上升又导致企业债券成本、权益资金成本上升，从而增加了企业总资金成本。

(3) 经营灵活性降低。在债券合同中，各种保护性条款使企业在股息策略融资方式和资金调度等多方面受到制约，经营灵活性降低。

3. 租赁融资

租赁融资是指当企业需要筹措资金、添置必要的设备时，可以通过租赁公司代其购入所选择的设备，并以租赁的方式将设备租给企业使用。在大多数情况下，出租人在租赁期内向承租人分期回收设备的全部成本、利息和利润。租赁期满后，将租赁设备的所有权转移给承租人，通常为长期租赁。根据租赁所体现的经济实质的不同，租赁分为经营租赁与融资租赁两类。

1) 经营租赁

经营租赁是指出租方将自己经营的设备租给承租方使用，出租方收取租金。承租方则通过租入设备的方式，节省了项目设备购置投资，或等同于筹集到了一笔设备购置资金，承租方只需为此支付一定的租金。当项目中使用设备的租赁期短于租入设备的经济寿命时，经营租赁可以节约项目运行期间的成本开支，并避免设备经济寿命在项目中的空耗。

2) 融资租赁

融资租赁又称为金融租赁或财务租赁。采取这种租赁方式，通常由承租人选定需要的设备，由出租人购置后给承租人使用，承租人向出租人支付租金，承租人租赁取得的设备按照固定资产计提折旧，租赁期满，设备一般归承租人所有，由承租人以事先约定的低价向出租人收购的形式取得设备的所有权。

(1) 融资租赁的优点。融资租赁作为一种融资方式，其优点主要有以下几方面。

① 融资租赁是一种融资与融物相结合的融资方式，能够迅速获得所需资产的长期使用权；

② 融资租赁可以避免长期借款筹资所附加的各种限制性条款，具有较强的灵活性；

③ 融资租赁的融资与进口设备都由有经验和对市场熟悉的租赁公司承担，可以减少设备进口费，从而降低设备取得成本。

(2) 融资租赁的租金。融资租赁的租金包括以下三大部分。

① 租赁资产的成本：租赁资产的成本大体由资产的购买价、运杂费、运输途中的保险费等项目构成；

② 租赁资产的利息：承租人实际承担的购买租赁设备的贷款利息；

③ 租赁手续费：包括出租人承办租赁业务的费用以及出租人向承租人提供租赁服务所赚取的利润。

三、资金成本与资本结构

(一) 资金成本

资金成本是指企业为筹集和使用资金而付出的代价。从广义来讲，企业筹集和使用任何资金，不论是短期的还是长期的，都要付出代价。狭义的资金成本仅指筹集和使用长期资金(包括自有资金和借入长期资金)的成本。由于长期资金也被称为资本，所以，长期资金的成本也可称为资本成本。这里所说的"资金成本"主要是指狭义的资金成本，即资本成本。

1. 资金成本的分类

资金成本一般包括资金筹集成本和资金使用成本两部分。

(1) 资金筹集成本。资金筹集成本是指在资金筹集过程中所支付的各项费用，如发行股票或债券支付的印刷费、发行手续费、律师费、资信评估费、公证费、担保费、广告费等。资金筹集成本一般属于一次性费用，筹集次数越多，资金筹集成本也就越高。

(2) 资金使用成本。资金使用成本又称为资金占用费，是指占用资金而支付的费用，它主要包括支付给股东的各种股息和红利、向债权人支付的贷款利息以及支付给其他债权人的各种利息费用等。资金使用成本一般与所筹集的资金多少以及使用时间长短有关，具有经常性、定期性的特征，是资金成本的主要内容。

资金筹集成本与资金使用成本是有区别的，前者是在筹措资金时一次性支付的，在使用资金过程中不再发生，因此可作为筹资金额的一项扣除，而后者是在资金使用过程中多次、定期发生的。

2. 资金成本的性质

资金成本是在商品经济社会中由于资金所有权与资金使用权相分离而产生的。

(1) 资金成本是资金使用者向资金所有者和中介机构支付的占用费和筹资费。作为资金所有者，它绝不会将资金无偿让给资金使用者使用；而作为资金使用者，也不能无偿地占用他人的资金。因此，企业筹集资金以后，暂时地取得了这些资金的使用价值，就要为资金所有者暂时地丧失其使用价值而付出代价，即承担资金成本。

(2) 资金成本与资金的时间价值既有联系，又有区别。资金的时间价值与资金成本都基于同一个前提，即资金或资本参与任何交易活动都有代价。具体地说，资金的时间价值是资本所有者在一定时期内从资本使用者那里获得的报酬，资金成本则是资金的使用者由于使用他人的资金而付出的代价。它们都以利息、股利等作为表现形式，两者的区别主要表现在两个方面：第一，资金的时间价值表现为资金所有者的利息收入，而资金成本是资金使用人的筹资费用和利息费用；第二，资金的时间价值一般表现为时间的函数，而资金成本则表现为资金占用额的函数。

(3) 资金成本具有一般产品成本的基本属性。资金成本是企业的耗费，企业要为占用资金而付出代价、支付费用，而且这些代价或费用最终也要作为收益的扣除额来得到补偿。但是资金成本只有一部分具有产品成本的性质，即这一部分耗费计入产品成本，而另一部分则作为利润分配，不能列入产品成本。

3. 资金成本的作用

资金成本是比较筹资方式、选择筹资方案的依据。资金成本有个别资金成本、综合资金成本、边际资金成本等形式，它们在不同情况下具有不同的作用。

(1) 个别资金成本主要用于比较各种筹资方式资金成本的高低，是确定筹资方式的重要依据。工程项目筹集长期资金一般有多种方式可供选择，如长期借款、发行债券、发行股票等。运用不同的筹资方式，个别资金成本是不同的。这时，个别资金成本的高低可作为比较各种融资方式优劣的一个依据。

(2) 综合资金成本是项目公司资本结构决策的依据。通常，项目所需的全部长期资金是采用多种筹资方式组合构成的，这种筹资组合往往有多个筹资方案可供选择。所以，综合资金成本的高低就是比较各个筹资方案、做出最佳资本结构决策的基本依据。

(3) 边际资金成本是追加筹资决策的重要依据。项目公司为了扩大项目规模,增加所需资产或投资,往往需要追加筹集资金。在这种情况下,边际资金成本就成为比较选择各个追加筹资方案的重要依据。

4.资金成本的计算

1) 资金成本计算的一般形式

资金成本的表示方法有两种,即绝对数表示方法和相对数表示方法。绝对数表示方法可明确筹集和使用资本到底付出了多少费用。相对数表示方法则是通过资金成本率来表示,用每年用资费用与筹得的资金净额(筹资金额与筹资费用之差)之间的比率来定义。由于在不同条件下筹集资金的数额不相同,成本便不相同,因此,资金成本通常以相对数表示,其计算公式为

$$K = \frac{D}{P-F} \tag{8-5}$$

或

$$K = \frac{D}{P(1-f)} \tag{8-6}$$

式中:K——资金成本率(一般也可称为资金成本);

P——筹集资金总额;

D——使用费;

F——筹资费;

f——筹资费费率(即筹资费占筹集资金总额的比率)。

2) 个别资金成本

个别资金成本是指各种资金来源的成本。项目公司从不同渠道、以不同方式取得资本所付出的代价和承担的风险是不同的,因此,个别资金成本是不同的。企业的长期资金一般有优先股、普通股、留存收益、长期借款、债券、租赁等,其中前三者统称权益资金,后三者统称债务资金。根据资金来源,也就相应地分为优先股成本、普通股成本、留存收益成本、长期贷款成本、债券成本、租赁成本等,其中前三者统称权益资金成本,后三者统称债务资金成本。

(1) 权益资金成本。权益资金成本包括以下三类。

① 优先股成本。优先股最大的一个特点是每年的股利不是固定不变的,当项目运营过程中出现资金紧张时可暂不支付。但因其股息是在税后支付,无法抵销所得税,因此,筹资成本高于债券,这对企业来说是必须支付的固定成本。优先股的资金成本率计算公式为

$$K_P = \frac{D_P}{P_0(1-f)} \tag{8-7}$$

或
$$K_P = \frac{P_0 i}{P_0(1-f)} = \frac{i}{1-f} \quad (8\text{-}8)$$

式中：K_P——优先股成本率；

P_0——优先股票面值；

D_P——优先股每年股息；

i——股息率；

f——筹资费费率(即筹资费占筹集资金总额的比率)。

【例8-1】某公司发行优先股股票，票面额按正常市价计算为200万元，筹资费费率为4%，股息年利率为14%，求其资金成本率。

$$K_P = \frac{200 \times 14\%}{200 \times (1-4\%)} = \frac{14\%}{1-4\%} = 14.58\%$$

② 普通股成本。由于普通股股东的收益是随着项目公司税后收益额的大小而变动的，每年股利可能各不相同，而且这种变化深受项目公司融资意向与投资意向及股票市场股价变动因素的影响，因此，确定普通股成本通常比确定债务成本及优先股成本更困难。确定普通股资金成本的方法有股利增长模型法、税前债务成本加风险溢价法和资本资产定价模型法。

a. 股利增长模型法。普通股的股利往往不是固定的，因此，其资金成本率的计算通常用股利增长模型法计算。一般假定收益以固定的年增长率递增，则普通股成本的计算公式为

$$K_s = \frac{D_c}{P_c(1-f)} + g = \frac{i_c}{1-f} + g \quad (8\text{-}9)$$

式中：K_s——普通股成本率；

P_c——普通股票面值；

D_c——普通股预计年股利额；

i_c——普通股预计年股利率；

g——普通股利年增长率；

f——筹资费费率(即筹资费占筹集资金总额的比率)。

【例8-2】某公司发行普通股，正常市价为56元，估计年增长率为12%，第一年预计发放股利2元，筹资费用率为股票市价的10%，求新发行普通股的成本。

$$K_s = \frac{2}{56 \times (1-10\%)} + 12\% = 15.97\%$$

b. 税前债务成本加风险溢价法。根据投资"风险越大，要求的报酬率越高"的原理，投资者的投资风险大于提供债务融资的债权人，因而会在债权人要求的收益率上再要求一定的风险溢价。在这种前提下，普通股资金成本的计算公式为

$$K_s = K_b + RP_c \tag{8-10}$$

式中：K_s——普通股成本率；

K_b——所得税前的债务资金成本；

RP_c——投资者比债权人承担更大风险所要求的风险溢价。

c. 资本资产定价模型法。这种方法是根据投资者对股票的期望收益来确定资金成本，在这种前提下，普通股成本的计算公式为

$$K_s = R_f + \beta(R_m - R_f) \tag{8-11}$$

式中：K_s——普通股成本率；

R_f——社会无风险投资收益率；

β——股票的投资风险系数；

R_m——市场投资组合预期收益率。

【例8-3】某期间市场无风险报酬率为12%，平均风险股票必要报酬率为14%，某公司普通股β值为1.2，求普通股的成本。

$$K_s = 12\% + 1.2 \times (14\% - 12\%) = 14.4\%$$

③ 保留盈余成本。保留盈余又称为留存收益，是企业缴纳所得税后形成的，其所有权属于股东。股东将这一部分未分配的税后利润留在企业，实质上是对其追加投资。对此，股东同样要求这部分投资有一定的报酬，所以，保留盈余也有资金成本。它的资金成本是股东失去向外投资的机会成本，故与普通股成本的计算基本相同，只是不考虑筹资费用，其计算公式为

$$K_R = \frac{D_c}{P_c} + g = i + g \tag{8-12}$$

式中：K_R——保留盈余成本率。

(2) 债务资金成本。债务资金成本包括以下几种。

① 长期借款成本。长期借款成本一般由借款利息和借款手续费两部分组成。按照国际惯例和各国税法的规定，借款利息可以计入税前成本费用，起到抵税的作用，因而使企业的实际支出相应减少。

对每年年末支付利息、贷款期末一次全部还本的借款，其借款成本率为

$$K_g = \frac{I_t(1-T)}{G-F} = i_g \frac{1-T}{1-f} \tag{8-13}$$

式中：K_g——借款成本率；

G——贷款总额；

I_t——贷款年利息；

T——公司所得税税率；

i_g——贷款年利率；

F——贷款费用;

f——筹资费费率(即筹资费占筹集资金总额的比率)。

② 债券成本。债券成本主要是指债券利息和筹资费用。债券利息的处理和长期借款利息的处理相同,应以税后的债务成本为计算依据。债券的筹资费用一般比较高,不可以在计算资金成本时省略,因此,债券成本率可以按下列公式计算

$$K_B = \frac{I_t(1-T)}{B(1-f)} \tag{8-14}$$

或

$$K_B = i_b \frac{1-T}{1-f} \tag{8-15}$$

式中:K_B——债券成本率;

B——债券筹资额;

I_t——债券年利息;

i_b——债券年利息利率;

T——公司所得税税率;

f——筹资费费率(即筹资费占筹集资金总额的比率)。

【例8-4】 某公司为新建项目发行总面额为1000万元的10年期债券,票面利率为13%,发行费用为5%,公司所得税税率为25%,求该债券成本率。

$$K_B = \frac{1000 \times 13\% \times (1-25\%)}{1000 \times (1-5\%)} = 10.26\%$$

由于债券的发行价格受发行市场利率的影响,致使债券发行价格出现等价、溢价、折价等情况,因此在计算债券成本时,债券的利息按票面利率确定,但债券的筹资金额按照发行价格计算。

【例8-5】 假定上述公司发行面额为1000万元的10年期债券,票面利率为13%,发行费用率为5%,发行价格为1200万元,公司所得税率为25%,求该债券成本率。

$$K_B = \frac{1000 \times 13\% \times (1-25\%)}{1200 \times (1-5\%)} = 8.55\%$$

③ 租赁成本。企业租入某项资产,获得其使用权,要定期支付租金,并且租金列入企业成本,可以减少应付所得税,因此,租金成本率的计算公式为

$$K_L = \frac{E}{P_L}(1-T) \tag{8-16}$$

式中:K_L——租赁成本率;

P_L——租赁资产价值;

E——年租金额;

T——公司所得税税率。

④ 考虑时间价值的负债融资成本。上述负债融资成本计算公式假设各期所支付的利息是相同的，并没有考虑不同时期所支付利息的时间价值，也没有考虑还本付息的方式。如综合考虑这些因素，负债融资成本的表达式为

$$P_0(1-f) = \sum_{t=1}^{n} \frac{P_t + I_t(1-T)}{(1+K_d)^t} \tag{8-17}$$

式中：P_0——债券发行额或长期借款金额，即债务现值；

f——债务资金筹资费用率；

I_t——约定的第t期期末支付的债务利息；

P_t——约定的第t期期末偿还的债务本金；

K_d——所得税后债务资金成本；

n——债务期限，通常以"年"表示；

T——公司所得税税率。

公式(8-17)中，等号左边是债务人的实际现金流入，等号右边为债务引起的未来现金流出的现值总额。应用该公式时，应根据项目具体情况确定债务年限内各年的利息是否应乘$(1-T)$，如在项目的建设期内不应乘$(1-T)$，在项目运营期内的所得税免征年份也不应乘$(1-T)$。

3) 加权平均资金成本

企业不可能只使用某种单一的筹资方式，往往需要通过多种方式筹集所需资金。为进行筹资决策，就要计算确定企业长期资金的总成本——加权平均资金成本。加权平均资金成本一般是以各种资本占全部资本的比重为权重，对各类资金成本进行加权平均确定的，其计算公式为

$$K_w = \sum_{i=1}^{n} W_i K_i \tag{8-18}$$

式中：K_w——加权平均资金成本；

W_i——各种资本占全部资本的比重；

K_i——第i类资金成本。

【例8-6】某企业账面反映的长期资金共1000万元，其中长期借款300万元，应付长期债券200万元，普通股400万元，保留盈余100万元，其资金成本分别为5.64%、6.25%、15.7%、15%，求该企业的加权平均资金成本。

$$5.64\% \times \frac{300}{1000} + 6.25 \times \frac{200}{1000} + 15.7\% \times \frac{400}{1000} + 15\% \times \frac{100}{1000} = 10.722\%$$

上述计算中的个别资金成本的比重是按账面价值确定的，资料容易取得。但当资本的账面价值与市场价值差别较大时，如股票、债券的市场价格发生较大变动时，计算结果会与实际有较大的差距，从而贻误筹资决策。为了克服这一缺陷，个别资金成本的比重还可以按市场价值或目标价值确定。

(二) 资本结构

资本结构是指项目融资方案中各种资金来源的构成及其比例关系，又称资金结构。在项目融资活动中，资本结构有广义和狭义之分。广义的资本结构是指项目公司全部资本的构成，不但包括长期资本，还包括短期资本，主要是短期债务资本。狭义的资本结构是指项目公司所拥有的各种长期资本的构成及其比例关系，尤其是指长期的股权资本与债务资本的构成及其比例关系。

1. 资本结构分析内容

资本结构分析内容包括项目筹集资金中股本资金、债务资金的形式，各种资金所占比例，以及资金的来源，具体分为项目资本金与债务资金比例、项目资本金结构和项目债务资金结构三方面。

1) 项目资本金与债务资金比例

项目资本金与债务资金比例是制定融资方案时必须考虑的一个重要方面。在项目总投资和投资风险一定的条件下，项目资本金比例越高，权益投资人投入项目的资金越多，承担的风险越高，而提供债务资金的债权人承担的风险越低。从权益投资人的角度考虑，项目融资的资金结构应追求以较少的资本金投资争取较多的债务资金，同时要争取尽可能低的股东追索。另外，由于债务资本的利息在所得税前列支，在考虑公司所得税的基础上，债务资本要比项目资本金的资金成本低很多。由于财务杠杆的作用，适当的债务资本比例能够提高项目资本金财务内部收益率。而提供债务资金的债权人则希望债权得到有效的风险控制，项目有较高的资本金比例可以承担较高的市场风险，有利于债权得到有效的风险控制。同时，项目资本金比例越高，贷款的风险越低，贷款的利率越低，如果权益资金所占比重过大，风险可能会过于集中，财务杠杆作用下滑。但如果项目资本金占的比重太小，会导致负债融资的难度提升和融资成本的提高。

因此，对于大多数项目的资本安排，实际的资本结构必须使项目资本金和债务资本金间达到一个合理的比例关系，它们之间的合理比例需要由各个参与方的利益平衡来决定。一般认为，在符合国家资本金的制度规定、金融机构信贷法规及债权人有关资产负债比例要求的前提下，既能满足权益投资者获得期望投资回报的要求，又能较好地防范财务风险的比例，是较理想的资本金与债务资金比例。

2) 项目资本金结构

项目资本金内部结构比例是指项目投资各方的出资比例。投资各方对项目不同的出资比例决定了其对项目的建设和经营所享有的决策权、应承担的责任以及项目收益的分配。采用新设法人筹资方式的项目，应根据投资各方在资本、技术、人力和市场开发等方面的优势，通过协商确定各方的出资比例、出资形式和出资时间。采用既有法人筹资方式的项目，在确定项目资本金结构时，要考虑既有法人的财务状况和筹资能力，合理确定既有法人内部筹资与新增资本金在项目筹资总额中所占的比例，分析既有法人内部筹资与新增资本金的可能性与合理性。因为既有法人将自身所拥有的现金和非现金资产投资于拟建项目，一方面，在其投资额度上受到公司自身财务资源的限制；另一方面，投资的这一部分资产将被拟建项目长期占用，势必会降低自身的财务流动性。

另外，按照我国现行相关制度规定，有些项目不允许国外资本控股，有些项目要求必须由国有资本控股。因此，对于国内投资项目，应分析控股股东的合法性和合理性；对于外商投资项目，要注意对外商投资建设项目的规定，分析外方出资比例的合法性和合理性。

3) 项目债务资金结构

在一般情况下，项目融资中债务融资占有较大的比例，因此，项目债务资金的筹集是项目融资资金结构的核心问题。项目债务资本结构比例反映债权各方为项目提供债务资本的数额比例、债务期限比例、内债和外债的比例，以及外债中各币种债务的比例等。不同类型的债务，资本融资成本不同，融资风险也不一样。譬如，增加短期债务资本能降低总的融资成本，但会增加公司的财务风险；而增加长期债务虽然能降低公司的财务风险，但会增加公司的融资成本。因此，在确定项目债务资本结构比例时，需要在融资成本和融资风险之间取得平衡，既要降低融资成本，又要控制融资风险。

选择债务融资的结构应该考虑以下几个方面。

(1) 债务期限配比。在项目负债结构中，长、短期负债借款需要合理搭配。短期借款利率低于长期借款，适当安排一些短期融资可以降低总的融资成本。但如果过多地采用短期融资，会使项目公司的财务流动性不足，项目的财务稳定性下降，产生过高的财务风险。长期负债融资的期限应当与项目的经营期限相协调。

(2) 债务偿还顺序。长期债务需要根据一个事先确定的比较稳定的还款计划表来还本付息。对于从建设期开始的项目融资，债务安排中一般还有一定的宽限期。在此期间，贷款的利息可以资本化。但是，某些类型的债务资金安排对提前还款有所限制，例如，一些债券形式要求至少一定年限内借款人不能提前还款；又如，采用固定利率的银团贷款，因为银行安排固定利率存在成本，如果提前还款，借款人可能会被要求承担一定的罚款或分担银行的成本。通常，在多种债务中，对于借款人来讲，在时间上，由于较高的利率意味着较重的利息负担，所以应当先偿还利率较高的债务，后偿还利率较低的债务。对于有外债的项目，由于有汇率风险，通常应先偿还硬货币的债务，后偿还软货币的债务。但是为了使所有债权人都对偿还顺序感到满意，在融资方案中应对此做出妥善安排。

(3) 境内外借款占比。对于借款公司来讲，使用境外借款或国内银行外汇贷款，如果贷款条件一样，并没有什么区别。境内外借款占比主要取决于项目使用外汇的额度，也可能主要由借款取得可能性及方便程度决定。但是对于国家来讲，项目使用境外贷款，相对于使用国内银行的外汇贷款而言，国家的总体外汇收入增加，对于当期的国家外汇平衡有利，但对于境外贷款偿还期内的国家外汇平衡会产生不利影响。从项目的资金平衡利益考虑，如果项目的产品销售不取得外汇，应当尽量不要使用外汇贷款，投资中如果需要外汇，可以采取投资方注入外汇，或者以人民币购汇。如果项目使用的外汇额度很大，以至于项目大量购汇将会对当期国家的外汇平衡产生难以承受的影响，则需要考虑使用外汇贷款。如果国家需要利用项目从境外借款融入外汇，改善国家当期外汇平衡，也可以考虑由项目公司在国际上借贷融资，包括向世界银行等国际金融机构借款。

(4) 利率结构。项目融资中的债务资金利率主要为浮动利率、固定利率以及浮动/固定利率三种机制。评价项目融资应该采用何种利率结构，需要综合考虑三方面因素。

① 项目现金流量的特征起着决定性作用。对于一些工程项目而言，项目的现金流量相对稳定，可预测性很强。采用固定利率机制有许多优点，有利于项目现金流量的预测，减少项目风险。相反，一些有关产品或资源项目的现金流量很不稳定，采用固定利率就有一定的缺点，在产品价格降低时将会增加项目的风险。

② 对市场利率的走向分析在债务资金利率结构决策中也起到很重要的作用。在利率达到或接近谷底时，如果能够将部分或全部浮动利率债务转换成为固定利率债务，对借款人来说无疑是一种有利的安排，这样可以在较低成本条件下将一部分融资成本固定下来。

③ 任何一种利率结构都有可能为借款人带来一定的利益，但也会相应增加一定的成本，最终取决于借款人如何在控制融资风险和减少融资成本之间权衡。如果借款人将控制融资风险放在第一位，在适当的时机将利率固定下来是有利的，然而短期内可能要承受较高的利息成本。如果借款人更趋向于减少融资成本，问题就变得相对复杂得多，要更多地依赖金融市场利率走向的分析。因此，近几年来，基于上述两种利率机制派生出几种具有固定利率特征的浮动利率机制，以满足借款人的不同需要。

简单地说，具有固定利率特征的浮动利率机制使相对浮动利率得以优化，对于借款人来讲，在某个固定利率之下，利率可以自由变化。但是，利率如果超过该固定水平，借款人只按照该固定利率支付利息，这种利率安排同样是需要成本的。

(5) 货币结构。项目融资债务资金的货币结构可以依据项目现金流量的货币结构加以设计，以减少项目的外汇风险。不同币种的外汇汇率总是在不断变化，如果条件许可，项目使用外汇贷款需要仔细选择外汇币种。外汇贷款的借款币种与还款币种有时是可以不同的。通常主要应当考虑的是还款成本，选择币值较为软弱的币种作为还款币种。这样，当这种外汇币值下降时，还款金额也相对降低了。当然，币值软弱的外汇贷款利率通常较高，这就需要在汇率变化和利率差异之间做出预测、权衡和抉择。

2.资本结构的比选方法

资本结构是否合理，一般是通过分析每股收益的变化来衡量的。凡是能够提高每股收益的资本结构就是合理的，反之则是不合理的。一般来说，每股收益一方面受资本结构的影响，另一方面受销售水平的影响。因此，可运用融资的每股收益分析方法分析三者的关系。

每股收益分析是利用每股收益的无差别点进行的。所谓每股收益的无差别点，是指每股收益不受融资方式影响的销售水平。根据每股收益无差别点，可以分析判断不同销售水平下适用的资本结构。每股收益EPS的计算式为

$$\text{EPS} = \frac{(S-\text{VC}-F-I)\times(1-T)-D_P}{N} = \frac{(\text{FBIT}-I)\times(1-T)-D_P}{N} \tag{8-19}$$

式中：S——销售额；

$\quad\quad$ VC——变动成本；

$\quad\quad$ F——固定成本；

$\quad\quad$ I——债务利息；

$\quad\quad$ N——流通在外的普通股股数；

$\quad\quad$ EBIT——息税前盈余；

$\quad\quad$ D_p——优先股年股利。

在每股收益无差别点上，无论是采用负债融资，还是采用权益融资，每股收益都是相等的。若以EPS_1表示负债融资，以EPS_2表示权益融资，则有

$$\text{EPS}_1 = \text{EPS}_2$$

$$\frac{(S_1-\text{VC}_1-F_1-I_1)\times(1-T)-D_{P_1}}{N_1} = \frac{(S_2-\text{VC}_2-F_2-I_2)\times(1-T)-D_{P_2}}{N_2} \tag{8-20}$$

在每股收益无差别点上，$S_1=S_2$，则有

$$\frac{(S-\text{VC}_1-F_1-I_1)\times(1-T)-D_{P_1}}{N_1} = \frac{(S-\text{VC}_2-F_2-I_2)\times(1-T)-D_{P_2}}{N_2} \tag{8-21}$$

能使公式(8-21)成立的销售额S即为每股收益无差别点销售额。

【例8-7】某项目公司原有资本5000万元，其中长期债务资本2000万元，优先股股本500万元，普通股股本2500万元。该公司每年负担的利息费用为200万元，每年发放的优先股股利为55万元。该公司发行在外的普通股为100万股，每股面值为25元。该公司的企业所得税税率为25%。因该公司决定扩大项目规模，为此需要追加筹集2500万元长期资本，现有两种备选方案。

一是全部发行公司债券，票面利率为12%，利息为300万元。

二是全部发行普通股，增发100万股普通股，每股面值为25元。

将上述资料中的有关数据代入条件公式

$$\frac{(\text{EBIT}-500)\times(1-25\%)-55}{100} = \frac{(\text{EBIT}-200)\times(1-25\%)-55}{200}$$

$$\text{EBIT}=873.33(万元)$$

此时的每股收益额为

$$\frac{(873.33-500)\times(1-25\%)-55}{100}=2.25(元)$$

上述每股收益无差别分析如图8-1所示。

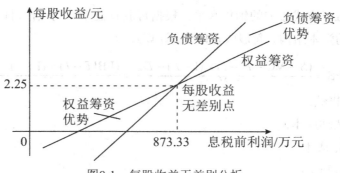

图8-1 每股收益无差别分析

从图8-1中可以看出，当息税前利润大于873.33万元，采用负债筹资方式较为有利；当息税前利润低于873.33万元，采用发行普通股筹资方式较为有利；当息税前利润等于873.33万元，采用这两种方式并无差别。

任务二 工程项目融资

项目融资有广义和狭义两种理解。广义的项目融资是指"为项目融资"，包括新建项目、收购现有项目或对现有项目进行债务重组等。狭义的项目融资则是指一种有限追索的融资活动，以项目的资产、预期收益、预期现金流量等作为偿还贷款的资金来源。

一、项目融资的特点和程序

(一)项目融资的特点

与传统的贷款方式相比，项目融资有其自身的特点，在融资出发点、资金使用的关注点等方面均有所不同。项目融资主要具有项目导向、有限追索、风险分担、非公司负债型融资、信用结构多样化、融资成本高、可利用税务优势的特点。

1. 项目导向

与其他融资过程相比，项目融资主要以项目的资产、预期收益、预期现金流等来安排融资，而不是以项目的投资者或发起人的资信为依据。债权人在项目融资过程中主要关注的是项目在贷款期间能够产生多少现金流量用于还款，能够获得的贷款数量、融资成本的高低以及融资结构的设计等都与项目的预期现金流量和资产价值紧密联系在一起。

由于以项目为导向，有些对于投资者来说很难借到的资金可利用项目来安排，有些投资者很难得到的担保条件可通过组织项目融资来实现。因而，项目融资与传统融资方式相比较，一般可以获得较高的贷款比例，某些项目甚至可以做到100%融资。由于项目导向的特点，项目融资的贷款期限可以根据项目的具体需要和项目的经济生命周期来安排，可以比一般商业贷款期限长，有的项目贷款期限长达20年之久。

2. 有限追索

追索是指在借款人未按期偿还债务时，贷款人要求借款人以除抵押资产之外的其他资产偿还债务的权利。在某种意义上，贷款人对项目借款人的追索形式和程度是区分项目融资和传统形式融资的重要标志。对于后者，贷款人为项目借款人提供的是完全追索形式的贷款，即贷款人更依赖的是借款人自身的资信情况，而不是项目的预期收益；而前者，作为有限追索的项目融资，贷款人可以在贷款的某个特定阶段(例如项目的建设期和试生产期)对项目借款人实行追索，或者在一个规定的范围内(包括金额和形式的限制)对项目借款人实行追索。除此之外，无论项目出现任何问题，贷款人均不能追索到项目借款人除该项目资产、现金流量以及所承担的义务之外的任何形式的财产。

有限追索的极端是"无追索"，即融资完全依赖于项目的预期收益，在融资的任何阶段，贷款人均不能追索到项目借款人除项目之外的资产。然而，在实际工作中很难获得这样的融资结构。

有限追索融资的实质是由于项目本身的经济强度还不足以支撑"无追索"的结构，因而需要项目借款人在项目的特定阶段提供一定形式的信用支持。追索的程度则是根据项目的性质，现金流量的强度和可预测性，项目借款人在这个产业部门中的经验、信誉以及管理能力，借贷双方对未来风险的分担方式等多方面的综合因素，通过谈判确定的。就一个具体项目而言，由于在不同阶段项目风险程度及表现形式会发生变化，因而贷款人对"追索"的要求也会随之调整。例如，贷款人通常会要求项目借款人承担项目建设期的全部或大部分风险，而在项目进入正常生产阶段之后，可以同意将追索局限于项目资产及项目的现金流量。

3. 风险分担

项目融资具有投资风险大、风险种类多的特点。由于建设项目的参与方较多，可以通过严格的法律合同实现风险分担。为了实现项目融资的有限追索，对于与项目有关的各种风险要素，需要以某种形式由项目投资者(借款人)以及与项目开发有直接或间接利益关系的其他参与者和贷款人共同分担。一个成功的项目融资结构应该是在项目中没有任何一方单独承担全部项目债务的风险责任。在组织项目融资的过程中，项目借款人应该学会识别和分析项目的各种风险因素，确定自己、贷款人以及其他参与者所能承受风险的最大能力及可能性，充分利用与项目有关的一切可以利用的优势，设计出对投资者来说能够实现最低追索的融资结构。融资结构建立之后，任何一方都要准备承担任何未能预料到的风险。

4. 非公司负债型融资

在项目融资过程中，通过对投资结构和融资结构的设计，可以帮助投资者(借款人)将贷款安排成为一种非公司负债型融资。

公司的资产负债表是反映一个公司在特定日期财务状况的会计报表，所提供的主要财务信息包括公司掌握的资源、承担的债务、偿债能力、股东在公司里持有的权益以及公司未来的财务状况变化趋势。非公司负债型融资，亦称为资产负债表之外的融资，是指项目的债务不表现在项目投资者(即实际借款人)的公司资产负债表中负债栏的一种融资形式，这种债务通常只以某种说明的形式反映在公司资产负债表的注释中。

根据项目融资风险分担原则，贷款人对于项目的债务追索权主要被限制在项目公司的资产和现金流量中，项目投资者(借款人)承担的是有限责任，因而有条件将融资安排成为一种不需要列入项目投资者(借款人)资产负债表的贷款形式。

非公司负债型融资对于项目投资者的价值在于使这些公司有可能以有限的财力从事更多的投资业务，同时将投资风险分散和限制在更多的项目之中。一个公司在从事超过自身资产规模的项目投资，或者同时开发几个较大的项目时，这种融资方式的价值就会充分体现出来。大型工程项目，一般建设周期和投资回收周期都比较长，对于项目投资者而言，如果这种项目贷款安排全部反映在公司资产负债表中，很有可能造成公司资产负债比例失衡，超出银行的安全警戒线，并且这种状况在很长一段时间内可能无法获得改善，公司将因此而无法筹措新的资金，影响未来的发展能力，采用非公司负债型的项目融资则可以避免这些问题。项目融资这一特点的重要性，过去并没有被我国企业所完全理解和接受。随着国内市场逐渐与国际市场接轨，国内公司，特别是以在国际资金市场融资作为主要资金来源的公司，这一特点将会变得越来越重要和有价值。具有较好的资产负债比的企业，在筹集资金和企业资信等级评定方面会有更强的竞争力。

5. 信用结构多样化

在项目融资中，用于支持贷款的信用结构的安排是灵活的、多样化的，一个成功的项目融资，可以将贷款的信用支持分配到与项目有关的各个关键方面，典型的做法包括以下几种。

(1) 在市场方面，可以要求对项目产品感兴趣的购买者提供一种长期购买合作作为融资的信用支持(这种信用支持所能起到的作用取决于合同的形式和购买者的资信)。资源性项目的开发受国际市场需求、价格变动的影响很大，能否获得一个稳定的、合乎贷款银行要求的项目产品长期销售合同往往成为能否成功组织项目融资的关键。

(2) 在工程建设方面，为了减少风险，可以要求工程承包公司提供固定价格、固定工期的合同，或"交钥匙"工程合同，可以要求项目设计者提供工程技术保证等。

(3) 在原材料和能源供应方面，可以要求供应方在保证供应的同时，在定价上根据项目产品的价格变化设计一定的浮动价格公式，保证项目的最低收益。

上述这些做法，都可以成为项目融资强有力的信用支持，提高项目的债务承受能力，降低融资对投资者(借款人)资信和其他资产的依赖程度。

6. 融资成本高

与传统的融资方式比较，项目融资的一个主要问题是筹资成本相对较高，组织融资所需要的时间较长。项目融资涉及面广，结构复杂，需要做好大量有关风险分担、税收结构、资产抵押等一系列技术性工作，筹资文件比一般公司融资往往要多出几倍，需要几十份甚至上百份法律文件才能解决问题，这必然造成两方面的后果。

(1) 组织项目融资花费的时间要长一些，通常从开始准备到完成整个融资计划需要3～6个月的时间(贷款金额大小和融资结构复杂程度高低是决定安排融资时间长短的重要因素)，有些大型项目融资甚至会拖上几年的时间。这就要求参加这一工作的各个方面人员都有足够的耐心和合作精神。

(2) 项目融资的大量前期工作和有限追索性质，导致融资成本要比传统融资方式高。融资成本主要包括融资的前期费用和利息成本两个部分。

融资的前期费用与项目规模有直接关系，一般占贷款金额的0.5%～2%，项目规模越小，前期费用所占融资总额的比例就越大；项目融资的利息成本一般要高出同等条件公司贷款的0.3%～1.5%，其增加幅度与贷款银行在融资结构中承担的风险有关。合理的融资结构和较强的合作伙伴在管理、技术和市场等方面的优势可以提高项目的经济强度，从而降低较弱合作伙伴的相对融资成本。

项目融资的这一特点限制了其使用范围。在实际操作中，除了需要分析项目融资的优势之外，也必须考虑项目融资的规模经济效益问题。

7. 可利用税务优势

充分利用税务优势降低融资成本，提高项目的综合收益率和偿债能力，是项目融资的一个重要特点。这一问题贯穿于项目融资的各个阶段、各个组成部分的设计之中。

所谓充分利用税务优势，是指在项目所在国法律允许的范围内，通过精心设计的投资结构、融资模式，将所在国政府对投资的税务鼓励政策在项目参与各方中最大限度地加以分配和利用，以此降低筹资成本，提高项目的偿债能力。这些税务政策随国家不同、地区不同而变化，通常包括加速折旧、利息成本、投资优惠以及其他费用的抵税法规等。

(二) 项目融资的程序

从项目投资决策开始，至选择项目融资方式为项目建设筹措资金，一直到最后完成该项目融资为止，项目融资大致可分为5个阶段，即投资决策分析、融资决策分析、融资结构设计、融资谈判及融资执行,每一阶段的主要工作如图8-2所示。

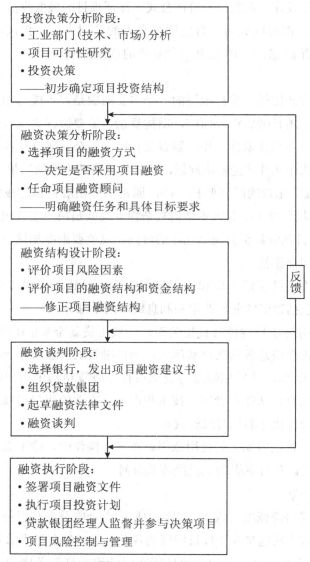

图8-2 项目融资程序

1. 投资决策分析

在项目投资决策之前,投资者需要对项目进行相当周密的投资决策分析,投资决策分析的结论是投资决策的主要依据。这些分析包括宏观经济形势的趋势判断,项目的行业、技术和市场分析,以及项目的可行性研究等标准内容。一旦投资者做出投资决策,随后的首要工作就是确定项目的投资结构,项目的投资结构与将要选择的融资结构和资金来源有着紧密的关系。此外,在很多情况下,项目投资决策也是与项目能否融资以及如何融资密切联系的。投资者在决定项目投资结构时需要考虑的因素很多,主要包括项目的产权形式、产品分配形式、债务责任、决策程序、现金流量控制、会计处理和税务结构等方面的内容。投资结构的选择将影响到项目融资的结构和资金来源的选择；反过来，项目融资结构的设计也会对投资结构的安排做出调整。

2. 融资决策分析

这一阶段的主要工作内容是项目投资者将决定采用何种融资方式为项目开发筹集资金。项目建设是否采用项目融资方式主要取决于项目的贷款数量、时间、融资费用、债务责任分担以及债务会计处理等方面的要求。如果决定选择项目融资作为筹资手段，投资者就需要聘请融资顾问，如投资银行、财务公司或者商业银行中的项目融资部门。融资顾问在明确融资的具体任务和目标要求后，开始研究和设计项目的融资结构。

3. 融资结构设计

这一阶段的一个重要工作步骤是对与项目有关的风险因素进行全面分析、判断和评估，确定项目的债务承受能力和风险，设计出切实可行的融资方案和抵押保证结构。项目融资的信用结构基础是由项目本身的经济强度以及与之有关的各个利益主体与项目的契约关系和信用保证构成的。项目融资结构以及相应的资金结构的设计和选择，必须全面地反映投资者的融资战略要求和考虑。

4. 融资谈判

在项目融资方案初步确定以后，项目融资进入谈判阶段。首先，融资顾问将选择性地向商业银行或其他一些金融机构发出参加项目融资的建议书，组织银团贷款，并起草项目融资的有关文件。随后，便可以与银行谈判。在谈判中，法律顾问、融资顾问和税务顾问将发挥很重要的作用。他们一方面可以使投资者在谈判中处于有利地位，保护投资者利益；另一方面可以在谈判陷入僵局时，及时、灵活地采取有效措施，使谈判沿着有利于投资者利益的方向进行。

融资谈判不会一蹴而就，在谈判中，要对有关的法律文件做出修改，有时会涉及融资结构或资金来源的调整问题，有时会对项目的投资结构做出修改，以满足贷款银团的要求。通过对融资方案的反复设计、分析、比较和谈判，最后选定一个既能最大限度地保护项目投资人的利益，又能为贷款银行所接受的融资方案。

5. 融资执行

当正式签署了项目融资的法律文件以后，项目融资就进入执行阶段。在项目建设阶段，贷款银团通常将委派融资顾问为经理人，经常性地监督项目的进展情况，根据资金预算和项目建设进度表安排贷款。在项目的试生产阶段，贷款银团的经理人将监督项目的试生产(运行)情况，将项目的实际生产成本数据及有关技术指标与融资文件上规定的相应数据与指标对比，确认项目是否已达到融资文件规定的有关标准。在项目的正常运行阶段，贷款银团的经理人将根据融资文件的规定，参与部分项目的决策程序，管理和控制项目的贷款投放和部分现金流量。除此之外，贷款银团的经理人也会参与一部分生产经营决策，并经常帮助投资者加强对项目风险的控制与管理。

二、项目融资的主要方式

项目融资方式是指对于某类具有共同特征的投资项目，项目发起人或投资者在进行融资设计时可以效仿并重复运用的操作方案。传统的项目融资方式主要有直接融资、项目公司融资、杠杆租赁融资、设施使用协议融资、产品支付融资等。随着项目融资理论研究与实践应用的不断发展，出现了一系列新型项目融资方式，如BOT、TOT、ABS、PFI、PPP等，这里主要介绍新型融资方式。

(一) BOT方式

BOT(Build-Operate-Transfer，建设—运营—移交)是20世纪80年代中后期发展起来的一种项目融资方式，主要适用于竞争性不强的行业或有稳定收入的项目，如包括公路、桥梁、自来水厂、发电厂等在内的公共基础设施、市政设施等。BOT的基本思路是，由项目所在国政府或其所属机构为项目的建设和运营提供一种特许权协议(Concession Agreement)作为项目融资的基础，由本国公司或者外国公司作为项目的投资者和经营者安排融资，承担风险，开发建设项目并在特许权协议期间经营项目获取商业利润。特许期满后，根据协议将该项目转让给相应的政府机构。

实际上，BOT是一类项目融资方式的总称，通常所说的BOT主要包括典型BOT、BOOT及BOO三种基本形式。

1. 典型BOT方式

投资财团愿意自己融资，建设某项基础设施，并在项目所在国政府授予的特许期内经营该公共设施，以经营收入抵偿建设投资，并获得一定收益，经营期满后将此设施转让给项目所在国政府。这是比较经典的BOT形式，项目公司没有项目的所有权，只有建设和经营权。

2. BOOT方式

BOOT(Build-Own-Operate-Transfer，建设—拥有—运营—移交)方式与典型BOT方式的主要不同之处是，项目公司既有经营权又有所有权，政府允许项目公司在一定范围和一定时期内，将项目资产以融资目的抵押给银行，以获得更优惠的贷款条件，从而使项目的产品/服务价格降低，但特许期一般比典型BOT方式稍长。

3. BOO方式

BOO(Build-Own-Operate，建设—拥有—运营)方式与前两种方式的主要不同之处在于，项目公司不必将项目移交给政府(即永久私有化)，目的主要是鼓励项目公司从项目全寿命期的角度合理建设和经营设施，提高项目产品/服务的质量，力求降低项目全寿命期的总成本并提高效率，使项目的产品/服务价格更低。

除上述三种基本形式外，BOT还有十余种演变形式，如BT(Build-Transfer，建设—

移交)、BTO(Build-Transfer-Operate，建设—移交—运营)等。这里简要介绍一下BT融资形式，所谓BT，是指政府在项目建成后从民营机构(或任何国营、民营外商法人机构)中购回项目(可一次支付，也可分期支付)。与政府投资建造项目不同的是，政府用于购回项目的资金往往是事后支付(可通过财政拨款，但更多是通过运营项目来支付)。民营机构是投资者或项目法人，必须出一定的资本金，用于建设项目的其他资金可以由民营机构自己出，但更多是以期望的政府支付款(如可兑信用证)来获取银行的有限追索权贷款。BT项目中，投资者仅获得项目的建设权，而项目的经营权则属于政府。BT融资形式适用于各类基础设施项目，特别是出于安全考虑的必须由政府直接运营的项目。对银行和承包商而言，BT项目的风险可能比基本的BOT项目大。

如果承包商不是投资者，其建设资金不是从银行借的有限追索权贷款，或政府用于购回项目的资金完全没有基于项目的运营收入，此种情况实际上应称为"承包商垫资承包"或"政府延期付款"，属于异化BT，已经超出狭义项目融资的原有范畴，在我国已被禁止。因为它只是解决了政府当时缺钱建设基础设施的燃眉之急，并没有实现狭义项目融资所强调的有限追索、提高效率(降低价格)、公平分担风险等。

(二) TOT方式

TOT(Transfer-Operate-Transfer，移交—运营—移交)是从BOT方式演变而来的一种新型方式，具体是指用民营资金购买某个项目资产(一般是公益性资产)的经营权，购买者在约定的时间内通过经营该资产收回全部投资和得到合理的回报后，再将项目无偿移交给原产权所有人(一般为政府或国有企业)。TOT特别受投资者青睐，在发展中国家得到越来越多的应用，该模式为政府需要建设大型项目而又资金不足时提供了解决的途径，还为各类资本投资于基础设施开辟了新的渠道。

1. TOT的运作程序

TOT的运作程序相对比较简单，一般包括以下步骤。

(1) 制定TOT方案并报批。转让方须先根据国家有关规定编制TOT项目建议书，征求行业主管部门同意后，按现行规定报有关部门批准。国有企业或国有基础设施管理人员只有获得国有资产管理部门批准或授权才能实施TOT方式。

(2) 项目发起人(同时又是投产项目的所有者)设立SPC或SPV (Special Purpose Corporation或Special Purpose Vehicle，翻译为特殊目的公司或特殊目的机构)，发起人把完工项目的所有权和新建项目的所有权均转让给SPC或SPV，以确保有专门机构对两个项目的管理、转让、建造负有全权，并负责解决出现的问题。SPC或SPV通常是政府设立或政府参与设立的具有特许权的机构。

(3) TOT项目招标。按照国家规定，需要进行招标的项目，须采用招标方式选择TOT项目的受让方，其程序与BOT方式大体相同，包括招标准备、资格预审、准备招标文件、评标等步骤。

(4) SPV与投资者洽谈，以达成转让投产运行项目在未来一定期限内全部或部分经营权的协议，并取得资金。

(5) 转让方利用获得的资金建设新项目。

(6) 新项目投入使用。

(7) 转让项目经营期满后，收回转让的项目。转让期满，资产应在无债务、未设定担保、设施状况完好的情况下移交给原转让方。

2. TOT方式的特点

与BOT相比，TOT方式主要有下列特点。

(1) 从项目融资的角度看，TOT是通过转让已建成项目的产权和经营权来融资的，而BOT是政府给予投资者特许经营权的许诺后，由投资者融资新建项目，即TOT是通过已建成项目为其他新项目进行融资，BOT则是为筹建中的项目进行融资。

(2) 从具体运作过程看，TOT由于避开了建造过程中所包含的大量风险和矛盾(如建设成本超支、延期、停建、无法正常运营等)，并且只涉及转让经营权，不存在产权、股权等问题，在项目融资谈判过程中比较容易使双方意愿达成一致，并且不会威胁国内基础设施的控制权与国家安全。

(3) 从东道国政府的角度看，通过TOT吸引社会投资者购买现有资产，将从两个方面进一步缓解中央和地方政府财政支出的压力：通过经营权的转让，得到一部分社会资本，可用于偿还因为基础设施建设而承担的债务，也可用于当前迫切需要建设而又难以吸引社会资本的项目；转让经营权后，可大量减少基础设施运营的财政补贴支出。

(4) 从投资者的角度看，TOT方式既可回避建设中的超支、停建或者建成后不能正常运营、现金流量不足以偿还债务等风险，又能尽快取得收益。采用BOT方式，投资者先要投入资金建设，并要设计合理的信用保证结构，花费时间很长，承担风险大；采用TOT方式，投资者购买的是正在运营的资产和对资产的经营权，资产收益具有确定性，也不需要太复杂的信用保证结构。

(三) ABS方式

ABS(Asset-Backed-Securitization，资产证券化)是20世纪80年代首先在美国兴起的一种新型的资产变现方式，它将缺乏流动性但能产生可预见的、稳定的现金流量的资产归集起来，通过一定的安排，对资产中的风险与收益要素进行分离与重组，进而转换为在金融市场上可以出售和流通的证券。

1. ABS融资方式的运作过程

ABS融资方式的运作过程主要包括以下几个方面。

(1) 组建特殊目的机构SPV。该机构可以是一个信托机构，如信托投资公司、信用担保公司、投资保险公司或其他独立法人，该机构应能够获得国际权威资信评估机构评定的较高级别的信用等级(AAA或AA级)。由于SPV是进行ABS融资的载体，成功组建SPV是ABS能够成功运作的基本条件和关键因素。

(2) SPV与项目结合，即寻找可以进行资产证券化融资的对象。一般来说，投资项目所依附的资产只要在未来一定时期内能带来现金收入，就可以进行ABS融资。拥有这种未来现金流量所有权的企业(项目公司)成为原始权益人。这些未来现金流量所代表的资产，是ABS融资方式的物质基础。在进行ABS融资时，一般应选择未来现金流量稳定、可靠、风险较小的项目资产。而SPV与这些项目的结合，就是以合同、协议等方式将原始权益人所拥有的项目资产的未来现金收入的权利转让给SPV，转让的目的在于将原始权益人本身的风险割断。这样SPV进行ABS方式融资时，其融资风险仅与项目资产未来现金收入有关，而与建设项目的原始权益人本身的风险无关。

(3) 进行信用增级。利用信用增级手段使该项目资产获得预期的信用等级。为此，就要调整项目资产现有的财务结构，使项目融资债券达到投资级水平，达到SPV关于承包ABS债券的条件要求。SPV通过提供专业化的信用担保进行信用升级，之后委托资信评估机构进行信用评级，确定ABS债券的资信等级。

(4) SPV发行债券。SPV直接在资本市场上发行债券募集资金，或者经过SPV信用担保，由其他机构组织债券发行，并将通过发行债券筹集的资金用于项目建设。

(5) SPV偿债。由于项目原始收益人已将项目资产的未来现金收入权利让渡给SPV，因此，SPV能利用项目资产的现金流入量，清偿其在国际高等级投资证券市场上所发行债券的本息。

2. BOT方式与ABS方式的比较

具体而言，ABS与BOT融资方式在项目所有权及运营权归属、适用范围、对项目所在国的影响、风险分散度、融资成本等方面都有不同之处。

(1) 项目所有权及运营权归属。在BOT融资方式中，项目所有权与经营权在特许经营期内是属于项目公司的，在特许期经营结束之后，所有权及与经营权将会移交给政府；在ABS融资方式中，根据合同规定，项目所有权在债券存续期内由原始权益人转至SPV，而经营权与决策权仍属于原始权益人，债券到期后，利用项目产生的收益还本付息并支付各类费用之后，项目所有权重新回到原始权益人手中。

(2) 适用范围。对于关系国家经济命脉或包括国防项目在内的敏感项目，采用BOT融资方式是不可行的，容易引起政治、社会、经济等各方面的问题。在ABS融资方式中，虽在债券存续期内资产所有权归SPV所有，但是资产的运营与决策权仍然归属原始权益人，SPV不参与运营，不必担心外商或私营机构控制，因此应用更加广泛。

(3) 资金来源。BOT与ABS融资方式的资金来源主要是民间资本，可以是国内资金，也可以是外资，如项目发起人自有资金、银行贷款等；但ABS方式强调通过证券市场发行债券这一方式筹集资金，这是ABS方式与其他项目融资方式一个较大的区别。

(4) 对项目所在国的影响。BOT会给东道国带来一定的负面效应，如掠夺性经营、国家税收流失及国家承担价格、外汇等多种风险；ABS则较少出现上述问题。

(5) 风险分散度。BOT风险主要由政府、投资者/经营者、贷款机构承担；ABS风险则由众多的投资者承担，而且债券可以在二级市场上转让，变现能力强。

(6) 融资成本。BOT过程复杂、牵涉面广，融资成本因中间环节多而增加；ABS则只涉及原始权益人、SPV、证券承销商和投资者，无须政府的许可、授权、担保等，采用民间的非政府途径，过程简单，降低了融资成本。

(四) PFI方式

PFI(Private Finance Initiative，私人主动融资)是指由私营企业进行项目的建设与运营，从政府方或接受服务方收取费用以回收成本，在运营期结束时，私营企业应将所运营的项目完好地、无债务地归还政府。PFI融资方式具有使用领域广泛、能缓解政府资金压力、提高建设效率等特点。利用这种融资方式，可以弥补财政预算的不足，有效转移政府财政风险，提高公共项目的投资效率，增加私营部门的投资机会。

PFI是一种强调私营企业在融资中的主动性与主导性的融资方式，在这种方式下，政府以不同于传统的由其自身负责提供公共项目产出的方式，采取一种全新的促进私营企业有机会参与基础设施和公共物品的生产和提供公共服务的公共项目产出方式。通过PFI方式，政府与私营企业进行合作，由私营企业承担部分政府公共物品的生产或提供公共服务，政府购买私营企业提供的产品或服务，或给予私营企业以收费特许权，或政府与私营企业以合伙方式共同营运等方式，来实现政府公共物品产出中的资源配置最优化、效率和产出最大化。

1. PFI的典型模式

PFI模式最早出现在英国，在英国的实践中，通常有三种典型模式，即经济上自立的项目、向公共部门出售服务的项目与合资经营项目。

(1) 经济上自立的项目。以这种方式实施的PFI项目，私营企业提供服务时，政府不向其提供财政支持，但是在政府的政策支持下，私营企业通过项目的服务向最终使用者收费，来回收成本和实现利润。其中，公共部门不承担项目建设和运营的费用，但是私营企业可以在政府的特许下，通过适当调整对使用者的收费来补偿成本的增加。在这种模式下，公共部门对项目的作用是有限的，也许仅仅是承担项目最初的计划或按照法定程序帮助项目公司开展前期工作和按照法律进行管理。

(2) 向公共部门出售服务的项目。这种项目的特点在于，私营企业提供项目服务所产生的成本，完全或主要通过私营企业服务提供者向公共部门收费来补偿，这样的项目主要包括私人融资兴建的监狱、医院和交通线路等。

(3) 合资经营项目。这种项目的特点在于，公共部门与私营企业共同出资、分担成本和共享收益。但是，为了使项目成为一个真正的PFI项目，项目的控制权必须由私营企业来掌握，公共部门只扮演一个合伙人的角色。

2. PFI的优点

PFI与私有化不同，公共部门要么作为服务的主要购买者，要么充当实施项目的基本法定授权控制者，这是政府部门必须坚持的基本原则。同时，与买断经营也有所不同，买断经营方式中的私营企业受政府的制约较小，是比较完全的市场行为，私营企业既是资本财产的所有者又是服务的提供者。PFI方式旨在增加私营企业参与的公共服务或者是实现公共服务的产出大众化。

PFI在本质上是一种设计、建设、融资和运营模式，政府与私营企业是一种合作关系，对PFI项目服务的购买是由有采购特权的政府与私营企业签订的。

PFI模式的主要优点表现在以下几个方面。

(1) PFI有非常广泛的适用范围，不仅应用于基础设施项目，在学校、医院、监狱等公共项目上也有广泛的应用。

(2) 推行PFI方式，能够广泛吸引经济领域的私营企业或非官方投资者，参与公共物品的产出，这不仅大大地缓解了政府公共项目建设的资金压力，同时提高了政府公共物品的产出水平。

(3) 吸收私营企业的知识、技术和管理方法，提高公共项目的效率和降低产出成本，使社会资源配置更加合理化，同时使政府摆脱了受到长期困扰的政府项目低效率的压力，使政府有更多的精力和财力用于社会发展更加急需的项目建设。

(4) PFI方式是政府公共项目投融资和建设管理方式的重要制度创新，这也是PFI方式的最大优势。在英国的实践中，PFI被认为是政府获得高质量、高效率的公共设施的重要工具，已经有很多成功的案例。

3. PFI方式与BOT方式的比较

PFI与BOT方式在本质上没有太大区别，但在一些细节上仍存在不同，主要表现在适用领域、合同类型、承担风险、合同期满处理方式等方面。

(1) 适用领域。BOT方式主要用于基础设施或市政设施，如机场、港口、电厂、公路、自来水厂等，以及自然资源开发项目；PFI方式的应用面更广，除上述项目之外，一些非营利性公共服务设施项目(如学校、医院、监狱等)同样可以采用PFI融资方式。

(2) 合同类型。两种融资方式中，政府与私营部门签署的合同类型不尽相同，BOT项目的合同类型是特许经营合同；而PFI项目中签署的是服务合同，PFI项目的合同中一般会对设施的管理、维护提出特殊要求。

(3) 承担风险。BOT项目中，私营企业不参与项目设计，因此设计风险由政府承担；而在PFI项目中，由于私营企业参与项目设计，需要其承担设计风险。

(4) 合同期满处理方式。BOT项目在合同中一般会规定特许经营期满后，项目必须无偿交给政府管理及运营；而PFI项目的服务合同中往往规定，如果私营企业通过正常经营未达到合同规定的收益，可以继续保持运营权。

(五) PPP方式

PPP(Public-Private Partnership，政府和社会资本合作模式)，广义上指公共部门与私营部门为提供公共产品或服务而建立的长期合作关系。狭义上则强调政府通过商业而非行政的方法，如在项目公司中占股份来加强对项目的控制，以及与企业合作过程中的优势互补、风险共担和利益共享。目前，国际学术界和企业界较为认同的是广义的PPP，即将PPP认定为政府与企业长期合作的一系列方式的统称，包含BOT、TOT、PFI等多种方式，并特别强调合作过程中政企双方的平等、风险分担、利益共享、效率提高和保护公众利益。

根据《关于印发〈政府和社会资本合作模式操作指南(试行)〉的通知》(财金〔2014〕113号)的规定：投资规模较大、需求长期稳定、价格调整机制灵活、市场化程度较高的基础设施及公共服务类项目，适宜采用政府和社会资本合作模式。政府和社会资本合作项目由政府或社会资本发起，以政府发起为主。政府或其指定的有关职能部门或事业单位可作为项目实施机构，负责项目准备、采购、监管和移交等工作。项目实施机构应组织编制项目实施方案。

1. PPP项目实施方案的内容

PPP项目实施方案包括以下内容。

(1) 项目概况。项目概况主要包括基本情况、经济技术指标和项目公司股权情况等。基本情况主要明确项目提供的公共产品和服务内容，项目采用政府和社会资本合作模式运作的必要性和可行性，以及项目运作的目标和意义。经济技术指标主要明确项目区位、占地面积、建设内容或资产范围、投资规模或资产价值、主要产出说明和资金来源等。项目公司股权情况主要明确是否要设立项目公司以及公司股权结构。

(2) 风险分配基本框架。按照风险分配优化、风险收益对等和风险可控等原则，综合考虑政府风险管理能力、项目回报机制和市场风险管理能力等要素，在政府和社会资本间合理分配项目风险。原则上，项目设计、建造、财务和运营维护等商业风险由社会资本承担，法律、政策和最低需求等风险由政府承担，不可抗力等风险由政府和社会资本合理共担。

(3) 项目运作方式。项目运作方式主要包括委托运营、管理合同、建设—运营—移交、建设—拥有—运营、转让—运营—移交、改建—运营—移交等。具体运作方式的选择主要由收费定价机制、项目投资收益水平、风险分配基本框架、融资需求、改扩建需求和期满处置等因素决定。

(4) 交易结构。交易结构主要包括项目投融资结构、回报机制和相关配套安排。项目投融资结构主要说明项目资本性支出的资金来源、性质和用途，以及项目资产的形成和转移等。项目回报机制主要说明社会资本取得投资回报的资金来源，包括使用者付费、可行性缺口补助和政府付费等支付方式。相关配套安排主要说明由项目以外的相关机构提供的土地、水、电、气和道路等配套设施和项目所需的上下游服务。

(5) 合同体系。合同体系主要包括项目合同、股东合同、融资合同、工程承包合同、运营服务合同、原料供应合同、产品采购合同和保险合同等。项目合同是其中的核心法律文件。项目边界条件是项目合同的核心内容，主要包括权利义务、交易条件、履约保障和调整衔接等边界。权利义务边界主要明确项目资产权属、社会资本承担的公共责任、政府支付方式和风险分配结果等。交易条件边界主要明确项目合同期限、项目回报机制、收费定价调整机制和产出说明等。履约保障边界主要明确强制保险方案，以及由投资竞争保函、建设履约保函、运营维护保函和移交维修保函组成的履约保函体系。调整衔接边界主要明确应急处置、临时接管和提前终止、合同变更、合同展期、项目新增改扩建需求等应对措施。

(6) 监管架构。监管架构主要包括授权关系和监管方式。授权关系主要是政府对项目实施机构的授权，以及政府直接或通过项目实施机构对社会资本的授权；监管方式主要包括履约管理、行政监管和公众监督等。

(7) 采购方式选择。项目采购应根据《政府采购法》及相关规章制度执行，采购方式包括公开招标、竞争性谈判、邀请招标、竞争性磋商和单一来源采购。项目实施机构应根据项目采购需求特点，依法选择适当的采购方式。公开招标主要适用于核心边界条件和技术经济参数明确、完整、符合国家法律法规和政府采购政策，且采购中不作更改的项目。

财政部门(或政府和社会资本合作中心)应对项目实施方案进行物有所值和财政承受能力验证，通过验证的，由项目实施机构报政府审核；未通过验证的，可在实施方案调整后重新验证；经重新验证仍不能通过的，不再采用政府和社会资本合作模式。

2. 物有所值(VFM)评价

物有所值(Value for Money，VFM)评价是判断是否采用PPP模式代替政府传统投资运营方式提供公共服务项目的一种评价方法。在中国境内拟采用PPP模式实施的项目，应在项目识别或准备阶段开展物有所值评价。物有所值评价包括定性评价和定量评价，现阶段以定性评价为主，鼓励开展定量评价。定量评价可作为项目全寿命期内风险分配、成本测算和数据收集的重要手段，以及项目决策和绩效评价的参考依据。应统筹定性评价和定量评价结论，提出物有所值评价结论。物有所值评价结论分为"通过"和"未通过"。"通过"的项目，可进行财政承受能力论证；"未通过"的项目，可在调整实施方案后重新评价，仍未通过的不宜采用PPP模式。财政部门(或政府和社会资本合作中心)应会同行业主管部门共同做好物有所值评价工作，并积极利用第三方专业机构和专家力量。《PPP物有所值评价指引(试行)》(财金〔2015〕167号)是开展物有所值评价重要的指导性文件。

开展物有所值评价所需资料主要包括(初步)实施方案、项目产出说明、风险识别和分配情况、存置公共资产的历史资料、新建或改扩建项目的(预)可行性研究报告、设计文件等。开展物有所值评价时，项目本级财政部门(或政府和社会资本合作中心)应会同行业主管部门，明确是否开展定量评价，明确定性评价程序、指标及其权重、评分标准等基本要求，明确定量评价内容、测算指标和方法，以及定量评价结论是否作为采用PPP模式的决策依据。

1) 物有所值定性评价

定性评价指标包括全寿命期整合程度、风险识别与分配、绩效导向与鼓励创新、潜在竞争程度、政府机构能力、可融资性6项基本评价指标，以及根据具体情况设置的补充评价指标。补充评价指标包括项目规模大小、预期使用寿命长短、主要固定资产种类、全寿命期成本测算准确性、运营收入增长潜力、行业示范性等。

物有所值定性评价一般采用专家打分法。在各项评价指标中，6项基本评价指标权重为80%，其中任一指标权重一般不超过20%；补充评价指标权重为20%，其中任一指标权重一般不超过10%。每项指标评分分为5个等级，即有利、较有利、一般、较不利、不利，对应分值分别为81~100分、61~80分、41~60分、21~40分、0~20分。原则上，评分结果在60分及以上的，可以认为通过定性评价；否则，认为未通过定性评价。

2) 物有所值定量评价

定量评价是在假定采用PPP模式与政府传统投资方式产出绩效相同的前提下，通过对PPP项目全寿命期内政府方净成本的现值(PPP值)与公共部门比较值(PSC值)进行比较，判断PPP模式能否降低项目全寿命期成本。

PPP值可等同于PPP项目全生命周期内股权投资、运营补贴、风险承担和配套投入等各项财政支出责任的现值。PSC值是以下三项成本的全寿命期现值之和。

(1) 参照项目的建设和运营维护净成本。

(2) 竞争性中立调整值。

(3) 项目全部风险成本。

PPP值小于或等于PSC值的，可认为通过定量评价；PPP值大于PSC值的，可认为未通过定量评价。

3) 物有所值评价报告

在物有所值评价结论形成后，应完成物有所值评价报告编制工作。物有所值评价报告包括以下内容。

(1) 项目基础信息。项目基础信息主要包括项目概况、项目产出说明和绩效标准、PPP运作方式、风险分配框架和付费机制等。

(2) 评价方法。评价方法主要包括定性评价程序、指标及权重、评分标准、评分结果、专家组意见以及定量评价的PSC值、PPP值的测算依据、测算过程和结果等。

(3) 评价结论，分为"通过"和"未通过"。

(4) 附件。附件通常包括(初步)实施方案、项目产出说明、可行性研究报告、设计文件、存量公共资产的历史资料、PPP项目合同、绩效监测报告和中期评估报告等。

3. PPP项目财政承受能力论证

财政承受能力论证是指识别、测算PPP项目的各项财政支出责任，科学评估项目实施对当前及今后年度财政支出的影响，从而为PPP项目财政管理提供依据。财政承受能力论证的结论分为"通过论证"和"未通过论证"。"通过论证"的项目，各级财政部门应当在编制年度预算和中期财政规划时，将项目财政支出责任纳入预算统筹安排；"未通过论证"的项目，则不宜采用PPP模式。

1) 责任识别

PPP项目全生命周期的财政支出责任，主要包括股权投资、运营补贴、风险承担、配套投入等。股权投资支出责任是指在政府与社会资本共同组建项目公司的情况下，政府承担的股权投资支出责任。如果社会资本单独组建项目公司，政府不承担股权投资支出责任。运营补贴支出责任是指在项目运营期间，政府承担的直接付费责任。不同付费模式下，政府承担的运营补贴支出责任不同。政府付费模式下，政府承担全部运营补贴支出责任；可行性缺口补助模式下，政府承担部分运营补贴支出责任；使用者付费模式下，政府不承担运营补贴支出责任。风险承担支出责任是指项目实施方案中，政府承担风险带来的财政或有支出责任。通常由政府承担的法律风险、政策风险、最低需求风险以及政府方原因导致项目合同终止等突发情况，会产生财政或有支出责任。配套投入支出责任是指政府提供的项目配套工程等其他投入责任，通常包括土地征收和整理、建设部分项目配套措施、完成项目与现有相关基础设施和公用事业的对接、投资补助、贷款贴息等。配套投入支出应依据项目实施方案合理确定。

2) 支出测算

财政部门(或政府和社会资本合作中心)应当综合考虑各类支出责任的特点、情景和发生概率等因素，对项目全生命周期内的财政支出责任分别进行测算。股权投资支出应当依据项目资本金要求以及项目公司股权结构合理确定。股权投资支出责任中的土地等实物投入或无形资产投入，应依法进行评估，合理确定价值，计算公式为

$$股权投资支出 = 项目资本金 \times 政府占项目公司股权比例 \qquad (8-22)$$

运营补贴支出应当根据项目建设成本、运营成本及利润水平合理确定，并按照不同付费模式分别测算。对政府付费模式的项目，在项目运营补贴期间，政府承担全部直接付费责任。政府每年直接付费数额包括社会资本方承担的年均建设成本(折算成各年度现值)、年度运营成本和合理利润，计算公式为

$$当年运营补贴支出数额=\frac{项目全部建设成本\times(1+合理利润率)\times(1+年度折现率)^n}{财政运营补贴周期(年)}+$$
$$年度运营成本\times(1+合理利润率) \tag{8-23}$$

式中：n——折现年数。

对采用可行性缺口补助模式的项目，在项目运营补贴期间，政府承担部分直接付费责任。政府每年直接付费数额包括社会资本方承担的年均建设成本(折算成各年度现值)、年度运营成本和合理利润，再减去每年使用者付费的数额，计算公式为

$$当年运营补贴支出数额=\frac{项目全部建设成本\times(1+合理利润率)\times(1+年度折现率)^n}{财政运营补贴周期(年)}+$$
$$年度运营成本\times(1+合理利润率)-当年使用者付费数额 \tag{8-24}$$

式中：n——折现年数；

财政运营补贴周期——财政提供运营补贴的年数。

年度折现率应考虑财政补贴支出发生年份，并参照同期地方政府债券收益率合理确定。合理利润率应以商业银行中长期贷款利率水平为基准，充分考虑可用性付费、使用量付费、绩效付费的不同情景，结合风险等因素确定。在计算运营补贴支出时，应当充分考虑合理的利润率变化对运营补贴支出的影响。在计算运营补贴支出数额时，应当充分考虑定价和调价机制的影响。风险承担支出应充分考虑各类风险出现的概率和带来的支出责任，可采用比例法、情景分析法及概率法进行测算。

(1) 比例法。在各类风险支出数额和概率难以准确测算的情况下，可以按照项目的全部建设成本和一定时期内的运营成本的一定比例确定风险承担支出。

(2) 情景分析法。在各类风险支出数额可以测算，但出现概率难以确定的情况下，可针对影响风险的各类事件和变量进行"基本""不利"及"最坏"等情景假设，测算各类风险发生带来的风险承担支出，计算公式为

$$风险承担支出数额=基本情景下财政支出数额\times基本情景出现的概率+$$
$$不利情景下财政支出数额\times不利情景出现的概率+ \tag{8-25}$$
$$最坏情景下财政支出数额\times最坏情景出现的概率$$

(3) 概率法。在各类风险支出数额和发生概率均可测算的情况下，可将所有可变风险参数作为变量，根据概率分布函数，计算各种风险发生带来的风险承担支出。

配套投入支出责任应综合考虑政府将提供的其他配套投入总成本和社会资本方为此支付的费用。配套投入支出责任中的土地等实物投入或无形资产投入，应依法进行评估，合理确定价值，计算公式为

$$配套投入支出数额=政府拟提供的其他投入总成本-社会资本方支付的费用 \tag{8-26}$$

3) 能力评估

财政部门(或政府和社会资本合作中心)识别和测算单个项目的财政支出责任后，汇

总年度全部已实施和拟实施的PPP项目，进行财政承受能力评估。

财政承受能力评估包括财政支出能力评估以及行业和领域平衡性评估。财政支出能力评估，是根据PPP项目预算支出责任，评估PPP项目实施对当前及今后年度财政支出的影响；行业和领域均衡性评估，是根据PPP模式适用的行业和领域范围，以及经济社会发展需要和公众对公共服务的需求，平衡不同行业和领域的PPP项目，防止某一行业和领域的PPP项目过于集中。

每一年度全部PPP项目需要从预算中安排的支出，占一般公共预算支出的比例不应超过10%。省级财政部门可根据本地实际情况，因地制宜地确定具体比例，并报财政部备案，同时对外宣布。在进行财政支出能力评估时，未来年度一般公共预算支出数额可参照前5年相关数额的平均值及平均增长率计算，并根据实际情况进行适当调整。

通过论证且经同级人民政府审核同意实施的PPP项目，各级财政部门应当将其列入PPP项目目录，并在编制中期财政规划时，将项目财政支出责任纳入预算统筹安排。

PPP项目财政承受能力论证工作流程见图8-3。

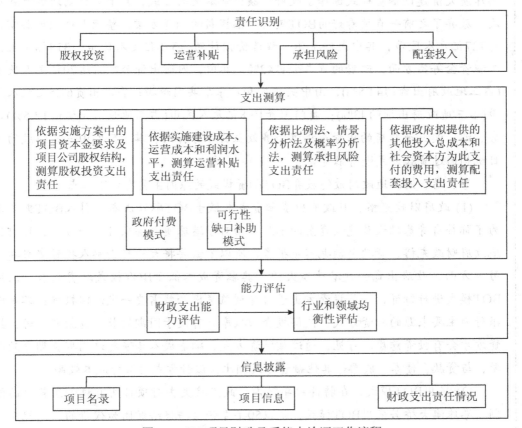

图8-3　PPP项目财政承受能力论证工作流程

案例分析

港珠澳大桥融资模式分析

港珠澳大桥是一座连接香港特别行政区、广东省珠海市和澳门特别行政区的大桥,该项目于2009年12月15日开工建设,一期预计于2015—2016年完成。港珠澳大桥预计全长29.6km,建成通车后,由香港开车至珠海及澳门,将从目前的4～5h缩短到约20min,有助于吸引香港投资者到珠江三角洲西岸投资,并可促进港、珠、澳三地的旅游业发展。该工程还包括兴建约7000m的海底隧道,整个大桥估计共需融资727亿元人民币。

2008年2月28日,粤、港、澳三地就融资方案达成共识。大桥主体建造工程将以公开招标的方式,引入私人投资者以BOT模式来兴建和运营,并提供50年的专营权。资金不足的部分则按照粤、港、澳三地政府补贴比例,按效益费用比相等的原则计算,公平分摊补贴金额,其中广东占35.1%、香港占50.2%、澳门占14.7%。

然而,时间仅仅过去半年,在2008年8月5日,根据三方最新达成的融资安排,港珠澳大桥建设融资模式选择了政府全额出资本金的方式,其余部分则通过贷款解决,放弃了之前一直被看好的BOT模式。根据新的融资方案,整座大桥预计共需投资727亿元人民币,其中大桥主体工程造价预计约为378亿元人民币。378亿元主体工程资金筹集方面,政府的资本金占42%,其中,内地出资金额将达70亿元人民币(占三地政府出资的44.5%),由中央政府和广东省共同承担;香港出资67.5亿元人民币(占三地政府出资的43%);澳门出资19.8亿元人民币(占三地政府出资的12.5%)。粤、港、澳三地政府的出资是根据经济效益公平分摊的,其余58%由三家组成的项目机构通过贷款方式进行融资。

粤、港、澳三地政府最终放弃BOT融资模式的原因主要有以下三点。

(1) 政府财政充裕,且政府出资融资成本低于BOT融资成本。引入BOT更多是为了弥补自身基础设施建设资金的不足。而对于港珠澳大桥项目,一方面,目前三地政府财政充裕,贷款金额也不是很多,所以不需要将大桥交由私人投资者兴建;另一方面,政府出资兴建港珠澳大桥,其融资成本低于BOT模式融资成本。采用BOT模式进行融资,一是投资方出于自身利益考虑必然需要一定的回报率;二是以银行为主要来源的融资方式,使得投资回报率只有大于同期的长期贷款利率时,投资方才会有投资意愿。可见,通过该融资方式,融资成本普遍超过同期长期贷款利率,与贷款、债券、股票等其他融资方式相比,该种方式的融资成本较高。

(2) 采用BOT模式,在特许权年限内,政府将失去对项目所有权和经营权的控制。港珠澳大桥若采用BOT模式,是以50年专营权转移给财团为代价的,这就牵涉到将来财团经营是否规范以及三地政府对财团能否实现有效监管的问题。私人投资者具有制定收费价格的权利,而政府无法控制收费。由于大桥收费与交通流量相关联，若收费太贵，交通流量便会减少，这样会大大违背政府鼓励兴建港珠澳大桥的初衷。典型的个案是香港三个连接港岛与九龙的过海隧道。红区海底隧道(以下简称"红隧")是20世纪60年代由政府全资兴建的，至今一直是三者中位置最好、收费最低、流量最大的。东区海底隧道(以下简称"东隧")和西区海底隧道(以下简称"西隧")是后来政府通过BOT模式，由私人发展商投资兴建的。东隧和西隧不断加价，使得这两条隧道车流严重不足，而其他道路堵塞日益严重，与政府增开隧道疏导交通的初衷相违。政府出资建设港珠澳大桥的优势就在于能够以整体的社会及经济效益来考虑问题，对大桥的收费水平具有更大的控制权。

(3) 投资回报率不确定，成本回收期过长。采用BOT模式，由公营机构转移过来的某些风险将在私营机构较高的融资费用中得到反映。由于投资BOT项目存在更多的不确定性风险，若没有充分的回报，投资商是不会进行投资的。一方面，国际物流业高速增长的20年行将结束，未来的5～10年将迈入平稳增长期。港珠澳大桥的投资主要是通过收取"过桥费"来收回，通车量不足将对大桥的投资回报率产生巨大的威胁，700多亿元的巨大投资成本令各大财团望而却步。另一方面，大桥的成本回收期过长，导致风险增大。由于该项目投资巨大，在国家规定的25年经营期内，项目财务分析并不理想，估计难以回本，因此有可能需要将收费期延长至50年。过长的成本回收期会给投资者带来庞大的资金压力和巨大的投资风险。如果政府的财政补贴和分担风险的承诺不具吸引力，财团更加不愿意投资。

资料来源：温阳，戴大双，陈炳泉.港珠澳大桥项目融资模式的启示[J].项目管理技术，2008，6(12).

【案例思考】

1. 港珠澳大桥的建设有何特点？对融资方案有何要求？
2. 试分析BOT融资模式的优点与弊端。

项目小结

工程项目投融资是工程造价管理的基础和前提。项目资本金是在项目总投资中由投资者认缴的出资额。项目资本金的来源包括资本金筹措和债务资金筹措。资本金来源包括：企业现金、未来生产经营中获得的可用于项目的资金、企业资产变现、企业产权转让等内部资金来源；企业增资扩股、优先股、国家预算内投资等外部资金来源；在资本市场募集股本资金和合资合作。债务资金来源包括信贷融资、债券融资、租赁融资等。企业要合理设计资本结构。

目前，常见的项目融资方式有BOT(建设—运营—移交)、TOT(移交—运营—移交)、ABS(资产证券化)、PFI(私人主动融资)、PPP(政府和社会资本合作模式)。企业应根据这几种融资方式的特点、适用范围、项目特点，选择相适应的融资方式。

1. (2011年)某公司发行普通股股票融资，社会无风险投资收益率为8%，市场投资组合预期收益率为15%，该公司股票的投资风险系数为1.2，采用资本资产定价模型确定，发行该股票的成本率为(　　)。

   A. 16.4%　　　　　B. 18.0%　　　　　C. 23.0%　　　　　D. 24.6%

2. (2011年)某公司发行总面额400万元的5年期债券，发行价格为500万元，票面利率为8%，发行费率为5%，公司所得税率为25%，发行该债券的成本率是(　　)。

   A. 5.05%　　　　　B. 6.32%　　　　　C. 6.40%　　　　　D. 10.00%

3. (2010年)某企业发行普通股正常市价为20元，估计年增长率为10%，第一年预计发放股利1元，筹资费用率为股票市价的12%，则新发行普通股的成本率为(　　)。

   A. 11.36%　　　　B. 13.33%　　　　C. 15.56%　　　　D. 15.68%

4. 某企业拟筹集资金，其中发行债券800万元，票面利率12%，发行费率4%，发行价格900万元，公司所得税率25%，则该债券的资金成本率为(　　)。

   A. 12.50%　　　　B. 11.11%　　　　C. 8.33%　　　　D. 7.44%

5. (2009年)某企业账面反映的长期资金4000万元，其中优先股1200万元，应付长期债券2800万元。发行优先股的筹资费用率3%，年股息率9%；发行长期债券的票面利率7%，筹资费费率5%，企业所得税税率25%，则该企业的加权平均资金成本率为(　　)。

   A. 3.96%　　　　　B. 6.11%　　　　　C. 6.65%　　　　　D. 8.15%

6. (2011年)在项目融资过程中，在设计和选择合适的融资结构前应完成的工作是(　　)。

   A. 建立项目的信用保证结构　　　　B. 确定项目的资金估算方法
   C. 确定项目的投资结构　　　　　　D. 选择项目的组织结构

7. (2009年)项目融资的特点包括(　　)。

   A. 项目投资者承担项目风险　　　　B. 项目融资成本较高
   C. 用于支持贷款的信用结构固定　　D. 贷款人可以追索项目以外的任何资产

8. (2014年)与传统的贷款融资方式不同，项目融资主要是以(　　)来安排融资。

   A. 项目资产和预期收益　　　　　　B. 项目投资者的资信水平
   C. 项目第三方担保　　　　　　　　D. 项目管理的能力和水平

9. 采用ABS方式融资，组建SPC的作用是(　　)。

   A. 由SPC公司直接在资金市场上发行债券

B. 由SPC公司与商业银行签订贷款协议

C. 由SPC公司作为项目法人

D. 由SPC公司运营项目

10. (2009年)PFI项目融资方式的特点包括( )。

A. 有利于公共服务的产出大众化

B. 项目的控制权必须由公共部门掌握

C. 项目融资成本低、手续简单

D. 政府无须对私营企业做出特许承诺

11. PFI融资方式的主要特点是( )。

A. 适用于公益性项目　　　　　　B. 适用于私营企业出资的项目

C. 项目的控制权由私营企业掌握　　D. 项目的设计风险由政府承担

12. 项目融资与传统的贷款相比较，其特点包括( )。

A. 资金来源主要依赖项目的现金流量

B. 贷款人对项目的借款人有完全追索权

C. 资金来源主要依赖于项目投资者的资信

D. 支持贷款的信用结构的安排是灵活多样的

E. 项目的债务不表现在项目借款人的公司资产负债表中

13. 与ABS融资方式比较，BOT融资方式的特点包括( )。

A. 运作程序复杂　　　　　　　　B. 投资风险较大

C. 可以引进先进的技术　　　　　D. 融资成本比较高

E. 适用范围大

14. (2009年)TOT项目融资方式的优点包括( )。

A. 有利于引进先进的管理方式　　B. 有利于引进先进技术

C. 可以提前项目的建设和运营时间　D. 可使资产获得更高的信用等级

E. 可增加项目引资成功的可能性

15. (2013年)与PPP融资方式相比，BOT融资方式中民营部门的地位是( )。

A. 与政府部门的协调关系弱，对项目的控制权大

B. 与政府部门的协调关系强，对项目的控制权小

C. 与政府部门的协调关系弱，对项目的控制权大

D. 与政府部门的协调关系强，对项目的控制权小

参考文献

[1] 国家发改委，建设部. 建设项目经济评价方法与参数[M]. 3版. 北京：中国计划出版社，2006.

[2] 朱颖. 工程经济与财务管理[M]. 北京：北京理工大学出版社，2016.

[3] 吴锋，叶锋. 工程经济学[M]. 北京：机械工业出版社，2015.

[4] 时思，邢彦茹，郝家龙，王佳宁. 工程经济学[M]. 北京：科学出版社，2015.

[5] 魏庆葆. 印刷色彩控制技术[M]. 北京：中国轻工业出版社，2012.

[6] 安淑名，杨晶. 工程经济[M]. 北京：机械工业出版社，2013.

[7] 蔡守华. 水利工程经济[M]. 北京：中国水利水电出版社，2013.

[8] 王恩茂. 工程经济学[M]. 北京：科学出版社，2010.

[9] 刘晓君. 工程经济学[M]. 北京：中国建筑工业出版社，2014.

[10] 冯为民，付晓玲. 工程经济学[M]. 北京：北京大学出版社，2012.

[11] 洪军. 工程经济学 [M]. 2版. 北京：高等教育出版社，2015.

[12] 投资项目可行性研究指南编写组. 投资项目可行性研究指南[M]. 北京：中国电力出版社，2002.

[13] 于俊年. 投资项目可行性研究与项目评估[M]. 北京：对外经济贸易大学出版社，2011.

[14] 李海涛. 投资项目可行性研究[M]. 天津：天津大学出版社，2012.

[15] 全国造价工程师执业资格考试培训教材编审委员会. 建设工程造价案例分析[M]. 北京：中国城市出版社，2017.

[16] 全国造价工程师执业资格考试培训教材编审委员会. 建设工程造价管理[M]. 北京：中国计划出版社，2017.

[17] 全国一级建造师执业资格考试用书编写委员会. 建设工程经济[M]. 北京：中国建筑工业出版社，2017.

[18] 莫力科，陆绍凯，牛永宁. 深港大型跨界工程项目可行性研究的比较与启示——以深港西部通道项目为例[J]. 广州大学学报(自然科学版)，2010，9(1)：74-78.

[19] 温阳，戴大双，陈炳泉. 港珠澳大桥项目融资模式的启示[J]. 项目管理技术，2008，6(12)：37-39.

[20] 高鹏. 多元化融资方式在大型水利工程中的应用[J]. 商场现代化，2004(1).

[21] 金永涛，王晓明. 秘鲁铁矿磁选工艺改造与设备更新[J]. 现代矿业，2011(7).

附 录 A
复利因子

4%复利因子

	一次支付		等额多次支付				
N	F/P	P/F	F/A	P/A	A/F	A/P	N
1	1.0400	0.9615	1.0000	0.9615	1.0000	1.0400	1
2	1.0816	0.9246	2.0400	1.8861	0.4902	0.5302	2
3	1.1249	0.8890	3.1216	2.7751	0.3202	0.3603	3
4	1.1699	0.8548	4.2465	3.6299	0.2355	0.2755	4
5	1.2167	0.8219	5.4163	4.4518	0.1846	0.2246	5
6	1.2653	0.7903	6.6330	5.2421	0.1508	0.1908	6
7	1.3159	0.7599	7.8983	6.0021	0.1266	0.1666	7
8	1.3686	0.7307	9.2142	6.7327	0.1085	0.1485	8
9	1.4233	0.7026	10.5828	7.4353	0.0945	0.1345	9
10	1.4802	0.6756	12.0061	8.1109	0.0833	0.1233	10
11	1.5395	0.6496	13.4863	8.7605	0.0741	0.1141	11
12	1.6010	0.6246	15.0258	9.3851	0.0666	0.1066	12
13	1.6651	0.6006	16.6268	9.9856	0.0601	0.1001	13
14	1.7317	0.5775	18.2919	10.5631	0.0547	0.0947	14
15	1.8009	0.5553	20.0236	11.1184	0.0499	0.0899	15
16	1.8730	0.5339	21.8245	11.6523	0.0458	0.0858	16
17	1.9479	0.5134	23.6975	12.1657	0.0422	0.0822	17
18	2.0258	0.4936	25.6454	12.6593	0.0390	0.0790	18
19	2.1068	0.4746	27.6712	13.1339	0.0361	0.0761	19
20	2.1911	0.4564	29.7781	13.5903	0.0336	0.0736	20
21	2.2788	0.4388	31.9692	14.0292	0.0313	0.0713	21
22	2.3699	0.4220	34.2480	14.4511	0.0292	0.0692	22
23	2.4647	0.4057	36.6179	14.8568	0.0273	0.0673	23
24	2.5633	0.3901	39.0826	15.2470	0.0256	0.0656	24
25	2.6658	0.3751	41.6459	15.6221	0.0240	0.0640	25
26	2.7725	0.3607	44.3117	15.9828	0.0226	0.0626	26

(续表)

	一次支付		等额多次支付				
N	F/P	P/F	F/A	P/A	A/F	A/P	N
27	2.8834	0.3468	47.0842	16.3296	0.0212	0.0612	27
28	2.9987	0.3335	49.9676	16.6631	0.0200	0.0600	28
29	3.1187	0.3207	52.9663	16.9837	0.0189	0.0589	29
30	3.2434	0.3083	56.0849	17.2920	0.0178	0.0578	30
35	3.9461	0.2534	73.6522	18.6646	0.0136	0.0536	35
40	4.8010	0.2083	95.0255	19.7928	0.0105	0.0505	40
45	5.8412	0.1712	121.029	20.7200	0.0083	0.0483	45
50	7.1067	0.1407	152.667	21.4822	0.0066	0.0466	50
55	8.6464	0.1157	191.159	22.1086	0.0052	0.0452	55
60	10.5196	0.0951	237.991	22.6235	0.0042	0.0442	60
65	12.7987	0.0781	294.968	23.0467	0.0034	0.0434	65
70	15.5716	0.0642	364.290	23.3945	0.0027	0.0427	70
75	18.9452	0.0528	448.631	23.6804	0.0022	0.0422	75
80	23.0498	0.0434	551.245	23.9154	0.0018	0.0418	80
85	28.0436	0.0357	676.090	24.1085	0.0015	0.0415	85
90	34.1193	0.0293	827.98	24.2673	0.0012	0.0412	90
95	41.5113	0.0241	1012.78	24.3978	0.0010	0.0410	95
100	50.5049	0.0198	1237.62	24.5050	0.0008	0.0408	100
∞				25.0000		0.0400	∞

5%复利因子

	一次支付		等额多次支付				
N	F/P	P/F	F/A	P/A	A/F	A/P	N
1	1.0500	0.9524	1.0000	0.9524	1.0000	1.0500	1
2	1.1025	0.9070	2.0500	1.8594	0.4878	0.5378	2
3	1.1576	0.8638	3.1525	2.7232	0.3172	0.3672	3
4	1.2155	0.8227	4.3103	3.5460	0.2320	0.2820	4
5	1.2763	0.7835	5.5256	4.3295	0.1810	0.2310	5
6	1.3401	0.7462	6.8019	5.0757	0.1470	0.1970	6
7	1.4071	0.7107	8.1420	5.7864	0.1228	0.1728	7
8	1.4775	0.6768	9.5491	6.4632	0.1047	0.1547	8
9	1.5513	0.6446	11.0266	7.1078	0.0907	0.1407	9
10	1.6289	0.6139	12.5779	7.7217	0.0795	0.1295	10
11	1.7103	0.5847	14.2068	8.3064	0.0704	0.1204	11

(续表)

	一次支付		等额多次支付				
N	F/P	P/F	F/A	P/A	A/F	A/P	N
12	1.7959	0.5568	15.9171	8.8633	0.0628	0.1128	12
13	1.8856	0.5303	17.7130	9.3936	0.0565	0.1065	13
14	1.9799	0.5051	19.5986	9.8986	0.0510	0.1010	14
15	2.0789	0.4810	21.5786	10.3797	0.0463	0.0963	15
16	2.1829	0.4581	23.6575	10.8378	0.0423	0.0923	16
17	2.2920	0.4363	25.8404	11.2741	0.0387	0.0887	17
18	2.4066	0.4155	28.1324	11.6896	0.0355	0.0855	18
19	2.5269	0.3957	30.5390	12.0853	0.0327	0.0827	19
20	2.6533	0.3769	33.0659	12.4622	0.0302	0.0802	20
21	2.7860	0.3589	35.7192	12.8212	0.0280	0.0780	21
22	2.9253	0.3418	38.5052	13.1630	0.0260	0.0760	22
23	3.0715	0.3256	41.4305	13.4886	0.0241	0.0741	23
24	3.2251	0.3101	44.5020	13.7986	0.0225	0.0725	24
25	3.3864	0.2953	47.7271	14.0939	0.0210	0.0710	25
26	3.5557	0.2812	51.1134	14.3752	0.0196	0.0696	26
27	3.7335	0.2678	54.6691	14.6430	0.0183	0.0683	27
28	3.9201	0.2551	58.4026	14.8981	0.0171	0.0671	28
29	4.1161	0.2429	62.3227	15.1411	0.0160	0.0660	29
30	4.3219	0.2314	66.4388	15.3725	0.0151	0.0651	30
35	5.5160	0.1813	90.3203	16.3742	0.0111	0.0611	35
40	7.0400	0.1420	120.800	17.1591	0.0083	0.0583	40
45	8.9850	0.1113	159.700	17.7741	0.0063	0.0563	45
50	11.4674	0.0872	209.348	18.2559	0.0048	0.0548	50
55	14.6356	0.0683	272.713	18.6335	0.0037	0.0537	55
60	18.6792	0.0535	353.584	18.9293	0.0028	0.0528	60
65	23.8399	0.0419	456.798	19.1611	0.0022	0.0522	65
70	30.4264	0.0329	588.528	19.3427	0.0017	0.0517	70
75	38.8327	0.0258	756.653	19.4850	0.0013	0.0513	75
80	49.5614	0.0202	971.228	19.5965	0.0010	0.0510	80
85	63.2543	0.0158	1245.09	19.6838	0.0008	0.0508	85
90	80.7303	0.0124	1594.61	19.7523	0.0006	0.0506	90
95	103.035	0.0097	2040.69	19.8059	0.0005	0.0505	95
100	131.501	0.0076	2610.02	19.8479	0.0004	0.0504	100
∞				20.0000		0.5000	∞

6%复利因子

	一次支付		等额多次支付				
N	F/P	P/F	F/A	P/A	A/F	A/P	N
1	1.0600	0.9434	1.0000	0.9434	1.0000	1.0600	1
2	1.1236	0.8900	2.0600	1.8334	0.4854	0.5454	2
3	1.1910	0.8396	3.1836	2.6730	0.3141	0.3741	3
4	1.2625	0.7921	4.3746	3.4651	0.2286	0.2886	4
5	1.3382	0.7473	5.6371	4.2124	0.1774	0.2374	5
6	1.4185	0.7050	6.9753	4.9173	0.1434	0.2034	6
7	1.5036	0.6651	8.3938	5.5824	0.1191	0.1791	7
8	1.5938	0.6274	9.8975	6.2098	0.1010	0.1610	8
9	1.6895	0.5919	11.4913	6.8017	0.0870	0.1470	9
10	1.7908	0.5584	13.1808	7.3601	0.0759	0.1359	10
11	1.8983	0.5268	14.9716	7.8869	0.0668	0.1268	11
12	2.0122	0.4970	16.8699	8.3838	0.0593	0.1193	12
13	2.1329	0.4688	18.8821	8.8527	0.0530	0.1130	13
14	2.2609	0.4423	21.0151	9.2950	0.0476	0.1076	14
15	2.3966	0.4173	23.2760	9.7122	0.0430	0.1030	15
16	2.5404	0.3936	25.6725	10.1059	0.0390	0.0990	16
17	2.6928	0.3714	28.2129	10.4773	0.0354	0.0954	17
18	2.8543	0.3503	30.9056	10.8276	0.0324	0.0924	18
19	3.0256	0.3305	33.7600	11.1581	0.0296	0.0896	19
20	3.2071	0.3118	36.7856	11.4699	0.0272	0.0872	20
21	3.3996	0.2942	39.9927	11.7641	0.0250	0.0850	21
22	3.6035	0.2775	43.3923	12.0416	0.0230	0.0830	22
23	3.8197	0.2618	46.9958	12.3034	0.0213	0.0813	23
24	4.0489	0.2470	50.8155	12.5504	0.0197	0.0797	24
25	4.2919	0.2330	54.8645	12.7834	0.0182	0.0782	25
26	4.5494	0.2198	59.1563	13.0032	0.0169	0.0769	26
27	4.8223	0.2074	63.7057	13.2105	0.0157	0.0757	27
28	5.1117	0.1956	68.5281	13.4062	0.0146	0.0746	28
29	5.4184	0.1846	73.6397	13.5907	0.0136	0.736	29
30	5.7435	0.1741	79.0581	13.7648	0.0126	0.726	30
35	7.6861	0.1301	111.435	14.4982	0.0090	0.0690	35
40	10.2857	0.0972	154.762	15.0463	0.0065	0.0665	40

(续表)

	一次支付		等额多次支付				
N	F/P	P/F	F/A	P/A	A/F	A/P	N
45	13.7646	0.0727	212.743	15.4558	0.0047	0.0647	45
50	18.4201	0.0543	290.336	15.7619	0.0034	0.0634	50
55	24.6503	0.0406	394.172	15.9905	0.0025	0.0625	55
60	32.9876	0.0303	533.128	16.1614	0.0019	0.0619	60
65	44.1449	0.0227	719.082	16.2891	0.0014	0.0614	65
70	59.0758	0.0169	967.931	16.3845	0.0010	0.0610	70
75	79.0568	0.0126	1300.95	16.4558	0.0008	0.0608	75
80	105.796	0.0095	1746.60	16.5091	0.0006	0.0606	80
85	141.579	0.0071	2342.98	16.5489	0.0004	0.0604	85
90	189.464	0.0053	3141.07	16.5787	0.0003	0.0603	90
95	253.546	0.0039	4209.10	16.6009	0.0002	0.0602	95
100	339.301	0.0029	5638.36	16.6175	0.0002	0.0602	100
∞				18.182		0.0600	∞

8%复利因子

	一次支付		等额多次支付				
N	F/P	P/F	F/A	P/A	A/F	A/P	N
1	1.0800	0.9259	1.0000	0.9259	1.0000	1.0800	1
2	1.1664	0.8573	2.0800	1.7833	0.4808	0.5608	2
3	1.2597	0.7938	3.2464	2.5771	0.3080	0.3880	3
4	1.3605	0.7350	4.5061	3.3121	0.2219	0.3019	4
5	1.4693	0.6806	5.8666	3.9927	0.1705	0.2505	5
6	1.5869	0.6302	7.3359	4.6229	0.1363	0.2163	6
7	1.7138	0.5835	8.9228	5.2064	0.1121	0.1921	7
8	1.8509	0.5403	10.6366	5.7466	0.0940	0.1740	8
9	1.9990	0.5002	12.4876	6.2469	0.0801	0.1601	9
10	2.1589	0.4632	14.4866	6.7101	0.0690	0.1490	10
11	2.3316	0.4289	16.6455	7.1390	0.0601	0.1401	11
12	2.5182	0.3971	18.9771	7.5361	0.0527	0.1327	12
13	2.7196	0.3677	21.4953	7.9038	0.0465	0.1265	13
14	2.9372	0.3405	24.2149	8.2442	0.0413	0.1213	14
15	3.1722	0.3152	27.1521	8.5595	0.0368	0.1168	15

(续表)

	一次支付			等额多次支付			
N	F/P	P/F	F/A	P/A	A/F	A/P	N
16	3.4269	0.2919	30.3243	8.8514	0.0330	0.1130	16
17	3.7000	0.2703	33.7502	9.1216	0.0296	0.1096	17
18	3.9960	0.2502	37.4502	9.3719	0.0267	0.1067	18
19	4.3157	0.2117	41.4463	9.6036	0.0241	0.1041	19
20	4.6610	0.2145	45.7620	9.8181	0.0219	0.1019	20
21	5.0338	0.1987	50.4229	10.0168	0.0198	0.0998	21
22	5.4365	0.1839	55.4567	10.2007	0.0180	0.0980	22
23	5.8715	0.1703	60.8933	10.3711	0.0164	0.0964	23
24	6.3412	0.1577	66.7647	10.5288	0.0150	0.0950	24
25	6.8485	0.1460	73.1059	10.6748	0.0137	0.0937	25
26	7.3964	0.1352	79.9544	10.8100	0.0125	0.0925	26
27	7.9881	0.1252	87.3507	10.9352	0.0114	0.0914	27
28	8.6271	0.1159	95.3388	11.0511	0.0105	0.0905	28
29	9.3173	0.1073	103.966	11.1584	0.0096	0.0896	29
30	10.0627	0.0994	113.283	11.2578	0.0088	0.0888	30
35	14.7853	0.0676	172.317	11.6546	0.0058	0.0858	35
40	21.7245	0.0460	259.056	11.9246	0.0039	0.0839	40
45	31.9204	0.0313	386.506	12.1084	0.0026	0.0826	45
50	46.9016	0.0213	573.770	12.2335	0.0017	0.0817	50
55	68.9138	0.0145	848.923	12.3186	0.0012	0.0812	55
60	101.257	0.0099	1253.21	12.3766	0.0008	0.0808	60
65	148.780	0.0067	1847.25	12.4160	0.0005	0.0805	65
70	218.606	0.0046	2720.08	12.4428	0.0004	0.0804	70
75	321.204	0.0031	4002.55	12.4611	0.0002	0.0802	75
80	471.955	0.0021	5886.93	12.4735	0.0002	0.0802	80
85	693.456	0.0014	8655.71	12.4820	0.0001	0.0801	85
90	1018.92	0.0010	12723.9	12.4877	α	0.0801	90
95	1497.12	0.0007	18071.5	12.4917	α	0.0801	95
100	2199.76	0.0005	27484.5	12.4943	α	0.0800	100
∞				12.5000			∞

注：$\alpha < 0.0001$

10%复利因子

	一次支付		等额多次支付				
N	F/P	P/F	F/A	P/A	A/F	A/P	N
1	1.1000	0.9091	1.0000	0.9091	1.0000	1.1000	1
2	1.2100	0.8264	2.1000	1.7355	0.4762	0.5762	2
3	1.3310	0.7513	3.3100	2.4869	0.3021	0.4021	3
4	1.4641	0.6830	4.6410	3.1699	0.2155	0.3155	4
5	1.6105	0.6209	6.1051	3.7908	0.1638	0.2638	5
6	1.7716	0.5645	7.7156	4.3553	0.1296	0.2296	6
7	1.9487	0.5132	9.4872	4.8684	0.1054	0.2054	7
8	2.1436	0.4665	11.4359	5.3349	0.0874	0.1874	8
9	2.3579	0.4241	13.5795	5.7590	0.0736	0.1736	9
10	2.5937	0.3855	15.9374	6.1446	0.0627	0.1627	10
11	2.8531	0.3505	18.5312	6.4951	0.0540	0.1540	11
12	3.1384	0.3186	21.3843	6.8137	0.0468	0.1468	12
13	3.4523	0.2897	24.5227	7.1034	0.0408	0.1408	13
14	3.7975	0.2633	27.9750	7.3667	0.0357	0.1357	14
15	4.1772	0.2394	31.7725	7.6061	0.0315	0.1315	15
16	4.5950	0.2176	35.9497	7.8237	0.0278	0.1278	16
17	5.0545	0.1978	40.5447	8.0216	0.0247	0.1247	17
18	5.5599	0.1799	45.5992	8.2014	0.0219	0.1219	18
19	6.1159	0.1635	51.1591	8.3649	0.0195	0.1195	19
20	6.7275	0.1486	57.2750	8.5136	0.0175	0.1175	20
21	7.4002	0.1351	64.0025	8.6487	0.0156	0.1156	21
22	8.1403	0.1228	71.4027	8.7715	0.0140	0.1140	22
23	8.9543	0.1117	79.5430	8.8832	0.0126	0.1126	23
24	9.8494	0.1015	88.4973	8.9847	0.0113	0.1113	24
25	10.8347	0.0923	98.3470	9.0770	0.0102	0.1102	25
26	11.9182	0.0839	109.182	9.1609	0.0092	0.1092	26
27	13.1100	0.0763	121.100	9.2372	0.0083	0.1083	27
28	14.4210	0.0693	134.210	9.3066	0.0075	0.1075	28
29	15.8631	0.0630	148.631	9.3696	0.0067	0.1067	29
30	17.4494	0.0573	164.494	9.4269	0.0061	0.1061	30

(续表)

	一次支付		等额多次支付				
N	F/P	P/F	F/A	P/A	A/F	A/P	N
35	28.1024	0.0356	271.024	9.6442	0.0037	0.1037	35
40	45.2592	0.0221	442.592	9.7791	0.0023	0.1033	40
45	72.8904	0.0137	718.905	9.8628	0.0014	0.1024	45
50	117.391	0.0085	1163.91	9.9148	0.0009	0.1019	50
55	189.059	0.0053	1880.59	9.9471	0.0005	0.1005	55
60	304.481	0.0033	3034.81	9.9672	0.0003	0.1003	60
65	490.370	0.0020	4893.71	9.9796	0.0002	0.1002	65
70	789.746	0.0013	7887.47	9.9873	0.0001	0.1001	70
75	1271.89	0.0008	12708.9	9.9921	α	0.1001	75
80	2048.40	0.0005	20474.0	9.9951	α	0.0000	80
85	3298.97	0.0003	32979.7	9.9970	α	0.1000	85
90	5313.02	0.0002	53120.2	9.9981	α	0.1000	90
95	8556.67	0.0001	85556.7	9.9988	α	0.1000	95
100	13780.6	α	137796	9.9993	α	0.1000	100
∞				10.0000		0.1000	

| 12%复利因子 ||||||||
	一次支付		等额多次支付				
N	F/P	P/F	F/A	P/A	A/F	A/P	N
1	1.1200	0.8929	1.0000	0.8929	1.0000	1.1200	1
2	1.2544	0.7972	2.1200	1.6901	0.4717	0.5917	2
3	1.4049	0.7118	3.3744	2.4018	0.2963	0.4163	3
4	1.5735	0.6355	4.7793	3.0373	0.2092	0.3292	4
5	1.7623	0.5674	6.3528	3.6048	0.1574	0.2774	5
6	1.9738	0.5066	8.1152	4.1114	0.1232	0.2432	6
7	2.2107	0.4523	10.0890	4.5638	0.0991	0.2191	7
8	2.4760	0.4039	12.2997	4.9676	0.0813	0.2013	8
9	2.7731	0.3606	14.7757	5.3282	0.0677	0.1877	9
10	3.1058	0.3220	17.5487	5.6502	0.0570	0.1770	10
11	3.4785	0.2875	20.6546	5.9377	0.0484	0.1684	11
12	3.8960	0.2567	24.1331	6.1944	0.0414	0.1614	12

(续表)

	一次支付		等额多次支付				
N	F/P	P/F	F/A	P/A	A/F	A/P	N
13	4.3635	0.2292	28.0291	6.4235	0.0357	0.1557	13
14	4.8871	0.2046	32.3926	6.6282	0.0309	0.1509	14
15	5.4736	0.1827	37.2797	6.8109	0.0268	0.1468	15
16	6.1304	0.1631	42.7533	6.9740	0.0234	0.1434	16
17	6.8660	0.1456	48.8837	7.1196	0.0205	0.1405	17
18	7.6900	0.1300	55.7497	7.2497	0.0179	0.1379	18
19	8.6128	0.1161	63.4397	7.3658	0.0158	0.1358	19
20	9.6463	0.1037	72.0524	7.4694	0.0139	0.1339	20
21	10.8038	0.0926	81.4987	7.5620	0.0122	0.1322	21
22	12.1003	0.0826	92.5026	7.6446	0.0108	0.1308	22
23	13.5523	0.0738	104.603	7.7184	0.0096	0.1296	23
24	15.1786	0.0659	118.155	7.7843	0.0085	0.1285	24
25	17.0001	0.0588	133.334	7.8431	0.0075	0.1275	25
26	19.0401	0.0525	150.334	7.8957	0.0067	0.1267	26
27	21.3249	0.0469	169.374	7.9426	0.0059	0.1259	27
28	23.8839	0.0419	190.699	7.9844	0.0052	0.1252	28
29	26.7499	0.0374	214.583	8.0218	0.0047	0.1247	29
30	29.9599	0.0334	241.333	8.0552	0.0041	0.1241	30
35	52.7996	0.0189	431.663	8.1755	0.0023	0.1223	35
40	93.0509	0.0107	767.091	8.2438	0.0013	0.1213	40
45	163.988	0.0061	1358.23	8.2825	0.0007	0.1207	45
50	289.002	0.0035	2400.02	8.3045	0.0004	0.1204	50
55	509.320	0.0020	4236.00	8.3170	0.0002	0.1202	55
60	897.596	0.0011	7471.63	8.3240	0.0001	0.1201	60
65	1581.87	0.0006	13173.9	8.3281	α	0.1201	65
70	2787.80	0.0004	23223.3	8.3303	α	0.1200	70
75	4913.05	0.0002	40933.8	8.3316	α	0.1200	75
80	8658.47	0.0001	72145.6	8.3324	α	0.1200	80
∞				8.333		0.1200	∞

15%复利因子

	一次支付			等额多次支付			
N	F/P	P/F	F/A	P/A	A/F	A/P	N
1	1.1500	0.8696	1.0000	0.8696	1.0000	1.1500	1
2	1.3225	0.7561	2.1500	1.6257	0.4651	0.6151	2
3	1.5209	0.6575	3.4725	2.2832	0.2880	0.4380	3
4	1.7490	0.5718	4.9934	2.8550	0.2003	0.3503	4
5	2.0114	0.4972	6.7424	3.3522	0.1483	0.2983	5
6	2.3131	0.4323	8.7537	3.7845	0.1142	0.2642	6
7	2.6600	0.3759	11.0668	4.1604	0.0904	0.2404	7
8	3.0579	0.3269	13.7268	4.4873	0.0729	0.2229	8
9	3.5179	0.2843	16.7858	4.7716	0.0596	0.2096	9
10	4.0456	0.2472	20.3037	5.0188	0.0493	0.1993	10
11	4.6524	0.2149	24.3493	5.2337	0.0411	0.1911	11
12	5.3502	0.1869	29.0017	5.4206	0.0345	0.1845	12
13	6.1528	0.1625	34.3519	5.5831	0.0291	0.1791	13
14	7.0757	0.1413	40.5047	5.7245	0.0247	0.1747	14
15	8.1371	0.1229	47.5804	5.8474	0.0210	0.1710	15
16	9.3576	0.1069	55.7175	5.9542	0.0179	0.1679	16
17	10.7613	0.0929	65.0751	6.0072	0.0154	0.1654	17
18	12.3755	0.0808	75.8363	6.1280	0.0132	0.1632	18
19	14.2318	0.0703	88.2118	6.1982	0.0113	0.1613	19
20	16.3665	0.0611	102.444	6.2593	0.0098	0.1598	20
21	18.8215	0.0531	118.810	6.3125	0.0084	0.1584	21
22	21.6447	0.0462	137.632	6.3587	0.0073	0.1573	22
23	24.8915	0.0402	159.276	6.3988	0.0063	0.1563	23
24	28.6252	0.0349	184.168	6.4338	0.0054	0.1554	24
25	32.9189	0.0304	212.793	6.4641	0.0047	0.1547	25
26	37.8568	0.0264	245.712	6.4906	0.0041	0.1541	26
27	43.5353	0.0230	283.569	6.5135	0.0035	0.1535	27
28	50.0656	0.0200	327.104	6.5335	0.0031	0.1531	28
29	57.5754	0.0174	377.170	6.5509	0.0027	0.1527	29
30	66.2118	0.0151	434.745	6.5660	0.0023	0.1523	30
35	133.176	0.0075	881.170	6.6166	0.0011	0.1511	35
40	267.863	0.0037	1779.09	6.6418	0.0006	0.1506	40

(续表)

	一次支付		等额多次支付				
N	F/P	P/F	F/A	P/A	A/F	A/P	N
45	538.769	0.0019	3585.13	6.6543	0.0003	0.1503	45
50	1083.66	0.0009	7212.71	6.6605	0.0001	0.1501	50
55	2179.62	0.0005	14524.1	6.6636	α	0.1501	55
60	4384.00	0.0002	29220.0	6.6651	α	0.1500	60
65	8817.78	0.0001	58778.5	6.6659	α	0.1500	65
70	17735.7	α	118231	6.6663	α	0.1500	70
75	35672.8	α	237812	6.6665	α	0.1500	75
80	71750.8	α	478332	6.6666	α	0.1500	80
∞				6.667		0.1500	∞

20%复利因子

	一次支付		等额多次支付				
N	F/P	P/F	F/A	P/A	A/F	A/P	N
1	1.2000	0.8333	1.0000	0.8333	1.0000	1.2000	1
2	1.4400	0.6944	2.2000	1.5278	0.4545	0.6545	2
3	1.7280	0.5787	3.6400	2.1065	0.2747	0.4747	3
4	2.0736	0.4823	5.3680	2.5887	0.1863	0.3863	4
5	2.4883	0.4019	7.4416	2.9906	0.1344	0.3344	5
6	2.9860	0.3349	9.9299	3.3255	0.1007	0.3007	6
7	3.5832	0.2791	12.9159	3.6046	0.0774	0.2774	7
8	4.2998	0.2326	16.4991	3.8372	0.0606	0.2606	8
9	5.1598	0.1938	20.7989	4.0310	0.0481	0.2481	9
10	6.1917	0.1615	25.9587	4.1925	0.0385	0.2385	10
11	7.4301	0.1346	32.1504	4.3271	0.0311	0.2311	11
12	8.9161	0.1122	39.5805	4.4392	0.0253	0.2253	12
13	10.6993	0.0935	48.4966	4.5327	0.0206	0.2206	13
14	12.8392	0.0779	59.1959	4.6106	0.0169	0.2169	14
15	15.4070	0.0649	72.0351	4.6755	0.0139	0.2139	15
16	18.4884	0.0541	87.4421	4.7296	0.0114	0.2114	16
17	22.1861	0.0451	105.931	4.7746	0.0094	0.2094	17
18	26.6233	0.0376	128.117	4.8122	0.0078	0.2078	18
19	31.9480	0.0313	154.740	4.8435	0.0065	0.2065	19
20	38.3376	0.0261	186.688	4.8696	0.0054	0.2054	20

(续表)

	一次支付		等额多次支付				
N	F/P	P/F	F/A	P/A	A/F	A/P	N
21	46.0051	0.0217	225.026	4.8913	0.0044	0.2044	21
22	55.2061	0.0181	271.031	4.9094	0.0037	0.2037	22
23	66.2474	0.0151	326.237	4.9245	0.0031	0.2031	23
24	79.4968	0.0126	392.484	4.9371	0.0025	0.2025	24
25	95.3962	0.0105	471.981	4.9476	0.0021	0.2021	25
26	114.475	0.0087	567.377	4.9563	0.0018	0.2018	26
27	137.371	0.0073	681.853	4.9636	0.0015	0.2015	27
28	164.845	0.0061	819.233	4.9697	0.0012	0.2012	28
29	197.814	0.0051	984.068	4.9747	0.0010	0.2010	29
30	237.376	0.0042	1181.88	4.9789	0.0008	0.2008	30
35	590.668	0.0017	2948.34	4.9915	0.0003	0.2003	35
40	1469.77	0.0007	7343.85	4.9966	0.0001	0.2001	40
45	3657.26	0.0003	18281.3	4.9986	α	0.2001	45
50	9100.43	0.0001	45497.2	4.9995	α	0.2000	50
55	22644.8	α	113219	4.9998	α	0.2000	55
60	56347.5	α	281732	4.9999	α	0.2000	60
∞				5.0000		0.2000	∞

25%复利因子

	一次支付		等额多次支付				
N	F/P	P/F	F/A	P/A	A/F	A/P	N
1	1.2500	0.8000	1.0000	0.8000	1.0000	1.2500	1
2	1.5625	0.6400	2.2500	1.4400	0.4444	0.6944	2
3	1.9531	0.5120	3.8125	1.9520	0.2623	0.5123	3
4	2.4414	0.4096	5.7656	2.3616	0.1734	0.4234	4
5	3.0518	0.3277	8.2070	2.6893	0.1218	0.3718	5
6	3.8147	0.2621	11.2588	2.9514	0.0888	0.3388	6
7	4.7684	0.2097	15.0735	3.1611	0.0663	0.3163	7
8	5.9605	0.1678	19.8419	3.3289	0.0504	0.3004	8
9	7.4506	0.1342	25.8023	3.4631	0.0388	0.2888	9
10	9.3132	0.1074	33.2529	3.5705	0.0310	0.2801	10
11	11.6415	0.0859	42.5661	3.6564	0.0235	0.2735	11
12	14.5519	0.0687	54.2077	3.7251	0.0184	0.2684	712

(续表)

	一次支付		等额多次支付				
N	F/P	P/F	F/A	P/A	A/F	A/P	N
13	18.1899	0.0550	68.7596	3.7801	0.0145	0.2645	13
14	22.7374	0.0440	86.9495	3.8241	0.0115	0.2615	14
15	28.4217	0.0352	109.687	3.8593	0.0091	0.2591	15
16	35.5271	0.0281	138.109	3.8874	0.0072	0.2572	16
17	44.4089	0.0225	173.636	3.9099	0.0058	0.2558	17
18	55.5112	0.0180	218.045	3.9279	0.0046	0.2546	18
19	69.3889	0.0144	273.556	3.9424	0.0037	0.2537	19
20	86.7362	0.0115	342.945	3.9539	0.0029	0.2529	20
21	108.420	0.0092	429.681	3.9631	0.0023	0.3523	21
22	135.525	0.0074	538.101	3.9705	0.0019	0.2519	22
23	169.407	0.0059	673.626	3.9764	0.0015	0.2515	23
24	211.758	0.0047	843.033	3.9811	0.0012	0.2512	24
25	264.698	0.0038	1054.79	3.9849	0.0009	0.2509	25
26	330.872	0.0030	1319.49	3.9879	0.0008	0.2508	26
27	413.590	0.0024	1650.36	3.9903	0.0006	0.2506	27
28	516.988	0.0019	2063.95	3.9923	0.0005	0.2505	28
29	646.235	0.0015	2580.94	3.9938	0.0004	0.2504	29
30	807.794	0.0012	3227.17	3.9950	0.0003	0.2503	30
35	2465.19	0.0004	9856.76	3.9984	0.0001	0.2501	35
40	7523.16	0.0001	30088.7	3.9995	α	0.2500	40
45	22958.9	α	91831.5	3.9998	α	0.2500	45
50	70064.9	α	280256	3.9999	α	0.2500	50
∞				4.0000		0.2500	∞

30%复利因子

	一次支付		等额多次支付				
N	F/P	P/F	F/A	P/A	A/F	A/P	N
1	1.3000	0.7692	1.000	0.769	1.0000	1.3000	1
2	1.6900	0.5917	2.300	1.361	0.4348	0.7348	2
3	2.1970	0.4552	3.990	1.816	0.2506	0.5506	3
4	2.8561	0.3501	6.187	2.166	0.1616	0.4616	4
5	3.7129	0.2693	9.043	2.436	0.1106	0.4106	5

(续表)

	一次支付		等额多次支付				
N	F/P	P/F	F/A	P/A	A/F	A/P	N
6	4.8268	0.2072	12.756	2.643	0.0784	0.3784	6
7	6.2749	0.1594	17.583	2.802	0.0569	0.3569	7
8	8.1573	0.1226	23.858	2.925	0.0419	0.3419	8
9	10.604	0.0943	32.015	3.019	0.0312	0.3312	9
10	13.786	0.0725	42.619	3.092	0.0235	0.3235	10
11	17.922	0.0558	56.405	3.147	0.0177	0.3177	11
12	23.298	0.0429	74.327	3.190	0.0135	0.3135	12
13	30.287	0.0330	97.625	3.223	0.0102	0.3102	13
14	39.374	0.0254	127.91	3.249	0.0078	0.3078	14
15	51.186	0.0195	167.29	3.268	0.0060	0.3060	15
16	66.542	0.0150	218.47	3.283	0.0046	0.3046	16
17	86.504	0.0116	285.01	3.295	0.0035	0.3035	17
18	112.46	0.0089	371.52	3.304	0.0027	0.3027	18
19	146.19	0.0068	483.97	3.311	0.0021	0.3021	19
20	190.05	0.0053	630.16	3.316	0.0016	0.3016	20
21	247.06	0.0040	820.21	3.320	0.0012	0.3012	21
22	321.18	0.0031	1067.3	3.323	0.0009	0.3009	22
23	417.54	0.0024	1388.5	3.325	0.0007	0.3007	23
24	542.80	0.0018	1806.0	3.327	0.0005	0.3005	24
25	705.64	0.0014	2348.8	3.329	0.0004	0.3004	25
26	917.33	0.0011	3054.4	3.330	0.0003	0.3003	26
27	1192.5	0.0008	3971.8	3.331	0.0003	0.3003	27
28	1550.3	0.0006	5164.3	3.331	0.0002	0.3002	28
29	2015.4	0.0005	6714.6	3.332	0.0002	0.3002	29
30	2620.0	0.0004	8730.0	3.332	0.0001	0.3001	30
31	3406.0	0.0003	11350	3.332	α	0.3001	31
32	4427.8	0.0002	14756	3.333	α	0.3001	32
33	5756.1	0.0002	19184	3.333	α	0.3001	33
34	7483.0	0.0001	24940	3.333	α	0.3000	34
35	9727.8	0.001	32423	3.333	α	0.3000	35
∞				3.333			∞

40%复利因子

	一次支付		等额多次支付				
N	F/P	P/F	F/A	P/A	A/F	A/P	N
1	1.4000	0.7134	1.000	0.714	1.000	1.4000	1
2	1.9600	0.5102	2.400	1.224	0.4167	0.8167	2
3	2.7440	0.3644	4.360	1.589	0.2294	0.6294	3
4	3.8416	0.2603	7.104	1.849	0.1408	0.5408	4
5	5.3782	0.1859	10.946	2.035	0.0914	0.4914	5
6	7.5295	0.1328	16.324	2.168	0.0163	0.4613	6
7	10.541	0.0949	23.853	2.263	0.0419	0.4419	7
8	14.758	0.0678	34.395	2.331	0.0291	0.4291	8
9	20.661	0.0484	49.153	2.379	0.0203	0.4203	9
10	28.925	0.0346	69.814	2.414	0.0143	0.4143	10
11	40.496	0.0247	98.739	2.438	0.0101	0.4101	11
12	56.694	0.0176	139.23	2.456	0.0072	0.4072	12
13	79.371	0.0126	195.93	2.469	0.0051	0.4051	13
14	111.12	0.0090	275.30	2.478	0.0036	0.4036	14
15	155.57	0.0064	386.42	2.484	0.0026	0.4026	15
16	217.80	0.0046	541.99	2.489	0.0018	0.4019	16
17	304.91	0.0033	759.78	2.492	0.0013	0.4013	17
18	426.88	0.0023	1064.7	2.494	0.0009	0.4009	18
19	597.63	0.0017	1491.6	2.496	0.0007	0.4007	19
20	836.68	0.0012	2089.2	2.497	0.0005	0.4005	20
21	1171.4	0.0009	2925.9	2.498	0.0003	0.4003	21
22	1639.9	0.0006	4097.2	2.498	0.0002	0.4002	22
23	2295.9	0.0004	5737.1	2.499	0.0002	0.4002	23
24	3214.2	0.0003	8033.0	2.499	0.0001	0.4001	24
25	4499.9	0.0002	11247	2.499	α	0.4001	25
26	6299.8	0.0002	15747	2.500	α	0.4001	26
27	8819.8	0.0001	22047	2.500	α	0.4000	27
28	12348	0.0001	30867	2.500	α	0.4000	28
29	17287	0.0001	43214	2.500	α	0.4000	29
30	24201	α	60501	2.500	α	0.4000	30
∞				2.500		0.4000	∞

50%复利因子

	一次支付		等额多次支付				
N	F/P	P/F	F/A	P/A	A/F	A/P	N
1	1.5000	0.6667	1.000	0.667	1.0000	1.5000	1
2	2.2500	0.4444	2.500	1.111	0.4000	0.9000	2
3	3.3750	0.2963	4.750	1.407	0.2101	0.7105	3
4	5.0625	0.1975	8.125	1.605	0.1231	0.6231	4
5	7.5938	0.1317	13.188	1.737	0.0758	0.5758	5
6	11.391	0.0878	20.781	1.824	0.0481	0.5481	6
7	17.086	0.0585	32.172	1.883	0.0311	0.5311	7
8	25.629	0.0390	49.258	1.922	0.0203	0.5203	8
9	38.443	0.0260	74.887	1.948	0.0134	0.5134	9
10	57.665	0.0173	113.33	1.965	0.0088	0.5088	10
11	86.498	0.0116	171.00	1.977	0.0059	0.5059	11
12	129.75	0.0077	257.49	1.985	0.0039	0.5039	12
13	194.62	0.0051	387.24	1.990	0.0026	0.5026	13
14	291.93	0.0034	591.86	1.993	0.0017	0.5017	14
15	437.89	0.0023	873.79	1.995	0.0011	0.5011	15
16	656.84	0.0015	1311.7	1.997	0.0008	0.5008	16
17	985.26	0.0010	1968.5	1.998	0.0005	0.5005	17
18	1477.9	0.0007	2953.8	1.999	0.0003	0.5003	18
19	2216.8	0.0005	4431.7	1.999	0.0002	0.5002	19
20	3325.3	0.0003	6648.5	1.999	0.0002	0.5002	20
21	4987.9	0.0002	9973.8	2.000	0.0001	0.5001	21
22	7481.8	0.0001	14962	2.000	α	0.5001	22
23	11223	0.0001	22443	2.000	α	0.5000	23
24	16834	0.0001	33666	2.000	α	0.5000	24
25	25251	α	50500	2.000	α	0.5000	25
∞				2.000		0.5000	

附 录 B
定差因子

现值定差因子(P/G)							
N	1%	2%	3%	4%	5%	6%	N
2	0.958	0.958	0.941	0.924	0.906	0.890	2
3	2.895	2.841	2.772	2.702	2.634	2.569	3
4	5.773	5.612	5.437	5.267	5.101	4.945	4
5	9.566	9.233	8.887	8.554	8.235	7.934	5
6	14.271	13.672	13.074	12.506	11.966	11.458	6
7	19.860	18.895	17.952	17.066	18.230	15.449	7
8	26.324	24.868	23.478	22.180	20.968	19.840	8
9	33.626	31.559	29.609	27.801	26.124	24.576	9
10	41.764	38.945	36.305	33.881	31.649	29.601	10
11	50.721	46.984	43.530	40.377	37.496	34.869	11
12	60.479	55.657	51.245	47.248	43.621	40.335	12
13	71.018	64.932	59.416	54.454	49.984	45.961	13
14	82.314	74.783	68.010	61.961	56.550	51.711	14
15	94.374	85.183	76.996	69.735	63.284	57.553	15
16	107.154	96.109	86.343	77.744	70.156	63.457	16
17	120.662	107.535	96.023	85.958	77.136	69.399	17
18	143.865	119.436	106.009	94.350	84.200	75.355	18
19	149.754	131.792	116.274	102.893	91.323	81.304	19
20	165.320	144.577	126.794	111.564	98.484	87.228	20
21	181.546	157.772	137.544	120.341	105.663	93.111	21
22	198.407	171.354	148.504	129.202	112.841	98.939	22
23	215.903	185.305	159.651	138.128	120.004	104.699	23
24	234.009	199.604	170.965	147.101	127.135	110.379	24
25	252.717	214.231	182.428	156.103	134.223	115.971	25
26	272.011	229.169	194.020	165.121	141.253	121.466	26
27	291.875	244.401	205.725	174.138	148.217	126.858	27
28	312.309	259.908	217.525	183.142	155.105	132.140	28
29	333.280	275.674	229.407	192.120	161.907	137.307	29

(续表)

现值定差因子(P/G)							
N	1%	2%	3%	4%	5%	6%	N
30	354.790	291.684	241.355	201.061	168.617	142.357	30
31	376.822	307.921	253.354	209.955	175.228	147.284	31
32	399.360	324.369	265.392	218.792	181.734	152.088	32
33	422.398	341.016	277.457	227.563	188.13	156.766	33
34	445.919	357.845	289.536	236.260	194.412	161.317	34
35	469.916	374.846	301.619	244.876	200.575	165.741	35
36	494.375	392.003	313.695	253.405	206.618	170.037	36
37	519.279	409.305	325.755	261.839	212.538	174.205	37
38	544.622	426.738	337.788	270.175	218.333	178.247	38
39	570.396	444.291	349.786	278.406	224.000	182.163	39
40	596.576	461.953	361.742	286.530	229.540	185.955	40
42	650.167	497.560	385.495	302.437	240.234	193.171	42
44	705.288	533.474	408.989	317.869	250.412	199.911	44
46	761.870	569.618	432.177	332.810	260.079	206.192	46
48	819.089	605.921	455.017	347.244	269.242	212.033	48
50	879.089	642.316	477.472	361.133	277.910	217.456	50
N	7%	8%	9%	10%	15%	20%	N
2	0.873	0.857	0.841	0.826	0.756	0.694	2
3	2.056	2.445	2.386	2.329	2.071	1.852	3
4	4.794	4.650	4.511	4.378	3.786	3.299	4
5	7.646	7.372	7.111	6.862	5.775	4.906	5
6	10.978	10.523	10.092	9.684	7.937	6.581	6
7	14.714	14.024	13.374	12.763	10.192	8.255	7
8	18.788	17.806	16.887	16.028	12.48I	9.883	8
9	23.140	21.808	20.570	19.421	14.755	11.434	9
10	27.715	25.977	24.372	22.891	16.979	12.887	10
11	32.466	30.266	28.247	26.396	19.129	14.233	11
12	37.350	34.634	32.158	29.901	21.185	15.467	12
13	42.330	39.046	36.072	33.377	23.135	16.588	13
14	47.371	43.472	39.962	36.800	24.972	17.601	14
15	52.445	47.886	43.806	40.152	26.693	18.509	15
16	57.526	52.264	47.584	43.416	28.296	19.321	16
17	62.592	56.588	51.281	46.581	29.783	20.042	17
18	67.621	60.842	54.885	49.639	31.156	20.680	18
19	72.598	65.013	58.386	52.582	32.421	21.244	19

(续表)

			现值定差因子(P/G)				
N	7%	8%	9%	10%	15%	20%	N
20	77.508	69.090	61.776	55.406	33.582	21.739	20
21	82.339	73.063	65.056	58.109	34.645	22.174	21
22	87.079	76.926	68.204	60.689	35.615	22.555	22
23	91.719	80.672	71.235	63.146	36.499	22.887	23
24	96.254	84.300	74.142	65.481	37.302	23.176	24
25	100.676	87.804	76.926	67.696	38.031	23.428	25
26	104.981	91.184	79.586	69.794	38.692	23.646	26
27	109.165	94.439	82.123	71.777	39.289	23.835	27
28	113.226	97.569	84.541	73.649	39.828	23.999	28
29	117.161	100.574	86.842	75.414	40.315	24.141	29
30	120.971	103.456	89.027	77.076	40.753	24.263	30
31	124.654	106.216	91.102	78.639	41.147	24.368	31
32	128.211	108.857	93.068	80.108	41.501	24.459	32
33	131.643	111.382	94.931	81.485	41.818	24.537	33
34	134.950	113.792	96.693	82.777	42.103	24.604	34
35	138.135	116.092	98.358	83.987	42.359	24.661	35
36	141.198	118.284	99.931	85.119	42.587	24.711	36
37	144.144	120.371	101.416	86.178	42.792	24.753	37
38	146.972	122.358	102.815	87.167	42.974	24.789	38
39	149.688	124.247	104.134	88.091	43.137	24.820	39
40	152.292	126.042	105.376	88.952	43.283	24.847	40
42	157.180	129.365	107.643	90.505	43.529	24.889	42
44	161.660	132.355	109.645	91.851	43.723	24.920	44
46	165.758	135.038	111.410	93.016	43.878	24.942	46
48	169.498	137.443	112.962	94.022	44.000	24.958	48
50	172.905	139.593	114.325	94.889	44.096	24.970	50
N	25%	30%	35%	40%	45%	50%	N
2	0.640	0.592	0.549	0.510	0.476	0.444	2
3	1.664	1.502	1.362	1.239	1.132	1.037	3
4	2.893	2.552	2.265	2.020	1.810	1.630	4
5	4.204	3.360	3.157	2.764	2.434	2.156	5
6	5.514	4.666	3.983	3.428	2.1972	2.595	6
7	6.773	5.622	4.717	3.997	3.418	2.946	7
8	7.947	6.480	5.352	4.471	3.776	3.220	8
9	9.021	7.234	5.889	4.858	4.058	3.428	9
10	9.987	7.887	6.336	5.170	4.277	3.584	10

(续表)

	现值定差因子(P/G)						
N	25%	30%	35%	40%	45%	50%	N
11	10.846	8.445	6.705	5.417	4.445	3.699	11
12	11.602	8.917	7.005	5.611	4.572	3.784	12
13	12.262	9.314	7.247	5.762	4.668	3.846	13
14	12.833	9.644	7.442	5.879	4.740	3.890	14
15	13.326	9.917	7.597	5.969	4.793	3.922	15
16	13.748	10.143	7.721	6.038	4.832	3.945	16
17	14.108	10.328	7.818	6.090	4.861	3.961	17
18	14.415	10.479	7.895	6.130	4.882	3.973	18
19	14.674	10.602	7.955	6.160	4.898	3.981	19
20	14.893	10.702	8.002	6.183	4.909	3.987	20
21	15.078	10.783	8.038	6.200	4.917	3.991	21
22	15.233	10.848	8.067	6.213	4.923	3.994	22
23	15.362	10.901	8.089	6.222	4.927	3.996	23
24	15.471	10.943	8.106	6.229	4.930	3.997	24
25	15.562	10.977	8.119	6.235	4.933	3.998	25
26	15.637	11.005	8.130	6.239	4.934	3.999	26
27	15.700	11.026	8.137	6.242	4.935	3.999	27
28	15.752	11.044	8.143	6.244	4.936	3.999	28
29	15.796	11.058	8.148	6.245	4.937	4.000	29
30	15.832	11.069	8.152	6.247	4.937	4.000	30
31	15.861	11.078	8.154	6.248	4.938	4.000	31
32	15.886	11.085	8.157	6.248	4.938	4.000	32
33	15.906	11.090	8.158	6.249	4.938	4.000	33
34	15.923	11.094	8.159	6.249	4.938	4.000	34
35	15.937	11.098	8.160	6.249	4.938	4.000	35
36	15.948	11.101	8.161	6.249	4.938	4.000	36
37	15.957	11.103	8.162	6.250	4.938	4.000	37
38	15.965	11.105	8.162	6.250	4.938	4.000	38
39	15.971	11.106	8.162	6.250	4.938	4.000	39
40	15.977	11.107	8.163	6.250	4.938	4.000	40
42	15.984	11.109	8.163	6.250	4.938	4.000	42
44	15.990	11.110	8.163	6.250	4.938	4.000	44
46	15.993	11.110	8.163	6.250	4.938	4.000	46
48	15.995	11.111	8.163	6.250	4.938	4.000	48
50	15.997	11.111	8.163	6.250	4.938	4.000	50

年金定差因子(A/G)								
N	0.5%	1%	2%	3%	4%	5%	6%	N
2	0.461	0.486	0.493	0.492	0.490	0.487	0.485	2
3	0.954	0.984	0.985	0.980	0.974	0.967	0.961	3
4	1.453	1.480	1.474	1.463	1.451	1.439	1.427	4
5	1.954	1.971	1.959	1.941	1.922	1.902	1.883	5
6	2.448	2.463	2.441	2.413	2.386	2.358	2.330	6
7	2.942	2.952	2.920	2.881	2.843	2.805	2.767	7
8	3.440	3.440	3.395	3.345	3.294	3.244	3.195	8
9	3.931	3.926	3.867	3.803	3.739	3.675	3.613	9
10	4.425	4.410	4.336	4.256	4.177	4.099	4.022	10
11	4.916	4.893	4.801	4.705	4.609	4.514	4.421	11
12	5.405	5.374	5.263	5.148	5.034	4.922	4.811	12
13	5.894	5.853	5.722	5.587	5.453	5.321	5.192	13
14	6.385	6.331	6.177	6.021	5.866	5.713	5.563	14
15	6.873	6.807	6.630	6.450	6.272	6.097	6.926	15
16	7.360	7.281	7.079	6.874	6.672	6.473	6.279	16
17	7.846	7.754	7.524	7.293	7.066	6.842	6.624	17
18	8.331	8.225	7.967	7.708	7.453	7.203	6.960	18
19	8.816	8.694	8.406	8.118	7.834	7.557	7.287	19
20	9.300	9.162	8.842	8.523	8.209	7.903	7.605	20
22	10.266	10.092	9.704	9.318	8.941	8.573	8.216	22
24	11.228	11.016	10.553	10.095	9.648	9.214	8.795	24
25	11.707	11.476	10.973	10.476	9.992	9.523	9.072	25
26	12.186	11.934	11.390	10.853	10.331	9.826	9.341	26
28	13.141	12.844	12.213	11.593	10.991	10.411	9.857	28
30	14.092	13.748	13.024	12.314	11.627	10.969	10.342	30
32	15.041	14.646	13.822	13.017	12.241	11.500	10.799	32
34	15.986	15.537	14.607	13.702	12.832	12.006	11.227	34
35	16.458	15.980	14.995	14.037	13.120	12.250	11.432	35
36	16.928	16.421	15.380	14.369	13.402	12.487	11.630	36
38	17.867	17.299	16.140	15.018	13.950	12.944	12.006	38
40	18.802	18.170	16.887	15.650	14.476	13.377	12.359	40
45	21.126	20.320	18.702	17.155	15.705	14.364	13.141	45
50	23.429	22.429	20.441	18.557	16.812	15.223	13.796	50
55	25.711	24.498	22.105	19.860	17.807	15.966	14.341	55
60	27.973	26.526	23.695	21.067	18.697	16.606	14.791	60

(续表)

年金定差因子(A/G)								
N	0.5%	1%	2%	3%	4%	5%	6%	N
65	30.214	28.515	25.214	22.184	19.491	17.154	15.160	65
70	32.435	30.463	26.662	23.214	20.196	17.621	15.461	70
75	34.635	32.372	28.042	24.163	20.821	18.017	15.706	75
80	36.814	34.242	29.356	25.035	21.372	18.352	15.903	80
85	38.973	36.073	30.605	25.835	21.857	18.635	16.101	85
90	41.112	37.866	31.792	26.566	22.283	18.871	16.189	90
95	43.230	39.620	32.918	27.235	22.655	19.069	16.290	95
100	45.328	41.336	33.985	27.844	22.980	19.234	16.371	100
N	7%	8%	9%	10%	12%	15%	18%	N
2	0.483	0.481	0.478	0.476	0.472	0.465	0.459	2
3	0.955	0.949	0.943	0.936	0.925	0.907	0.890	3
4	1.415	1.404	1.392	1.381	1.359	1.326	1.295	4
5	1.865	1.846	1.828	1.810	1.775	1.723	1.673	5
6	2.303	2.276	2.250	2.224	2.172	2.097	2.025	6
7	2.730	2.694	2.657	2.022	2.551	2.450	2.353	7
8	3.146	3.099	3.051	3.004	2.913	2.781	2.656	8
9	3.552	3.491	3.431	3.372	3.257	3.092	2.936	9
10	3.946	3.798	3.798	3.725	3.585	3.383	3.194	10
11	4.330	4.239	4.151	4.064	3.895	3.655	3.430	11
12	4.702	4.596	4.491	4.388	4.190	3.908	3.647	12
13	5.065	4.940	4.818	4.699	4.468	4.144	3.845	13
14	5.417	5.273	5.133	5.995	4.732	4.362	4.025	14
15	5.758	5.594	5.435	5.279	4.980	4.565	4.189	15
16	6.090	5.905	5.724	5.549	5.215	4.752	4.337	16
17	6.411	6.204	6.002	5.807	5.435	4.925	4.471	17
18	6.722	6.492	6.269	6.053	5.643	5.084	4.592	18
19	7.024	6.770	6.524	6.286	5.838	5.231	4.700	19
20	7.316	7.037	6.767	6.508	6.020	5.365	4.798	20
22	7.872	7.541	7.223	6.919	6.351	5.601	4.963	22
24	8.392	8.007	7.638	7.288	6.641	5.798	5.095	24
25	8.639	8.225	7.832	7.458	6.771	5.883	5.150	25
26	8.877	8.435	8.016	7.619	6.892	5.961	5.199	26
28	9.329	8.829	8.357	7.914	7.110	6.096	5.281	28
30	9.749	9.190	8.666	8.176	7.297	6.207	5.345	30
32	10.138	9.520	8.944	8.409	7.459	6.297	5.394	32

(续表)

年金定差因子(A/G)								
N	7%	8%	9%	10%	12%	15%	18%	N
34	10.499	9.821	9.193	8.615	7.596	6.371	5.433	34
35	10.669	9.961	9.308	8.709	7.658	6.402	5.449	35
36	10.832	10.095	9.417	8.799	7.714	6.430	5.462	36
38	11.140	10.344	9.617	8.956	7.814	6.478	5.485	38
40	11.423	10.570	9.796	9.096	7.899	6.517	5.502	40
45	12.036	11.045	10.160	9.374	8.057	6.583	5.529	45
50	12.529	11.411	10.429	9.570	8.160	6.620	5.543	50
55	12.921	11.690	10.626	9.708	8.225	6.641	5.549	55
60	13.232	11.902	10.768	9.802	8.266	6.653	5.553	60
65	13.476	12.060	10.870	9.867	8.292	6.659	5.554	65
70	13.666	12.178	10.943	9.911	8.308	6.663	5.555	70
75	13.814	12.266	10.994	9.941	8.318	6.665	5.555	75
80	13.927	12.330	11.030	9.961	8.324	6.666	5.555	80
85	14.015	12.377	11.055	9.974	8.328	6.666	5.555	85
90	14.081	12.412	11.073	9.983	8.330	6.666	5.556	90
95	14.132	12.437	11.085	9.989	8.331	6.667	5.556	95
100	14.170	12.455	11.093	9.993	8.332	6.667	5.556	100
N	20%	25%	30%	35%	40%	45%	50%	N
2	0.455	0.444	0.435	0.426	0.417	0.408	0.400	2
3	0.879	0.852	0.827	0.803	0.780	0.758	0.737	3
4	1.274	1.225	1.178	1.134	1.092	1.053	1.015	4
5	1.641	1.563	1.490	1.422	1.358	1.298	1.242	5
6	1.979	1.868	1.765	1.670	1.581	1.499	1.423	6
7	2.290	2.142	2.006	1.881	1.766	1.661	1.565	7
8	2.576	2.387	2.216	2.060	1.919	1.791	1.675	8
9	2.836	2.605	2.396	2.209	2.042	1.893	1.760	9
10	3.074	2.797	2.551	2.334	2.142	1.973	1.824	10
11	3.289	2.966	2.683	2.436	2.221	2.034	1.871	11
12	3.484	3.115	2.795	2.520	2.285	2.082	1.907	12
13	3.660	3.224	2.889	2.589	2.334	2.118	1.933	13
14	3.817	3.356	2.968	2.644	2.373	2.145	1.952	14
15	3.959	3.453	2.034	2.689	2.403	2.165	1.966	15
16	4.085	3.537	3.089	2.725	2.426	2.180	1.976	16
17	4.198	3.608	3.135	2.753	2.444	2.191	1.983	17
18	4.298	3.670	3.172	2.776	2.458	2.200	1.988	18

(续表)

年金定差因子(A/G)								
N	20%	25%	30%	35%	40%	45%	50%	N
19	4.386	3.722	3.202	2.793	2.468	2.206	1.991	19
20	4.464	3.767	3.228	2.008	2.476	2.210	1.994	20
22	4.594	3.836	3.265	2.827	2.487	2.216	1.997	22
24	4.694	3.886	3.289	2.839	2.493	2.219	1.999	24
25	4.735	3.905	3.298	2.843	2.494	2.220	1.999	25
26	4.771	3.921	3.305	2.847	2.496	2.221	1.999	26
28	4.829	3.946	3.315	2.851	2.498	2.221	2.000	28
30	4.873	3.963	3.322	2.853	2.499	2.222	2.000	30
32	4.906	3.975	3.326	2.855	2.490	2.222	2.000	32
34	4.931	3.983	3.329	2.856	2.500	2.222	2.000	34
35	4.941	3.986	3.330	2.856	2.500	2.222	2.000	35
36	4.949	3.988	3.330	2.856	2.500	2.222	2.000	36
38	4.963	3.992	3.332	2.857	2.500	2.222	2.000	38
40	4.973	3.995	3.332	2.857	2.500	2.222	2.000	40
45	4.988	3.998	3.333	2.857	2.500	2.222	2.000	45
50	4.995	3.999	3.333	2.857	2.500	2.222	2.000	50
55	4.998	4.000	3.333	2.857	2.500	2.222	2.000	55
60	4.999	4.000	3.333	2.857	2.500	2.222	2.000	60
65	5.000	4.000	3.333	3.857	2.500	2.222	2.000	65
70	5.000	4.000	3.333	2.857	2.500	2.222	2.000	70
75	5.000	4.000	3.333	2.857	2.500	2.222	2.000	75
80	5.000	4.000	3.333	2.857	2.500	2.222	2.000	80
85	5.000	4.000	3.333	2.857	2.500	2.222	2.000	85
90	5.000	4.000	3.333	3.857	2.500	2.222	2.000	90
95	5.000	4.000	3.333	3.857	2.500	2.222	2.000	95
100	5.000	4.000	3.333	2.857	2.500	2.222	2.000	100
N	20%	25%	30%	35%	40%	45%	50%	N
2	0.455	0.444	0.435	0.426	0.417	0.408	0.400	2
3	0.879	0.852	0.827	0.803	0.780	0.758	0.737	3
4	1.274	1.225	1.178	1.134	1.092	1.053	1.015	4
5	1.641	1.563	1.490	1.422	1.358	1.298	1.242	5
6	1.979	1.868	1.765	1.670	1.581	1.499	1.423	6
7	2.290	2.142	2.006	1.881	1.766	1.661	1.565	7
8	2.576	2.387	2.216	2.060	1.919	1.791	1.675	8
9	2.836	2.605	2.396	2.209	2.042	1.893	1.760	9

(续表)

			年金定差因子(A/G)					
N	20%	25%	30%	35%	40%	45%	50%	N
10	3.074	2.797	2.551	2.334	2.142	1.973	1.824	10
11	3.289	2.966	2.683	2.436	2.221	2.034	1.871	11
12	3.484	3.115	2.795	2.520	2.285	2.082	1.907	12
13	3.660	3.224	2.889	2.589	2.334	2.118	1.933	13
14	3.817	3.356	2.968	2.644	2.373	2.145	1.952	14
15	3.959	3.453	2.034	2.689	2.403	2.165	1.966	15
16	4.085	3.537	3.089	2.725	2.426	2.180	1.976	16
17	4.198	3.608	3.135	2.753	2.444	2.191	1.983	17
18	4.298	3.670	3.172	2.776	2.458	2.200	1.988	18
19	4.386	3.722	3.202	2.793	2.468	2.206	1.991	19
20	4.464	3.767	3.228	2.008	2.476	2.210	1.994	20
22	4.594	3.836	3.265	2.827	2.487	2.216	1.997	22
24	4.694	3.886	3.289	2.839	2.493	2.219	1.999	24
25	4.735	3.905	3.298	2.843	2.494	2.220	1.999	25
26	4.771	3.921	3.305	2.847	2.496	2.221	1.999	26
28	4.829	3.946	3.315	2.851	2.498	2.221	2.000	28
30	4.873	3.963	3.322	2.853	2.499	2.222	2.000	30
32	4.906	3.975	3.326	2.855	2.490	2.222	2.000	32
34	4.931	3.983	3.329	2.856	2.500	2.222	2.000	34
35	4.941	3.986	3.330	2.856	2.500	2.222	2.000	35
36	4.949	3.988	3.330	2.856	2.500	2.222	2.000	36
38	4.963	3.992	3.332	2.857	2.500	2.222	2.000	38
40	4.973	3.995	3.332	2.857	2.500	2.222	2.000	40
45	4.988	3.998	3.333	2.857	2.500	2.222	2.000	45
50	4.995	3.999	3.333	2.857	2.500	2.222	2.000	50
55	4.998	4.000	3.333	2.857	2.500	2.222	2.000	55
60	4.999	4.000	3.333	2.857	2.500	2.222	2.000	60
65	5.000	4.000	3.333	3.857	2.500	2.222	2.000	65
70	5.000	4.000	3.333	2.857	2.500	2.222	2.000	70
75	5.000	4.000	3.333	2.857	2.500	2.222	2.000	75
80	5.000	4.000	3.333	2.857	2.500	2.222	2.000	80
85	5.000	4.000	3.333	2.857	2.500	2.222	2.000	85
90	5.000	4.000	3.333	3.857	2.500	2.222	2.000	90
95	5.000	4.000	3.333	3.857	2.500	2.222	2.000	95
100	5.000	4.000	3.333	2.857	2.500	2.222	2.000	100

附 录 C

习题答案

项目二 资金时间价值与等值计算

1. B　　2. C　　3. C　　4. D　　5. A　　6. ABC　　7. ACDE
8. A　　9. C　　10. B　　11. BE　　12. C　　13. A　　14. ACE
15. D　　16. B

项目三 经济效果评价

1. A　　2. D　　3. A　　4. C　　5. D　　6. C

7. C【解析】本题考核点是投资收益率的概念。投资收益率是衡量技术方案获利水平的评价指标,它是技术方案建成投产达到设计生产能力后一个正常生产年份的年净收益额与技术方案(总)投资的比率。

8. ACD【解析】评价技术方案偿债能力的指标主要有借款偿还期、利息备付率、偿债备付率、资产负债率、流动比率和速动比率。

9. C

10. A【解析】盈利能力分析包括静态分析和动态分析。盈利能力分析的动态分析指标包括财务内部收益率和财务净现值。

11. BCD【解析】测定基准收益率应综合考虑4个因素:资金成本、机会成本、投资风险和通货膨胀。

12. ADE　　13. AB

14. C【解析】运营成本=总成本费用-折旧费-摊销费-利息支出=8000-800-200-210=6790(万元)。在数据不全的情况下,用直接法计算经营成本是不可行的,所以外购原材料、燃料及动力费为4500万元,修理费为500万元都是干扰数据。

15. C【解析】投资各方现金流量表分别从技术方案各个投资者的角度出发,以投资者的出资额作为计算基础,用以计算技术方案投资各方财务内部收益率。

项目四 不确定性分析及风险分析

1. C【解析】本题考核点是利用本利模型公式计算投资方案的盈亏平衡点产销量。

$$B=PQ=[(C_U+T_U)Q+C_F]$$

在盈亏平衡点上,$B=0$,则

$$0=3600Q=[(1600+180)Q+56\,000\,000]$$

2. B

3. B【解析】本题考核点是敏感系数的计算及应用。敏感系数越大，表面评价指标对于不确定性因素越敏感；反之，则不敏感。

4. ABCE

5. B【解析】本题考核点是利用本利模型计算投资方案的盈亏平衡点生产能力利用率。

(1) 计算盈亏平衡点产销量的公式为

$$B=PQ=[(C_U+T_U)Q+C_F]$$

在盈亏平衡点上，$B=0$，则

$$0=1000Q=[(350+150)Q+3\,600\,000]$$
$$Q=7200(件)$$

(2) 计算盈亏平衡点生产能力利用率的公式为

盈亏平衡点生产能力利用率=盈亏平衡点产销量/年设计生产能力×100%
=7200/60 000×100%=12%

6. D   7. AD   8. B

9. A【解析】首先计算出盈亏平衡点产量5万件，除设计能力2万件，得到62.52%。

10. B【解析】敏感度系数分别为：产品售价=55%/-10%=-5.5；原材料价格=39%/10%=3.9；建设投资=50%/10%=5；人工工资=30%/10%=3。|SAF|越大，表明评价指标A对于不确定性因素F越敏感；反之，则不敏感。

项目五　工程项目的可行性研究

习题1：回归方程：$y=-3.6877+0.0686x$；相关系数：0.8036。

习题2：$y_{20+T}=80.33+3.33T$。

项目六　价值工程

1. D

2. ABDE【解析】本题考核点是提高价值的5种途径，以及每种途径的功能与成本的变化方向。

3. A【解析】本题考核点是价值工程在建设工程中的应用阶段确定。对于建设工程，应用价值工程的重点是规划和设计阶段，因为这两个阶段是提高技术方案经济效果的关键环节。一旦设计完成并施工，建设工程的价值就基本确定。

4. BDE【解析】本题考核点是价值工程对象选择的理解和应用。

5. A【解析】本题考核点是价值系数的计算，根据题意，则

$$V = \frac{F}{C} = \frac{4.5}{5} = 0.90$$

6. BDE

7. D【解析】本题考核点是价值工程的核心,即对产品进行功能分析。

8. A【解析】本题考核点是确定价值工程对象的改进范围,确定的改进对象是V值较低的功能。

9. C

10. BCD【解析】本题考核点是价值工程的工作程序。

项目七 设备更新的经济分析

1. C   2. CD   3. CD   4. D   5. BDE   6. AB

7. C【解析】本题考核点是设备租赁与购置方案的经济比选方法。

对于承租人来说,关键问题在于确定是租赁设备还是购买设备,设备租赁与购买的经济比选也是互斥方案优选问题。

8. D   9. BDE   10. C   11. D

12. D【解析】本题考核点是计算租金的年金法。

年金法是将一项租赁资产价值按动态等额分摊到未来各租赁期间的租金计算方法。年金法计算有期末支付租金和期初支付租金之分。

13. D

项目八 工程项目投融资

1. A【解析】本题考核点是资本资产定价模型法。这是一种根据投资者对股票的期望收益来确定资金成本的方法。在这种前提下,普通股成本的计算公式为

$$K_s = R_f + \beta(R_m - R_f)$$

式中:R_f——社会无风险投资收益率;

β——股票的投资风险系数;

R_m——市场投资组合预期收益率。

根据公式计算得

$$8\% + (15\% - 8\%) \times 1.2 = 16.4\%$$

2. A【解析】债券成本率可以按下列公式计算

$$K_B = \frac{I_t(1-T)}{B(1-f)}$$

将已知数据代入,答案为5.05%。

3. D【解析】$K_s = 10\% + 1/[20 \times (1-12\%)] = 15.68\%$。

4. D【解析】$K_b=800×12%×(1-25%)/[900×(1-4%)]=8.33%$。

5. C【解析】$K_w = \frac{1200}{4000} \times \frac{9\%}{(1-3\%)} + \frac{2800}{4000} \times \frac{7\% \times (1-25\%)}{(1-5\%)} = 6.65\%$。

6. C【解析】融资结构是项目融资的核心部分。项目投资者在确定投资结构的问题上达成一致意见之后，接下来的重要工作就是设计和选择合适的融资结构，以实现投资者在融资方面的目标要求。

7. B

8. A【解析】本题考核点是项目融资的特点。与其他融资过程相比，项目融资主要以项目的资产、预期收益、预期现金流等来安排融资，而不是以项目投资者或发起人的资信为依据。

9. A   10. A

11. C【解析】PFI有非常广泛的适用范围，不仅适用于基础设施项目，在学校、医院、监狱等公共项目中也有广泛应用。由于私营企业参与项目设计需要承担设计风险，PFI项目控制权必须由私营企业来掌握，公共部门只扮演一个合伙人的角色。

12. ADE   13. ABCD   14. ABCE

15. C【解析】BOT方式与PPP方式在各方责任方面有着较为明显的不同，总体来说，在BOT项目中，政府与民营企业缺乏恰当的协调机制，导致双方目标不同，出现利益冲突，民营部门对项目的控制权大；而在PPP项目中，政府与民营部门的关系较为紧密。